KB021906

북한의
변호인
노무현

북한의
변호인
노무현

노무현과 김정일의
〈남북정상회담〉 대화록
등을 통해 살펴본
노무현의 정체

이준구
이해성
공저

비봉출판사

머 리 말 / 7

들어가기 전에 : J커브 이론을 이용한
  북한의 체제유지전략 이해 / 11

제 1 부 남북정상회담에서의 노무현의 발언 분석 / 21

제1장 서론 / 23

제2장 한미동맹과 북미관계 / 28

제3장 남북교류협력과 대북관 / 42

제4장 NLL과 서해평화수역 / 62

제5장 북핵문제 / 71

제6장 결론, 대북정책에서 드러난 노무현의 정체성 / 80

제 2 부 자유통일론 / 89

제1장 자유통일의 원칙 / 91

제 3 부 노무현 Insideout-남북정상회담 대화록 이외의 발언들
    에서 드러난 노무현의 멘탈리티 해부 / 97

제1장 마르크스-레닌적 공산주의 이념의 흔적 / 99

목 차

제2장 계급주의적 세계관 / 104

제3장 이분법적 사고방식. 선과 악, 보수와 진보, 민주주의, 자유
와 평등 / 112

제4장 노무현의 경제관 / 124

제5장 자유시장경제와 자본주의 문화에 대한 여담: 자유민주공화
국의 핵심 가치 / 134

제 4 부 노무현-김정일 남북정상회담에서의 핵심 발언들에서
드러난 노무현의 정체 / 141

제1장 두 차례의 남북정상회담 대화록 / 143

제2장 NLL을 포기한 노무현 / 171

제3장 너무나 참담하다는 생각이 든다 / 197

제 5 부 자유민주주의의 적들, 한국의 친북세력 / 215

제1장 철저하게 꼬여버린 친북세력들의 사고방식 / 217

제2장 사이비 평화주의자들 / 228

제3장 자유민주주의 대 전체주의 / 238

제4장 친북 가짜친보들의 신기한 점 / 255

북한의
변호인
노무현 / 목 차

제 6 부 친북세력과 노무현의 변호인들 / 257

　　제1장 노무현에 대한 친북세력들의 황당한 변론 / 259

제 7 부 자유통일의 길 / 317

　　제1장 북한의 핵, 미사일 개발과 한국의 안보위기 / 319
　　제2장 현실주의 국제정치학 / 329
　　제3장 자유통일을 해야 하는 이유 / 333
　　제4장 대한민국이 처한 현실과 자유통일의 길 / 337

결 론 / 346

박근혜 대통령, 2016년 10월 1일 국군의 날 연설 / 361

머 리 말

2007년 제2차 남북정상회담은 기나긴 우여곡절 끝에 성사되었다. 김대중 정부와 노무현 정부(1998~2008년)는 '햇볕정책'을 추진하면서, 한때 김대중 대통령이 "북한은 핵을 개발할 능력도 의지도 없다. 북한이 핵을 개발하면 내가 책임지겠다."라는 말을 할 정도로 대북 포용정책의 유효성을 믿었지만, 2000년 제1차 남북정상회담과 6·15 공동선언 이후에도 2002년에 제2차 연평해전과 제2차 북핵 위기가 차례로 발생하는 등 북한의 근본적인 태도는 변하지 않았다.

햇볕정책의 본질은 북한에 적극적으로 경제적 지원을 하고 서로 신뢰를 쌓으면 평화체제를 구축할 수 있으며 궁극적으로 북한이 핵개발을 포기하게 만들 수도 있다는 자유주의적 이상에 있다. 그러나 그 이상은 곧 허상으로 드러났고, 김대중-노무현 정부의 햇볕정책은 '대북 퍼주기 정책'에 불과하다는 비난에 직면했다.

2003년에 노무현 정부가 출범하면서 정권 초기부터 남북정상회담을 위한 물밑 작업이 있었지만 BDA계좌 동결사태가 발생하고 9·19 공동성명이 사실상 무효화되는 등의 사태를 거쳐, 2006년에 북한이 장거리 미사일 발사와 제1차 핵실험을 감행할 때까지 국제정세 탓에

본격적으로 논의되지 못했다. 결국 2007년에 2·13 합의가 성사되면서 추진 동력을 얻은 남북정상회담은 노무현의 대통령직 임기가 끝나기 직전인 2007년 10월에 가서야 개최될 수 있었다.

잘 알려진 바와 같이, 김대중-노무현 정부의 대북정책은 일명 '햇볕정책'이라 불리는 것으로 북한정권에 대한 포용론을 내세웠다. 햇볕정책의 시작을 김대중과 동교동계 세력이 주도했다면, 햇볕정책이 심화되는 과정은 노무현과 친노 세력이 이끌었다. 햇볕정책은 두 차례의 남북정상회담 개최와 개성공단 건설, 금강산 관광, 이산가족 상봉이라는 가시적인 성과를 올리기도 했지만 결국 본래의 목적인 북한의 개방과 비핵화를 달성하는 데에는 실패했다.

햇볕정책은 그 이름에서 드러나듯이 목표와 명분이 명확했다. 대북지원과 경제교류협력을 통해 군사적 대결 대신에 평화를 증진하고, 상호 경제발전을 통해 궁극적으로 북한을 개방시켜서 통일의 길로 유도하겠다는 것이다. 사실 이는 국제정치학에서 말하는 전형적인 자유주의 정책이다. 그대로 실현될 수만 있다면 그 이상 자체는 숭고한 것이다. 전쟁 대신에 평화, 폐쇄와 고립 대신에 협력과 통일이라는데 어느 누가 마다하겠는가? 그러나 문제는 실제로 그것을 마다하는 사람들이 있다는 것이다.

그들은 바로 북한 정권이다. 우선 김일성-김정일-김정은으로 이어지는 북한의 세습권력은 세계 최고의 권력자이자 부자들이란 사실을 인지해야 한다. 조선노동당의 고위간부들도 '김씨 왕조'의 부와 권력에 기생하고 있다. 그들은 결코 자신들의 기득권을 포기하면서까지 개방과 통일의 길로 나아가는 것을 원하지 않는다. 그들의 최우선 순위는 권력의 유지와 안정, 즉 현상유지(status-quo)이기 때문이다. 현 체제를 지키고자 하는 그들의 수구적 의지는 자신의 생명을 지키고자 하는 의지에 다름 아니다. 따라서 그들은 통일도 원하지 않는다. 적화통일을 제외한 그 어떤 통일안도 북한정권의 기득권에 매우 큰 타격을 줄 것이 분명하기 때문이다.

북한이 개방되고 자본주의 시장경제와 자유민주주의 체제의 영향을 직접적으로 받게 된다면, 북한의 왜곡된 체제는 필연적으로 붕괴할 것이며 권력자들은 자유민주적 헌법질서에 의해 처벌을 받거나 그동안 자신들을 떠받들던 인민들에게 맞아 죽을 것이다. 잘못된 사상을 강제로 주입받았던 인민들에게 계몽의 빛이 비춰지면 사라지는 것은 거짓된 독재권력뿐이다.

따라서 김대중-노무현의 햇볕정책은 대전제부터 잘못된, 지극히 이상주의적인 정책인 것이다. 정책의 대상이 다름 아닌 인류역사상 최악의 전체주의 체제인 북한정권이기 때문이다. 김대중과 노무현은 북한이 합리적 대화와 협상이 가능한 대상이라고 믿었고, 그들이 약속을 이행할 것을 기대했지만, 북한은 이를 철저히 이용하기만 했다.

국민들에게 공개된 2007년 〈남북정상회담 대화록〉은 노무현식 햇볕정책의 실상과 한계를 뚜렷이 보여준다. 2007년 남북정상회담은 10월 2일부터 4일까지 평양에서 노무현과 김정일 간에 진행되었는데, 10·4공동성명이 발표되기까지 크게 1차 회의와 2차 회의로 나뉘어져 있다. 대화록에는 두 차례의 비공개 회의에서 노무현, 김정일, 이재정(통일부장관), 김양건(북한 통일전선부장) 등의 인물들이 허심탄회하게, 때로는 치열하게 나누는 얘기들이 모두 담겨 있어 노무현 정부의 대북정책과 외교적 능력을 평가하기에 매우 중요한 자료가 되고 있다.

이 귀중한 자료가 세간에서는 일명 'NLL 대화록'으로 불리며 NLL과 관련된 내용에만 관심이 국한되고 있는 것은 매우 아쉬운 일이다. 물론 노무현이 NLL을 포기하고 서해바다를 무력화시키려 했던 것이 확실히 증명되었지만, NLL과 관련된 논의뿐만 아니라 안보와 주권에 관한 다른 중요한 이슈들도 많이 다뤄졌다. 다시 말해, 이 대화록에는 노무현 정부의 매우 다양한 문제점들이 복합적으로 담겨 있는데, 그것은 근본적으로 이념의 문제였다는 점이 드러난다.

노무현의 이념과 정책의 문제점을 철저히 분석한 이 책을 통해, 많은 사람들이 진실을 알게 되길 간절히 소망한다.

들어가기 전에 :
J커브 이론을 이용한
북한의 체제유지전략 이해

이 준 구

미국의 정치학자 이언 브레머(Ian Bremmer)의 저서 'J커브'에는 우리가 북한의 행동을 이해하는 데에 큰 도움이 되는 J커브 이론이 등장한다. J커브 이론은 국제정치학의 관점에서 다양한 체제의 국가들이 각각 '안정성'과 '개방성'을 축으로 어떻게 발전과 퇴보의 과정을 거치는지를 매우 설득력 있게 설명하고 있다.

뒷면의 그림을 보면, 이언 브레머는 각 국가가 얼마나 개방되고 안정적인지를 기준으로 국가의 체제(regime)를 좌표상에 위치시킨다. 여기서 개방은 경제적 개방뿐만 아니라 정치저 개방, 즉 표현의 자유 등의 정치적 자유와 해외정보에 대한 접근성 등을 포괄하는 개념이며, 안정이란 정치적 안정, 즉 체제유지의 안정을 의미한다.

이언 브레머의 추가 설명에 따르면, 안정성이란 국가가 정치적 충격이 발생하는 것을 방지할 수 있는 역량과 충격이 발생했을 경우 그 충격을 흡수해서 급변사태를 막을 수 있는 역량을 모두 포함한다.

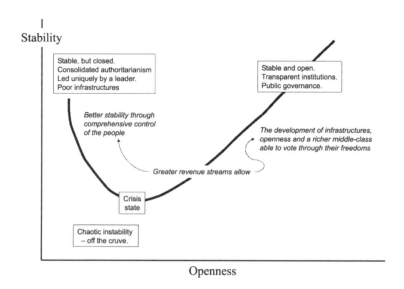

예를 들어 부정선거나 대통령 탄핵 등의 정치적 충격이 발생했을 때 쿠데타나 민중혁명이 발생하지 않고 소요사태 가운데서도 체제를 잘 유지시켜 나갈 수 있는 국가일수록 안정성이 높은 것으로 평가받는다.

이언 브레머의 안정성과 개방성을 기준으로 주요 국가들을 좌표 상에 위치시키면 알파벳 J 모양의 곡선이 완성되는데, 이것이 바로 J 커브이다. 기본적으로 이해해야 할 것은, J커브의 오른쪽 위에 위치한, 즉 개방성과 안정성이 둘 다 높은 국가일수록 자유민주주의와 시장경제를 성공적으로 도입한 국가들(소위 말하는 선진국들)이며, 왼쪽에 위치한 국가일수록 권위주의적 혹은 전체주의적인 독재체제라는 사실이다. 특히 개방성이 극도로 낮아서 가장 왼쪽에 위치한 국가들은 모두 전체주의적 통제와 사회주의 경제를 유지하는 북한과 쿠바, 구소련 등의 국가이다.

또한 J커브 이론의 기본적인 가정은 바로 한 국가가 독재에서 자유민주주의로, 폐쇄적인 자립경제에서 자본주의 시장경제로의 이행을 시도할 때 필연적으로 개방성이 높아진다는 것이다. 경제적으로는 시장경제를 도입함으로써 세계시장에 진입하고 본격적으로 해외무역을 시작한다는 것을 의미하며, 정치적으로는 민주화의 과정을 거치면서 국내에서의 정치적 자유와 다원주의(pluralism)의 확립뿐만 아니라 통신과 언론의 개방 등을 통해서 해외정보에의 접근성을 국민들에게 보장하기 때문이다.

이 곡선이 일직선의 모양이 아닌 알파벳 J 모양의 곡선을 그리게 되는 이유는 바로 가장 왼쪽에 위치한, 개방의 정도가 극도로 낮은 국가들이 의외로 높은 안정성을 유지할 수 있기 때문이다. 즉, 독재체제의 국가들일수록 정치적 안정성이 상당히 높다는 것이다. 권위주의적 국가들의 경우에는 반대자들에 대한 정치적 탄압과 여론이나 정보의 유통에 대한 강력한 통제를 기반으로 상당한 수준의 정치적 안정성을 확보할 수 있다. 그들은 정치적 반대자들, 즉 개혁개방을 주장하고 제도적 민주주의의 도입을 주장하는 세력을 탄압하거나 아예 존재하지 못하게 함으로써 체제의 안정성을 유지할 수 있는 것이다. 북한의 경우는 주민들에게 김일성-김정일-김정은에 대한 개인숭배 사상을 주입시키고 정치적 반대세력이 아예 존재하지 못하게 함으로써 독재권력의 안정성을 유지하고 있다.

한편 알파벳 U 모양이 아니라 J 모양이 되는 것은 투명한 정부를 구성하고 민주적인 리더십을 유지하는 커브 오른쪽의 국가들이 독재적이고 강압적인 커브 왼쪽의 국가들에 비해서 안정성이 더 높다는 것을 의미한다. 국민들의 사상과 정보의 접근에 대한 통제를 기반으로

하는 독재정권보다 개인주의, 법치주의, 사회적 합의, 다원주의, 자율
성을 기반으로 한 자유민주주의 체제가 장기적으로 더욱 높은 안정성
을 유지하고 발전시켜나갈 수 있기 때문이다. 따라서 공산주의 독재국
가들이 민주적 개혁과 글로벌 시장경제로의 개방을 추진하면 일시적
으로 혼란 상태를 맞게 되지만, 개혁개방이 성공적으로 안착하게 되면
커브 오른쪽의 높은 안정성을 이룰 수 있게 되는 것이다.

　다시 말해, 독재체제의 강압적인 통제에 의지해서 안정성을 유지
하던 국가들은 경제발전에 따라 사회가 민주화되고 점차 외부세계로
의 개방이 추진되는 과정에서 필연적으로 거대한 전환기를 맞게 되는
데, 이때 해당 국가의 정치적 안정성은 대폭 하락하여 J커브의 맨 밑바
닥에서 혼란기를 맞는다. 이 혼란기를 잘 극복하고 꾸준히 자유민주주
의와 자유시장경제로의 이행을 추구한 국가만이 비로소 J커브의 오른
쪽에 진입하여 개방성과 안정성을 모두 확보한 선진국 사회에 포함될
수 있는 것이다.

　중요한 특징은 J커브의 맨 밑바닥에 위치하여 큰 혼란에 빠진 국가
들의 경우 차근차근 민주화와 개방을 추진하는 것보다 다시 내부적인
통제를 강화하여 독재체제로 돌아가는 편이 훨씬 쉽고 적은 비용을
들여서 안정성을 높일 수 있다는 사실이다. 이에 따라서 많은 독재국
가들이 민주화에 따른 소요사태가 발생했을 경우, 국가의 안정을 이유
로 다시 통제를 강화하는 길을 택한다.

　대한민국은 과거 권위주의적 군사정부 시절 낮은 정치적 개방성
(경제적으로는 충분히 개방되었지만)과 높은 안정성을 유지했고, 이후
경제적 발전에 따른 중산층의 형성이 민주화에 대한 압력으로 작용하

여 1987년부터 성공적으로 민주주의를 발전시킴으로써 현재는 J커브의 오른쪽 위인 선진국 사회에 위치해 있다. 박정희 대통령 특유의 강력한 리더십과 추진력을 바탕으로 성공적인 산업화와 경제 인프라 구축을 이뤄내지 못했다면 민주화의 추진 동력인 두터운 중산층이 형성되지 못했을 것이다. 따라서 경제발전은 정치발전(민주화)의 필요조건이 된다.

반면에 북한과 같이 전통적으로 전체주의적 독재체제를 유지한 국가들은 J커브의 왼쪽 곡선 끝자락에서 절대로 이동하지 않고 있다. 북한은 과거의 한국과는 달리 폐쇄적인 계획경제 체제를 유지하고 있기 때문에 중산층이 형성되지 않았고 국민들의 교육수준이 낮아서 민주화에 대한 내부 동력이 존재하지 않는다. J커브 이론이 시사하는 중요한 점은, 북한이 만약 체제를 개방시키고자 한다면 필연적으로 엄청난 혼란과 소요사태를 겪게 될 것이라는 사실이다. 그리고 그 과정에서 다시 원래의 독재체제로 회귀할 수도 있다는 것이다.

실제로 이라크, 러시아 등 많은 국가들이 한때 정치적 반대세력이 인기를 얻고 민주화에 대한 대내외적 압력이 높아지자 잠시 개방을 확대하려는 노력이 생겼으나 결국 큰 혼란을 극복한다는 명분으로 다시 통제와 탄압을 강화하는 길을 택했다. 러시아의 경우, 미하일 고르바초프가 글라스노스트/페레스트로이카라는 전면적인 개혁개방 정책을 추구하면서 소련이 붕괴되었고, 후임인 보리스 옐친도 1990년대에 그 기조를 계속 이어갔으나, 결국 블라디미르 푸틴이 집권하면서 정치적, 경제적 혼란을 극복한다는 명분으로 권위주의 체제가 부활하고 말았다.

이를테면 민주화의 길, 그리고 그 나라에서 자유민주주의가 완전히 뿌리를 내리고 지속적으로 발전한다는 일은 생각보다 매우 어렵고 긴 과정이라는 것이다. 우리나라의 경우는 1987년 직선제 개헌 이후 단번에 제도적 민주주의를 정착시키고 지금까지 성공적으로 유지해 왔는데, 전 세계적으로는 이것이 오히려 드문 경우이다.

　정치학의 근대화 이론(modernization theory)에서 설명하는 근대화의 과정은 우선 산업화라고 하는 경제발전이 먼저 이루어지고, 이에 따라 삶의 질이 향상되고 교육수준이 높아지면서 중산층이 확대되는데, 이들이 바로 민주화의 주역이라는 것이다. 우리나라도 1987년 6월항쟁 당시 소위 '넥타이 부대'라고 불린 화이트칼라 계층이 학생들과 더불어 민주화 투쟁을 이끌었듯이, 경제발전의 혜택을 입고 대학교육을 받은 중산층은 권위주의 체제를 제도적 민주주의로 이행시키는 것에 앞장서게 된다.

　식민 지배를 극복하고 산업화와 민주화를 달성한 나라는 성공적으로 근대화를 이룩한 것으로 평가되며, 이렇게 성공적으로 근대화를 이룬 나라는 대한민국을 포함해서 그렇게 많지 않다. 대부분 경제력의 수준이 미달하여 중산층의 크기나 민주화에 대한 사회적 열망의 정도가 충분조건을 달성하지 못한 것이다.

　북한의 경우는 공산주의 국가답게 단순한 권위주의를 넘어서는 전체주의적 독재체제를 유지하고 있으며, 내부적으로 결집된 개방개혁 세력이 전무하다. 야당이 존재하지 않으며, 사상과 표현의 자유가 일절 허용되지 않기 때문에 정치적 다양성이 전혀 보장되지 않는 것이다. 정보의 유통뿐만 아니라 주민들이 타(他)도시로 이동하는 것까지 관리하는 북한의 사회적 통제는 상상을 초월한다.

김일성-김정일-김정은에 대한 개인숭배를 강요당하고 서로가 서로를 세뇌시키면서 외부세계에 대한 정보는 최소화된 하나의 '고립된 세계'인 것이다. 또한 경제가 매우 저개발되어 있고 중산층이 거의 존재하지 않기 때문에 민주화에 대한 열망이 현실적으로 결집되기 어렵다.

이언 브레머는 J커브에 대해서 설명하면서 자유주의적 외교정책을 주장한다. 고립되고 폐쇄된 국가를 내부의 개혁세력을 통하여 점차 개방시켜야 한다는 것이고, 그 과정에서는 민간기업과 통신 등 산업인프라의 역할이 중요하다고 한다. 그러나 이것은 쿠바, 이라크, 이란 등의 개혁개방 세력이 내부적으로 존재하고 외부세계에 어느 정도 개방된 국가들에 대한 방법론이다. 북한의 경우에는 위에서 언급했듯이 극도로 폐쇄적이며 내부에 개혁세력이 전무한 상황이기 때문에 현실적으로 북한 정권이 스스로 변화하는 길을 택하는 것만이 유일한 방법이다.

김정은은 세계 최고의 부자이며 권력자이다. 그리고 김씨 왕조에 기생하는 세력, 즉 조선노동당의 간부들도 개혁개방을 하고 북한체제를 변화시키고 한국과 통일을 하면 자신들의 기득권을 모두 포기하는 셈이 된다. 그들이 그 엄청난 기득권과 권력을 포기할 만한 경제적, 외교적 유인은 세계 어디에도 존재하지 않는다.

또한 이언 브레머에 따르면, 북한처럼 극도로 폐쇄적인 독재국가는 지속적인 경제발전을 지양한다. 지속적으로 경제를 성장시키려면 국가의 개방이 불가피한데 이는 지도자의 권력을 순식간에 J커브의 가파른 왼쪽 곡선을 따라 추락시킬 수 있다. 이들 국가는 카리스마적인 지도자와 소수의 엘리트집단이 권력을 독점하는 것을 특징으로 한다.

따라서 권위주의체제에 있어서 중요한 것은 권력자의 '발전 의지'이다. 박정희, 등소평, 이광유 등은 발전 의지가 강해서 국가를 세계시장에 개방시키고 경제발전을 도모했지만(발전국가론) 대다수의 공산주의권 국가의 지도자들은 자급경제를 내세우며 쇄국정책을 펼치고 성장보다 분배를 우선시했다. 이는 자본주의와 공산주의 체제의 차이점 때문이기도 하지만, 자국의 경제발전보다 자신의 권력을 유지하기 위한 안정성의 확보를 우선시하는 많은 독재자들의 의지 때문이기도 하다.

김일성, 김정일, 김정은으로 이어지는 북한의 세습권력은 개방을 원하지 않는다. 그들의 우선순위는 권력의 유지와 안정, 즉 현상유지(status-quo)이고 국제적 고립상태에 놓일 경우가 현상유지에 더 도움이 되기 때문이다.

결론적으로, 북한정권에게는 발전의지와 개방의지가 철저하게 결여되어 있는 상태이다. 개혁개방에 대한 움직임을 확대시키기 위해 우리가 지원할 수 있는 주민들의 자발적인 조직도 전무하다. 북한은 김정은이 어느 날 갑자기 마음을 바꿔서 개혁개방을 추진하거나 아니면 끔찍한 정권이 붕괴되지 않고서는 변화에 대한 어떤 징조도 보이지 않는다.

이런 상황에서 우리가 대북 포용정책(햇볕정책)을 주장하고 대북지원과 경제협력의 확대, 인센티브의 제공 등을 추진하더라도 이는 결코 북한의 자발적인 개혁개방이라는 목적을 달성할 수 없으며, 오히려 그것이 북한의 군사력 확대와 핵무기 개발에 자금을 지원해주는 꼴이 되는 최악의 결과를 초래할 가능성이 높다.

이 책의 본문에서는 대북 심리전과 경제제재 등의 강경책과 북한의 각종 시위 행위에 대한 '전략적 무시'를 지지하는 시각에서 2007년 남북정상회담 당시 노무현이 김정일을 만나서 한 발언, 그가 구상했던 남북경제협력 정책, 주권 포기에 가까운 주장 등을 비판하는 데 주력하였다.

북한의
변호인
노무현

제 1 부
남북정상회담에서의
노무현의 발언 분석

이 준 구

제1장　서론

　북한 정권은 고립상태를 유지할 경우의 편익(便益)이 더 큰 상태이고 자신들이 필요할 때에만 협상을 한다는 특징을 갖는다. 그들은 비핵화와 한반도 평화에 대한 약속을 했다가도 갑자기 군사도발을 감행하고, 다시 뜬금없이 대화와 화해의 제스처를 취하는 등 국제관계에서 매우 제멋대로인 태도를 보인다.

　반면에 한국의 지도자들은 짧은 임기 내에 성과를 보여줘야 한다는 강박증 때문에 북한과의 협상 과정에서 매달리는 입장이 되기 쉽다. 김대중과 노무현은 평양에 갔지만 김정일은 정상회담을 위해 서울에 온 적이 없다는 것만 봐도 알 수 있다. 2007년 남북정상회담에서도 김정일은 여유 만만했고 노무현이 각종 사안들에 대해서 훨씬 적극적인 태도를 보였다. 그리고 북한은 이를 이용해서 줄다리기 외교전략을 쓰며 자신들의 이익을 극대화 시켜왔다. 다시 말해서, 전체주의 체제와 자유민주주의 체제의 근본적인 차이 때문에 남북관계의 주도권은 북한이 우위를 점하기 쉽다는 것이다.

　햇볕정책은 역사적으로 매우 큰 의의를 갖는다. 한국전쟁 이래 늘 경색되고 긴장 일변도였던 남북관계를 화해 국면으로 변화시키려는 본격적인 움직임이었기 때문이다. 물론 김대중–노무현 정부의 햇볕정책 이전에도 박정희 정부의 7·4남북공동성명이나 노태우 정부의 북방외교정책 등이 있었으나 제스처 수준에 불과했다. 반면 김대중 정부는 훗날 대북송금 특검을 통해 밝혀졌듯이 4억5천만 달러를 국민들 몰래 김정일에게 송금해 주면서까지 최초의 남북정상회담을 개최하고 햇볕정책을 추진했다.

그러나 결과적으로 햇볕정책 10년 동안 북한정권은 전혀 변하지 않았다. 미국의 정치학자 이언 브레머(Ian Bremmer)는 '대북 라디오 송신과 전단 살포 등의 대북 심리전은 경직된 북한체제에 내부적으로 개방에 대한 유인을 생성할 수 있는 좋은 기회'라고 평했으나 노무현 정부는 이를 제지하면서까지 김정일의 심기를 건드리지 않고자 했다. 그렇게 해서 우리가 최종적으로 얻은 것은 개성공단에 입주한 중소기업들의 이익을 빼면 전무하다. 김정일과 화해를 하고 경제교류협력을 추진하며 신뢰를 쌓고자 했으나 돌아온 것은 북한의 지속적인 핵과 미사일 개발, 연평해전, 금강산에 구경갔던 박왕자 씨의 피격사건, 천안함 폭침, 연평도 포격 등의 군사도발이었음은 그 누구도 부인할 수 없을 것이다.

북한은 햇볕정책을 이용하기만 할 뿐 개방할 생각이 애당초 없었다. 이는 2007년 남북정상회담 대화록에서도 여실히 드러난다. 김정일은 처음부터 경제적, 외교적 실리만 챙기고 빠지자는 생각이었다. 북한정권이 가장 경계하는 것은 바로 개방 유도 전략인데, 북한의 개혁개방 유도야말로 포용론자들의 명분이었고, 바로 거기에 햇볕정책의 태생적 한계가 존재한다. 김정일은 개방을 할 생각이 추호도 없었으며, 원하는 것을 얻은 후에는 다시 쇄국과 고립의 길을 택해서 체제 유지를 도모할 것이었기 때문에 포용론자들이 말하는 장기적인 교류 협력 관계가 원천적으로 불가능했다는 것이다.

북한의 최우선순위는 예나 지금이나 정권의 안정과 체제의 유지이다. 권력의 정당성을 공공의 적인 미 제국주의의 위협에서 찾고, 핵무기와 WMD(대량살상무기)의 개발을 통해 협상의 주도권을 노리는 것이다.

김대중-노무현의 대북정책은 단순한 포용정책을 넘어서 북한에 대한 국제사회의 거의 모든 제재를 무력화시키고자 노력하는 등 결과적으로 북한 주민들이 아닌 북한정권의 이익을 극대화시키고, 북한의 전체주의 체제를 유지시키게 만드는 것이다.

북한은 정전협정을 4만 번 이상 위반했고, 내부적으로 권력을 공고화 할 필요가 있을 때마다 군사도발을 감행하는 우리의 주적이다. 금강산 관광사업은 박왕자 씨의 피격사건으로 귀결되었고, 개성공단은 목함 지뢰 도발과 4차 핵실험으로 인해 전면폐쇄로 이어졌다. 한 마디로, 북한정권은 국제적 신용이 제로인 상태로, 약속과 협상이 불가능한 상대라는 것이 역사적으로 수도 없이 증명된 셈이다.

노무현은 BDA계좌 동결조치의 무효화를 주장하고 대북심리전을 금지시키는 등 김정일의 눈치를 보며 UN의 북한 인권결의안을 반대하고, 국민들에게 과거에 북한이 감행한 침략전쟁, 테러, 포격 등을 용서하고 화해와 협력의 새 시대를 열어가야 한다고 주장했다. 그러나 정작 국내정치에서는 〈과거사진상규명위원회〉의 설치 등, 명백히 박정희 전 대통령과 당시 야당 대표였던 박근혜 의원을 정치적으로 겨냥하는 이중적인 모습을 보였다.

　다수의 국민들이 김대중─노무현 정부의 대북정책에 대해 불만을 갖는 것은 북한의 핵개발과 처참한 인권상황에 대한 비판은 전혀 하지 않고, 노무현 스스로 밝혔듯이 국제사회에서 북한의 대변인 역할을 자처하며 북한의 이익과 체제를 철저히 보호했기 때문이다. 김대중은 국민들 몰래 4억5천만 달러를 김정일에게 송금해서 남북정상회담을 개최하고 노벨평화상까지 받음으로써 노벨상을 돈 주고 샀다는 비난까지 받아야 했다.

　노무현은 이번 대화록에서 드러나듯이 개성공단 건설 외에도 도로와 철도, 경수로, 원전소, 조선소 등의 건설지원을 약속했으나 김정일에게 핵개발 포기나 군사위협 중단 등에 대해서는 적극적으로 어필하지 않았다. 그리고 그는 김정일에게 어떠한 확답도 받아내지 못했으면서도 매우 만족해하는 모습을 보였다. 북핵문제는 6자회담으로 연기시키고 미국만 비판하면서 개방전략의 의도를 노출하는 모습에서 노무현 외교의 무능함을 엿볼 수 있다.

　북한의 군사도발과 핵개발, 그리고 수많은 국제조약들에 대해서 공부하다 보면 한 가지 사실이 명확해진다. 북한 정권은 역사가 증명하듯이 합리적 대화와 약속의 이행이 가능한 상대가 절대 못되며, 그들과의 경제교류협력으로는 북한을 개방시키거나 핵과 미사일을 포기하게 만드는 것은 불가능하다는 사실이다.

　김대중─노무현의 방식으로 북한에게 먼저 다가가서 온갖 경제적, 비경제적 당근을 던져주는 것보다는 사드(THADD)를 배치하고 한미동맹을 강화함으로써 북핵을 실질적으로 무력화시키고 우리가 협상의 주도권을 가진 상태에서 각종 국제적 제재와 고립상태에 지친 북한이 우리에게 먼저 대화와 협상을 요구하도록 게임의 양상을 바꾸는 것이 바람직할 것이다.

국제관계에서는 각자 국익을 추구하고자 하기 때문에 협상의 주도권을 갖는 것이 매우 중요하다. 그러나 노무현식 대북정책은 북한에게 온갖 장밋빛 약속과 당근을 제시하면서 김정일 정권의 경제적 안정을 보장해준 한편, 북한의 국가정상화, 개방, 비핵화 등의 문제에 있어서는 대한민국의 실리를 전혀 챙기지 못한 실패한 정책이다. 심지어 노무현은 시종일관 김정일과의 협상에 있어서 주도권을 쥐려는 시도조차 하지 않았다.

제2장부터는 노무현과 김정일 간의 실제 남북정상회담 대화록을 인용하며 노무현의 각종 발언과 대북정책에 대한 비판을 이어나갈 것이다.

제2장 한미동맹과 북미관계

　익히 알려져 있듯이, 노무현은 반미 감정을 갖고 있었다. 자유민주
공화국인 대한민국에서 정치인이 개인적으로 반미 감정을 갖는다는
것 자체는 크게 문제되지 않는다. 그리고 그것을 공공연하게 표출할
수도 있다. 어차피 판단은 유권자들의 몫이기 때문이다. 국민들 중에
도 미국을 막연히 싫어하는 사람, 한국에 대한 미국의 영향력이 심화
되는 것을 염려하는 사람, 한국이 정치경제적으로 미국에 종속되었다
고 생각하는 사람 등 다양한 생각이 존재하므로 대의민주주의 정치인
의 한 사람으로 그런 사람들의 의견을 충분히 대변할 수도 있다.

　그러나 그것이 대한민국 국방에서 가장 핵심적인 역할을 하고 있
는 한미동맹 관계를 와해시키거나 수많은 군사도발과 테러를 감행하
고 핵개발을 추진하는 북한에 대한 비판의식 대신에 우호적 감정을
앞세운 발언이라면, 더욱이 그것이 대한민국 대통령의 발언이라면, 그
것은 많은 국민들이 염려할 수밖에 없는 것이다.

　1980년대 학생운동의 주축이었던 NL(민족해방)계 주체사상파(이하
주사파) 세력은 주체사상이라고 하는 김일성주의의 핵심 이념을 그대
로 답습하여 대한민국을 미국의 식민지로 규정하고 6·25전쟁은 미국

이 한반도를 침략해서 김일성이 민족통일을 이루기 위해 맞서 싸운 통일전쟁이라는 인식을 공유했다. 이러한 인식에서 나온 것이 바로 김대중의 "6·25전쟁은 실패한 통일전쟁"이란 발언이다.

　그들은 지하에 숨어서 김일성 만세를 외치고 주체사상 서적을 탐독하면서 한국사회의 반공주의를 무력화시키고자 이념투쟁을 지속했다. 주사파 세력은 궁극적으로 대한민국 정부를 전복시키고 미군을 한국에서 철수시키는 혁명을 달성한 뒤에 북한이 주도하는 공산화 통일을 목표로 활동했으며, 그 주사파 이데올로기의 영향력은 당시에 너무나도 막강했다. 그것은 학생운동을 지원하는 변호사 활동을 하던 노무현의 사고방식에도 큰 영향을 끼쳤던 것으로 보인다.

　그 한 예로 노무현은 국내에서 운동권 학생들에 대한 전두환 군사정권의 인권탄압을 비판하면서 인권변호사를 자처했지만, 정작 세계 최악의 인권유린 전체주의 체제인 북한의 인권상황을 공개적으로 비판한 적은 단 한 번도 없었다. 만약 있었다면 독자 여러분께서 제보해 주시기 바란다.

　노무현은 북한과 미국 사이에서 균형외교를 펼치겠다고 공언했다. 그러나 그는 스스로 대화록의 초반부에서 밝혔듯이 자신이 김정일과 만나서는 해외 정상들과 만나서 북한의 변호인 역힐을 했다고 하면서도 미국의 입장은 전혀 대변하지 않았다. 그저 현실적으로 한국이 미국과의 관계를 완전히 끊을 수는 없다고만 언급했을 뿐이다. 그 정도로 일방적인 반미 감정과 북한에 대한 우호적 생각을 갖고 있는 노무현이 북한과 미국 사이에서 균형외교를 펼치겠다고 하는 것은 사실상 불가능한 일이고 거짓말이라고 볼 수 있다. 노무현이 콘돌

리자 라이스 미국 국무장관을 만나서 2002년 미군장갑차 사고 사건을 언급하며 효순이, 미선이의 사망에 대한 불만을 토로하자 라이스 장관이 연평해전에서 사망한 장병들의 이름은 외우고 있냐면서 되물었던 것도 우리나라 국민으로서는 부끄러운 일이었다. 그는 동맹군이 훈련 중 실수로 교통사고를 내서 희생당했던 효순이, 미선이의 이름은 기억하지만 적국이 우리 영해를 침범해서 의도적으로 살해한 국군 장병들의 이름은 전혀 기억하지 못하는 대통령이었던 것이다. 이 말은 결코 효순이, 미선이의 죽음은 가볍다는 것이 아니다. 대한민국 대통령의 한미동맹에 대한 반감과 북한의 침략에 대한 무관심을 지적하는 것이다.

다음의 발언들은 한미동맹과 북미관계에 있어서 김정일과 노무현의 생각을 엿볼 수 있는 것들이다. 비교를 통해 그들이 매우 비슷한 세계관을 갖고 있었음을 알 수 있다.

- 노무현 : "남북이 힘을 합쳐 능동적이고 적극적으로 대처해 나가지 못하면 100년 전의 뼈아픈 역사를 되풀이할 우려가 있다고 생각합니다."

▶ 100년 전의 뼈아픈 역사란 분명히 일제 식민지 시대를 지칭하는 것이다. 남북이 힘을 합치지 않으면 100년 전 일제의 식민지가 되었듯이 이번에는 미국의 식민지가 될 수 있다는 의미로 해석이 가능하다. 이 대화록에 계속 등장하는 노무현의 반미적 세계관을 고려하면 그렇다. 특이 사항은 뜬금없이 6·25전쟁이 아니라 일제를 언급한다는

사실이다. 남북관계에 있어서 뼈아픈 역사는 식민지배가 아니라 분단과 전쟁이었다. 따라서 대한민국 대통령으로서는 100년 전이 아닌 50년 전의 뼈아픈 역사를 언급하는 것이 더 자연스러울 것이다.

- 김정일 : "6·15공동선언 5년 동안의 역사 시간을 보면 그저 상징화된 빈 구호가 되고, 빈 종이, 빈 선전곽이 됐다고 생각합니다 …(중략)… 우리 민족이 자주성 결여로 지금 대국들의 장단에 맞추는… 정치문제도 그렇고."

  "남쪽 사람들이 자주성이 좀 있어야 되지 않겠는가. 자꾸 비위 맞추고 다니는 데가 너무 많다, 난 이렇게 생각했습니다 …(중략)… 우리 입장에서 보면 자기 주견대로 말들 못 하는가 이렇게 내가 생각했습니다."

▶ 우선 김대중·노무현 정부의 정책조차 김정일을 완전히 만족시키지는 못했다는 것을 알 수 있다. 김정일이 언급하는 자주성 문제란 한국이 계속 미국에 의존한다거나 미국에 종속되어 있다는 인식을 근본으로 한다. 이는 노무현의 반미코드와 매우 잘 맞는 발언으로서 노무현은 뒤에 논의되는 각 의제마다 반미친북적인 발언으로 화답한다.

또한 김정일의 말대로 6·15공동선언을 비롯한 북한과의 많은 협상 결과물이 실질적으로 빈 구호가 된 것은 순전히 북한이 평화에 대한 약속을 어기고 막무가내로 행동했기 때문이다. 예를 들어서 2000년에 제1차 남북정상회담을 통해 6·15공동선언을 발표해 놓고 2002년 한일월드컵 기간에 맞춰서 대한민국 영해를 침범하고 제2차 연평해전을 일으켰던 것은 세계인의 축제가 열리는 가운데 대한민국을 망신주기 위해서였다.

북한의 대남 군사도발 역사를 살펴보면, 평화협정을 추진했다가 결정적인 순간에 배신하는 북한 특유의 화전(和戰) 양면전술을 확인할 수 있다. 북한은 오로지 기형적인 공산전체주의 체제를 유지하고 자신들의 존재이유(raison detre)를 증명하기 위해 필요할 때마다 평화협정과 무력도발을 반복하는, 국제적 신용이 전무한 대상인 것이다.

- 노무현 : "자주국방이라는 말을 이제 우리 군대가 비로소 쓰기 시작합니다. 주적 용어 없애버렸습니다. 그 다음에 균형외교라는 말을 우리 정부에서 와서 쓰고 있지 않습니까 …(중략)… 작전통제권 환수하고 있지 않습니까? 많은 사람들은 2사단 후방 배치를 미국이… 또 이런저런 전략이라고 얘기하지만 … 그건 후보 때부터 얘기하던 나의 방침이기도 합니다. 왜 미국 군대가 거기 가 있냐 … 인계철선 얘기하는데, 미국이 인계철선이 되면 우린 자주권을 가질 수가 없는 것 아니냐? 국방을 거기다 맡겨놓고 어떻게 우리가 자주를 얘기할 수 있느냐 … 그래서 2사단 철수한다는 것이 방침이었는데, 마침 재배치계획을 가지고 있어서 용산기지를 이전하는 데 우리가 60억 달러라는 돈이 듭니다. 그런데 60억 달러가 들어도 100억 달러가 들어도 대한민국 수도 한복판에 외국군대가 있는 것은 나라 체면이 아니다. 보내지 않았습니까? 보냈고 … 나갑니다."

"작계5029*라는 것을 미측이 만들어 가지고 우리에게 가는
데… 그거 지금 못 한다 … 이렇게 해서 없애버리지 않았습니
까?(노무현)

● 노무현 : "이것이 남쪽 국민들의 보편적 정서로서 가고 있다는 것
이죠."

▶ 노무현의 세계관을 여실히 보여주는 발언들이다. 그는 서울에
미군이 주둔하는 것을 두고 나라 체면이 말이 아니라고 했다. 국방에
있어서 전략적인 부분까지 고려한 발언은 결코 아니다. 노무현에게 미
국은 6 · 25전쟁에서 함께 싸우며 한국의 공산화를 막는 데 일조한 동
맹국이 아니라 우리나라의 주권을 침해하는 존재일 뿐이었다.(*한편
노무현은 퇴임 후인 2008년 10월에 우리나라가 북한에 주권을 일부 양보할
수 있어야 한다는 발언을 하기도 했다.)

뒤에서 이어지는 미 제국주의 운운하는 반미적 발언까지 고려해
볼 때 노무현의 세계관은 북한이 주장하는 민족해방론이나 80년대 네
오마르크스주의자(Neo-Marxist)들의 종속이론에서 벗어나지 못했다고
보인다. 또 그는 과거 용산 미군기지를 '침략의 상징'이라고까지 표현
했는데 이것은 미국이 한반도를 침략해서 한국전쟁이 일어났나는 북

---

* 작계5029: '작전계획 5029'는 북한에서 정권붕괴, 대량살상무기 탈취 위협,
대량 난민 발생 등의 급변사태가 발생한 경우 한미연합군이 이에 대응하기
위한 구체적인 작전계획이다. 노무현 정부는 미국에 의한 주권침해를 이유
로 작계5029를 반대했으며 결국 이명박 정부에 들어와서 완성됐다. 천안함
폭침과 연평도 포격 도발이 발생한 2011년부터 한미연합군은 작계5029에
따른 훈련을 실시하고 있다.

한의 주장을 답습한 것에 불과하다.

노무현이 이런 사상을 갖고 있었기 때문에 김정일은 자신과 코드가 잘 맞는다고 생각하여 임기 말의 슈퍼레임덕 대통령을 만난 것인지도 모른다.

또한 자신의 편향적 세계관이 '남쪽의 국민들', 즉 대한민국 국민들의 보편적 정서라고 말한 것도 엄청난 사실왜곡이다. NL계 주사파들이나 공감할 만한 역사관과 안보관을 우리 국민들의 보편적 정서라며 거짓 선전한 것이다. 체면이 아니라는 건 이럴 때 쓰는 밀이다.

- 노무현 : "BDA는 뭐… 그건 미국의 실책입니다. 분명히 얘기를 하는데…실책인데… 그러나 어쨌든 미국의 실책임에도 불구하고 북측의 돈을 받으라 하니까 어느 은행도 안 받겠다 하는 것 아닙니까?"

  "BDA문제*는 미국이 잘못한 것인데, 북측을 보고 손가락질하고, 북측보고 풀어라 하고, 부당하다는 거 다 알고 있습니다."

---

* BDA계좌 동결사태 : 2005년 9월 미국은 3년여에 걸쳐 북한의 밀수 네트워크를 추적 조사한 끝에 핵개발과 관련된 자금이 예치된 마카오 소재 중국계 은행인 방코델타아시아(BDA) 은행을 돈 세탁 우려 대상으로 지목했다. 그 결과 BDA는 북한과 거래를 중단하고 총 2,400만 달러의 북한 계좌를 동결했다. 북한이 "피가 마르는 고통"이라고 표현한 BDA 제재는 북한의 숨통을 조인 가장 확실한 압박이었다. 조금만 더 BDA 제재를 이어 갔으면 북한의 태도가 달라졌을 것이다. 안타깝게도 2007년 2·13 합의를 통해 제재가 풀린다. 2·13 합의는 정상회담에 집착한 노무현 정부의 노력이 있었기에 가능했다. 결과적으로 노무현 정부는 BDA 제재를 풀어 주기 위해 노력했다. (월간 조선 '노무현·문재인·임동원·송민순·이종석의 회고록으로 살펴본 북한에 대한 속마음 분석')

▶ BDA 계좌동결 사태는 북한 외무성이 "우리의 핏줄을 조이는 행위"라며 격렬히 반발했을 만큼 역대 최강의 대북제재로 불린다. BDA 계좌는 북한이 해외에서 위조지폐 등을 통해 벌어들인 검은 돈을 운용하는 곳이었고, 미국은 BDA 계좌의 불법자금이 핵개발에 쓰인다는 정황을 발견하여 BDA 은행을 돈세탁 우려기관으로 지정했다. 그 이후 국제 금융기관들이 미국과의 거래에서 불이익 받는 일이 없도록 자발적으로 BDA 은행과의 거래를 끊은 것이다. 이러한 일련의 사태를 살펴보면 미국이 악의적으로 북한을 협박한 것이 아님을 알 수 있다. 북한이 먼저 제네바 합의를 파기하고 핵개발을 지속했기 때문에 미국이 불법자금의 조달을 방해한 것이다. 상호신뢰를 바탕으로 한 합의를 제멋대로 파기한 상대에게 일정한 불이익을 가하는 것은 국제사회에서 상식으로 여겨진다. 그러한 불이익이 없다면 어느 국가든지 합의된 내용을 이행할 유인이 제약 받기 때문이다.

물론 BDA 계좌동결 사태의 시기가 적절하지 못했다는 문제 제기를 할 수는 있다. 6자회담을 통해서 9·19공동성명을 이끌어내고 북한의 비핵화에 대한 재약속을 받아내는 중이었기 때문이다. 당시 북한은 우리에게 매년 200만 킬로와트의 무상전력 제공과 경수로 건설 재개를 요구하면서 비핵화에 협조할 의사를 보였다. 따라서 꼭 그런 시기에 BDA 계좌동결 사태를 일으킬 필요기 있었는지는 의문이 든다. 아마도 미국은 6자회담 과정에서 북한에 대한 압박카드로써 BDA 계좌동결을 감행한 것으로 보인다. 이 정도로 북한의 핵개발용 자금 운용을 막을 의지가 있다는 것을 보여주기 위해서였다. 결과적으로 북한이 크게 반발하고 2007년에 2·13 합의가 이뤄지기 전까지 9·19공동성명은 이행되지 못했으므로 그것이 전략적으로 성공했다고 보기는 어렵지만, 약속을 일방적으로 파기한 상대에게는 언제든지 강력한 불이익을 줄 수 있다는 것을 증명함으로써 국제사회에서 신뢰의 원칙을 재확인시켰다고 평가할 수도 있을 것이다.

BDA 계좌동결 사태에 대한 배경 지식이 조금이라도 있는 국민들은 그것이 시기가 적절치 못했을지언정 결코 북한에 대한 부당한 대우가 아님을 이해할 것이다. 그러나 불행하게도 대통령 노무현은 BDA 계좌동결 사태를 두고 미국의 잘못이고 북한에 대한 부당한 대우라고 언급하고 있다. 단순히 김정일을 달래기 위해 급조한 말이 아닐 것이다. 노무현이 북한의 실책에 대해서 비판하거나 북한과 반대되는 견해를 보인 적이 한 번도 없기 때문이다. 이렇게 일관되게 북한의 변호인 역할을 하는 것도 실로 대단한 집념이다.

- 노무현 : "그래서 우리도 그런 점에서 자주하고 싶어도 자주하기 어려운 현실적 상황이 존재하는 것이고요… 원자로… 경수로 그것 좀 중국에 하고 인도 뭐 이런데 좀 팔아 먹을라고 하고 있는데 미국이 오케이 하지 않으면 기술은 다 가지고 있는데 마지막 권리증을 그 쪽이 가지고 있단 말이죠. 그런데 이번에 이제 권리증이 웨스팅하우스로 넘어와 가지고 이제 그 쪽하고 협의를 해야 되는 것이죠. 이제 다른 종속이 아니고 기술종속에 의해서, 기술의 격차에 의해서, 도리 없는 종속이 발생하는 것이죠."

▶ 노무현은 아예 노골적으로 '종속'이라는 단어를 써가며 한국은 미국에 경제적, 기술적으로 종속된 국가라는 주사파들의 주장을 그대

로 답습하고 있다. 대한민국이 주권을 가진 당당한 자유민주공화국이라는 사실을 인정하는 대통령이었다면 절대로 '종속'같은 단어를 김정일 앞에서 입에 담지 않았을 것임은 명백하다. '지배-피지배', '독점-수탈' 등의 프레임으로 시장에서의 관계를 지나치게 단순화시키며 선악 구도와 타도 대상을 생산해 내는 것이 전형적인 좌익의 경제관이고 세계관이다. 한미동맹을 공생 협력관계가 아닌 주종 관계로 파악한다는 것은 극우 민족주의자 아니면 마르크스주의자들의 생각이다. 그리고 김일성주의야 말로 극우적 민족주의와 마르크스주의 경제철학을 결합한 유례없는 돌연변이 사상이다.

종속이론은 전혀 타당하지 않다. 한미 군사동맹과 한미FTA 등이 노예계약이고 삼성 등의 대기업이 미국 회사란 말인가? 미국이 중화학공업화와 새마을운동 등을 이끌어서 우리나라 경제를 발전시켰는가? 아니면 대한민국의 법정 화폐가 미국 달러란 말인가? 종속이론은 식민지 출신의 '주변부 국가'들은 절대로 '중심 국가'로 성장할 수 없다고 주장한다. 이는 대한민국이 성공적으로 발전을 거듭하여 선진국 사회에 진입한 이후부터 사실상 폐기된 낡은 선전도구에 불과하다. 대한민국 대통령이 김정일을 만나서 종속 운운한 것은 매우 부적절한 태도라고 할 것이다.

- 노무현 : "남북이 말하자면 완전한 협력관계에 들어서고 북측이 국제관계에 들어서고 나면 쫓아내지 못하거든요. 지금은 세계 하면 고립이 되지만, 자리를 잡고 난 뒤에 세계 하면 자주가 되거든요. 자주가 고립이 아니라 진짜 자주가 될 수 있도록 그렇게…"

- 김정일 : "옳습니다. 노 대통령님의 견해를 충분히 알았습니다."
- 노무현 : "여러 가지 노력을 통해 자주적인 역량을 강화해 나가고 있습니다."

▶ 우선 자주적인 역량을 강화해 나가고 있다는 것은 미군을 서울과 휴전선 인근에서 철수시키고 한미연합사를 해체시키고자 하는 등 국방에 있어서 한미동맹에 대한 의존도를 줄인다는 것을 의미한다. 그렇다면 노무현이 말하고 김정일이 동의한 '진짜 자주'란 무엇일까? 2008년 10월에 노무현이 발언한 "우리 주권의 일부를 북한에게 양보할 수 있어야 한다"는 주장과 같은 맥락으로 이해할 수 있다. 그는 '작전계획 5029'를 반대한 사례에서 보이듯이 미국에 대해서는 주권 침해를 주장하면서 한미동맹을 최소화시키고자 하는 반면에, 북한에게는 우리 주권의 일부를 양보할 수 있어야 한다고 말할 정도로 친북반미의 정신이 강했다고 볼 수 있다.

남북이 협력관계를 구축하고 세계 나가자는 것은 '先협력 後반미 노선'이라는 개념으로 정리할 수 있다. 이처럼 북한과 동맹관계를 구축한 뒤에 미국을 상대로 강경외교를 펼쳐서 자주를 확립하겠다는 것은 전형적인 NL의 논리다. 왜 NL 출신의 소위 '386세대'가 2002년 대선에서 노무현을 적극 지지했는지가 모두 드러나는 발언이다. 이는 주사파 세력이 원했던 북한 주도의 공산화 통일을 이루기에 좋은 전략으로서 노무현과 김정일이 공유하는 자주라는 개념의 본질은 반미이고, 이를 정책화 시키면 미군 철수 혹은 축소가 된다는 것을 보여준다. 노무현은 정치적 이유로 미군의 완전철수를 주장하지는 않았지만 공공연히 한미 군사동맹에 대한 반감을 드러내고 자주국방이라는 개념을 내세우며 미군의 역할을 축소시키고자 했다.

베트남 전쟁 이후 미군이 월맹(북 베트남)과 평화협정을 맺고 철수한 지 한 달 만에 베트남은 완전히 공산화됐다. 박정희 전 대통령이 언급했듯이, 공산주의자들의 평화협정은 결코 신뢰할 수 없으며, 그들은 우리가 힘이 빠지면 즉시 재침략을 감행한다는 것이 역사적으로 증명된 셈이다.

조선노동당은 아직 통일전선전술과 한반도 공산화의 야욕을 공식적으로 포기하지 않았으며, 그들이 주장하는 고려연방제통일안의 핵심도 국가보안법의 폐지와 더불어 미군의 철수임을 잊으면 안 될 것이다. 임기 중에 국가보안법을 폐지하고자 했던 노무현은 북핵의 위협, 그리고 북한의 군사도발에 대한 분노보다도 경제제재를 괴로워하는 북한에 대한 동정심이 앞섰다. 그는 미국보다도 북한과 손을 잡음으로써 한반도의 평화와 비핵화를 달성할 수 있다고 믿은 이상주의자였던 것이다. 이것이 김정일에게 비위를 맞추면서 이용만 당하는 것이 아니고 무엇이란 말인가?

● 노무현 : "제일 큰 문제가 미국입니다. 나도 역사적으로 제국주의 역사가 사실 세계 인민들에게 반성도 하지 않았고 오늘날도 패권적 야망을 여실히 드러내고 있다는 인식을 가지고 있습니다. 그리고 그 점에 관해서 마음으로 못 마땅하게 생각하고 저항감도 가지고 있고 새로운 기회가 필요하다는 인식도 가지고 있습니다."

"이러한 상황을 이용해서 한민족이 슬기롭게 서로 단결하고 또 자주의 문제도 시간을 갖고 서서히 풀어갈 수 있지 않은

가 그러한 믿음을 갖고 있습니다. 우리 남측 국민들에게 여론
조사를 해봤는데, 제일 미운 나라가 어디냐고 했을 때 그 중에
미국이 상당 숫자 나옵니다. 또 동북아시아에서 앞으로 평화
를 해롭게 할 국가가 어디냐, 평화를 깰 수 있는 국가가 어디냐
했을 때 미국이 1번으로 나오고 제일 많이 나오고 많은 사람들
이 미국을 지목하고, 그 다음은 일본을 지목하고, 다음으로 북
측을 지목했습니다. …(중략)… 이러한 것이 우리 민족이 자주
적으로 문제를 풀어나갈 수 있는 환경의 변화라고 생각합니
다.”

　“여러 가지 노력을 통해 자주적인 역량을 강화해 나가고
있습니다.”

▶ 노무현은 미국의 제국주의 역사에 대한 분노를 드러냈다. 우선
미국은 단 한 번도 ‘제국(帝國)’이었던 적이 없으므로 근본적으로 잘못
된 생각이라 할 수 있다. 미국은 과거 세계열강 중에 식민지배를 거의
하지 않은 유일한 나라이며, 무엇보다도 우리나라는 미국의 ‘제국주
의’에 피해를 받은 나라가 아니다. 미국은 우리와 6·25전쟁에서 함께
싸우며 대한민국의 공산화를 막아낸 동맹국이라는 것이 객관적 사실
이다. 미국이 제국주의 국가이며 그로 인해 한국의 평화가 위협받고
한국은 미국에 ‘종속’된 국가라는 것은 북한이 김일성 시대부터 주체
사상 등을 통해 설파한 일방적 주장이며, 모두 노무현이 이 회담록에
서 암시한 것들이기도 하다. ‘자주’와 ‘종속’, ‘인민’, ‘제국주의’ 등의
용어는 전형적인 북한과 주사파들의 언어이다.
　대한민국은 이미 자주적인 국가이며 그 어느 나라에도 종속되지

않았고, 인민이 아닌 국민이 지배하는 자유민주공화국이라는 것이 객관적인 사실이다. 미국과 한미동맹에 대한 노무현의 시각, 그리고 그가 즐겨 사용하는 언어에서 노무현의 주사파적인 세계관이 여실히 드러나는 것이다. 또한 국민들이 평화를 해칠 국가로 북한이 아니라 미국과 일본을 먼저 지목했다는 주장은 전혀 사실에 근거한 발언이 아니다. 일부 사람들의 생각을 일반화시켜서 김정일에게 설명한 것은 사실상 국민여론을 왜곡시켜 가면서 김정일에게 아부한 발언이라고 할 수 있다.

제3장　남북교류협력과 대북관

　　남북교류협력과 통일이라는 과제에 대해 노무현이 핵심 의제로 제
시한 세 가지는 평화정착(남북 군사적 신뢰 구축, 북미관계 정상화, 핵문
제 해결, 서해 평화지대 지정), 경제협력(개성공단 2단계 개발, 철도 및 도
로 개통, 금강산 관광특구 확대, 해주 중화학공업 특구 건설, 농업 및 임업
협력, 보건의료분야 협력, 지하자원 개발), 그리고 화해와 통일(이산가족
문제 해결, 6·15공동선언 이행, 새로운 선언 창출)이었다.

　　이 중에서 평화통일과 자주통일에 대한 대원칙은 실현만 가능하다
면 누구나 찬성할 만한 숭고한 이상이다. 문제가 되는 것은 대원칙이
아니라 그것을 실현시키는 구체적인 방법론이다. '남북 군사적 신뢰
구축'이라는 허황된 이상과 그것을 달성하기 위한 노무현의 해법(무장
해제와 영해 공유), 그리고 북한에 온갖 인프라를 건설해 주겠다면서
(경제교류협력) 그 대가로 요구하는 것은 구체적으로 없다는 사실을
지적하고자 한다.

　　노무현이 가장 집착한 것은 경제교류협력, 즉 사실상 북한의 경제
개발이다. 경제협력을 통해 상호신뢰와 상호의존을 쌓고 우선 평화를
정착시킨 후 단계적-점진적으로 통일을 진행시키려는 구상인 것이다.

그러나 그가 제안하는 것들을 살펴보면 스케일이 지나치게 크다. 본문에서 다뤄지듯이 북한에 원자력 발전소, 조선소, 경수로, 철도 등의 산업인프라를 건설해 주겠다고 제안하는데, 그것들이 모두 실현되기 위해서는 실로 막대한 예산과 투자를 필요로 한다. 그리고 그런 민관합동의 대규모 투자를 국내가 아닌 북한에 하겠다는 것의 명분은 지속적인 평화와 신뢰 형성에 대한 북한의 믿을 수 없는 약속뿐이며, 남북협력기금 외의 정부예산 사용에 대한 국민적 동의조차 구하지 못한 상황이었다.

북한은 자립경제와 해외원조를 통해 최소한의 경제력(외화)만 확보하면 고립하는 편이 체제 유지와 안정을 위해 훨씬 이득이므로 개방과 개혁을 매우 경계한다. 즉, 예나 지금이나 개방과 개혁에 대한 경제적 유인은 제로에 가깝다. 그것이 역사적으로 공산주의 국가들이 '자주성'을 내세우며 고립과 폐쇄, 그리고 자립경제를 강조하는 이유이다.

우리 기업들이 북한에 경제적으로 깊숙이 연관되어 버리면 북한은 그들을 인질로 활용하거나 자신들의 요구 조건을 안 들어 주면 폐쇄시키고 다 내쫓아 버리겠다고 협박카드로 사용할 가능성도 있다. 따라서 경제교류협력은 각 사안별로 북한과의 줄다리기 협상이 필요한 부분이다. 절대로 노무현처럼 무조건 '인프라 건설해 주고 투자할 테니까 문 열어라' 라는 식으로 밀어붙인다고 좋은 결과를 보장할 수 있는 것이 아니다. 그러나 노무현 정부는 '북한에 경제적 지원을 하고 해빙 무드를 조성하면 상호발전과 평화통일을 이룰 수 있다' 라는 절대적인 신념을 갖고 있었다. 경제특구에서 활동하게 될 우리 국민과 기업들의 안전보장 및 자율성 확보에 대해서는 아예 언급하지도 않고 어떠한 약속도 받아내지 않았다. 이상에만 심취하여 현실을 챙기지 못한 것이다. 본문에서도 다시 강조하겠지만, 그것은 투자자가 아닌 북한 전체주의 정권을 위한 자선사업가의 자세에 가까웠다.

- 노무현 : "그 동안 해외를 다니면서 50회 넘는 정상회담을 했습니다만 그 동안 외국 정상들의 북측에 대한 얘기가 나왔을 때, 나는 북측의 대변인 노릇 또는 변호인 노릇을 했고 때로는 얼굴을 붉혔던 일도 있습니다."

▶ 이 책의 제목을 탄생시킨 발언이다. 노무현은 스스로 해외에서 '북한의 변호인' 역할을 했다며 자랑스럽게 말한다. 이 앞의 문맥까지 고려해 보면 남북간의 교류협력과 신뢰 구축을 위해서 자신이 이 정도까지 노력했다는 것을 자랑스러워하는 것 같다. 하지만 곰곰이 생각해 보면, 남북간의 신뢰구축을 하기 위한 노력과 대한민국 대통령으로서 해외에서 김정일 정권의 변호인 역할을 자처한다는 것은 엄청난 거리가 있는 일임을 알 수 있다.

역사적으로 미국과 UN을 중심으로 북한에게 경제제재를 가한 것은 북한이 잦은 군사도발을 감행하고 핵무기 개발까지 추진함으로써 국제사회, 특히 동아시아 지역에 위기감을 조성했기 때문이다. 또한 북한은 갑자기 NPT를 탈퇴하고 제네바 합의를 일방적으로 폐기시키는 등 냉전이 종결된 이후에도 국제사회에서 문제아 역할을 자처해 왔다. 법과 원칙, 그리고 신뢰를 기반으로 움직이는 국제관계 속에서 북한의 행위는 반칙으로 볼 수 있다. 하지만 반칙과 특권 없는 사회를 만들겠다던 노무현은 북한을 반칙행위자가 아닌 피해자라고 생각하

며 미국 등의 강대국이 북한을 부당하게 탄압하고 있다고 믿고 있었
다. 그래서 그는 해외에서 북한의 억울한 입장을 대변하며 경제제재
조치에 반대하는 변호인 역할을 자처했던 것이다.

> ● 노무현 : "평화의 토대 위에서 교류협력을 통해서 신뢰를 쌓아가
> 다가 보면 통일은 점차적으로 저절로 오게 되는 것이라고 생각
> 합니다 … (중략) … 남북 주도하에 통일지향적인 평화체제를
> 구축하는 것이 급선무이며 이를 위해서 북미관계 정상화와 남
> 북 군사적 신뢰구축을 통한 냉전체제 종식과 핵문제 해결이라
> 는 두 가지 큰 일을 해야 할 것입니다."

▶ 우선 평화통일의 대원칙과 북미관계 정상화라는 방향에 대해서
동의하지 않는 사람은 없을 것이다. 게다가 노무현이 먼저 북핵 문제
라는 의제를 꺼낸 것 자체는 인정할 만하다. 그러나 한편으로 지극히
이상주의적인 발상은 그 자체로 충분히 위험하다. 김정일 정권이 선군
징지를 포기할 만한 유인이 등장하지 않는 이상은 군사적 신뢰구축이
란 절대 불가능하다. 우리가 아무리 화해와 포용의 제스처를 보여도
1, 2차 연평해전에서 드러났듯이 북한은 때가 되면 먼저 군사도발을
감행한다. 적에 대한 공격을 통해서 자신들의 위상을 떨치고 내부적으
로 인민의 단결심을 고취시키기 위해서이다.

교류협력을 통해서 신뢰를 쌓아 가다 보면 통일이 저절로 온다는
믿음도 허상에 불과하다. 김정일 정권은 대한민국이 붕괴되지 않는 한
통일을 해서 자신들의 기득권을 내려놓을 유인이 전혀 없으며, 평화와
통일을 미끼로 개발원조에 대한 약속을 받아내는 것만이 목적이기 때

문이다. 그들은 군사적 위협과 위기감 조성을 무기로 해서 자신들의 요구를 관철시키고자 해왔다. 북한은 시장경제에 대해 통째로 나라를 개방할 생각도 전혀 없으므로 노무현 정부는 김정일이 '허락한 것들'만 추진할 수 있는 철저한 을(乙)의 입장이었던 것이다.

- 김정일 : "나는 오늘 대통령께서 제안하신 문제에 대해서는 내가 하나 즉석에서 생각한 것은 새로운 공단들을 내오자고 하는 문제는 아직도 우리나라가 중국 땅이라던가 러시아 원동 땅도 아니고 조그만 땅인데 거기서 다 뜯어 공단들만 하려고 하면 우리가 이때까지 이룩한 민족자주경제는 다 파괴되고, 시장경제에 말려들어가고, 주체공학이 없어지고 하는 이런 정신적인 재난이 올 수 있기 때문에 아직…"

    "좀 더 개성부터 완성시켜 두 측이 노력을 기울여서 완성을 시킨 다음에 하나의 모범을 창조한 다음에 해야지…"

    "(추가 공단 건설은) 남측의 구상으로만 보도된다는 게 나쁘지 않다고 생각합니다. 우리는 새로운 공단하는 건 찬성할 수 없습니다."

▶ '북한은 체제 유지와 안정이 최우선 순위이고, 경제력 원조는 일정한 선까지만 받되 시장경제 정책에 대해 완전히 개방하지는 않을 것이다'라는 나의 주장을 뒷받침하는 부분이다.

왜 공산주의 국가들이 스스로 고립을 자처하는지에 대한 배경 지식이 없으면 김정일의 태도에 대해 의외의 반응이라고 생각하기 쉽다. 온갖 공단과 기타 산업인프라 시설을 건설해 준다고 하는데도 단호하게 거절하는 모습을 보이기 때문이다. 김정일은 개성공단에서 벌어들이는 외화만 있어도 선군정치와 핵개발을 유지하는 데 충분하다는 계산을 하고 있었다. 그 이상의 경제교류는 자칫하면 북한의 인민들을 시장경제에 무방비로 노출시킬 수 있기 때문에 체제유지에 해가 된다는 판단을 한 것이다. 이처럼 전체주의 체제하에서는 보통 독재 권력을 유지하기 위해서 개방보다 폐쇄를 택하는 경향이 있다. 그리고 이것이 바로 햇볕정책의 근본적인 한계이다. 북한은 개성공단 이외에는 더 개방할 생각이 없고 시장경제의 확산을 매우 경계하기 때문이다. 김정일 정권뿐만 아니라 김정은 정권도 마찬가지일 것이다.

- 이재정 : "정말 위원장님께서 앞으로 철길도 열어주시고, 땅길도 열고, 하늘도 이젠 정기항로를 좀 만들어서 우리 시민들, 국민들이 다 자유롭게 왕래할 수 있도록 해주시면 좋겠습니다."
- 김정일 : "그걸 위해서 우리가 일하자는 거 아닙니까? 그건 꼭 실현시켜야 됩니다. 도로, 철길도 앞으로 1차 현대화해야 돼요 … (중략)… 앞으로 개통한다 하면, 김대중 대통령께서 철길 물동수송, 물류수송 하는 데 크게 의미 부여를 했기 때문에 우리가 동참했습니다."
- 이재정 : "위원장님, 우선 지금 개성까지만이라도 열면, 개싱에서 생산하는 양이 한 달에 1천5백만 불 정도인데, 만약에 이게 내년 말까지 가면 한 달에 1억 불이 넘게 생산이 됩니다. 이 물동량만 기차로 수용한다면 물류비용을 40% 줄일 수 있습니다. 저희가 그렇게 하면서 위원장님께서 말씀하신 바와 같이 나머지 철도의 현대화, 이건 또 별도의 투자방법으로 해서 해 나가

면···"

- 김정일 : "그건 반대 없어요. 반대 없어. 아까 경협 문제 얘기했을
   때 철도 현대화도 돼야지. 현재는 그냥 했다고 하는 상징적인
   것이고, 정상 운영하자고 하면 문제가 복잡합니다. 앞으로 중
   량화 해야지, 두 번째는 한 선만 가지고는 해결이 안 되니까 경
   의선에 한해 복선 문제가 있고···"

▶ 김정일은 개성공단의 확대, 추가 공단의 건설, 조선소와 원전소
의 건설 등의 제안에는 소극적이고 비협조적인 태도를 보이면서 유독
도로와 철도의 현대화 문제에 한해서는 적극적으로 찬성하는 모습을
보인다. 그 이유는 자명하다. 공단과 조선소, 원자력 발전소의 경우는
그곳에 투입되는 북한의 노동자들이 상당수 필요하고 김정일은 그들
이 그곳에서 남한 사람들을 접촉하고 시장경제에 익숙해지는 것을 경
계했던 것이다.

반면에 도로와 철도의 경우는 순수한 사회간접자본으로서 남한의
기술력과 자본을 동원해서 현대화 시켜놓으면 북한의 통제하에 모든
운용이 이루어지게 되는 것이다. 공단이나 조선소처럼 특구 형식으로
상시 개방시켜 놓아서 남한의 기업들이 북한의 노동자들과 같이 생활
하는 것이 아니라 북한이 허락하는 경우에 한해서 대한민국 국민들도
도로와 철도를 이용할 수 있다는 수준에 그치기 때문에 김정일의 입
장에서는 도로와 철도의 현대화에 있어서는 실보다 득이 훨씬 큰 것
이다. 또한 나중에 핵개발을 재개하고 개성공단 폐쇄와 더불어 남북교
류협력이 전면적으로 중단됐을 경우에도 한국의 기술력과 자본으로
현대화된 북한의 도로와 철도는 온전히 북한의 자산으로 남게 되는

것이다.

그렇게 우리의 기술력과 자본을 투자해서 북한에 산업 인프라를 지어줌으로써 우리가 얻는 이득은 무엇일까 따져봐야 한다. 하지만 대화 내용을 보면 투자를 받는 쪽인 김정일이 오히려 조건을 제시하고 이재정과 노무현은 도로와 철도 개발(현대화 작업)을 허가해 달라는 것 외에는 요구사항이 없다. 당시 노무현 정부는 피상적인 '남북관계 개선'의 상징 만들기에만 급급하고, 우리가 얻는 실리에 대해선 '북한의 개방과 경제협력 = 평화'라는 추상적인 그림 외에 구체적인 구상은 없어 보인다. 경수로, 조선소, 원전소뿐만 아니라 철도 현대화에까지 투자해 주겠다면서 정작 우리 측의 요구사항을 밝히거나 김정일과 정치적 딜(deal)을 하지 않는 것은 협상가가 아니라 자선사업가의 태도에 가깝다.

> ● 노무현 : "이 점은 나도 아프게 생각합니다. 남쪽 사람들이 개성공단을 가지고 이것이 마치 개방의 미끼인 것처럼, 자연히 뭐 개성공단처럼 하면은 북측이 개방하고 개혁할 것이라고, 이렇게 얘기하고 있는데 대해서는 나도 미안하게 생각합니다. 나는 그런 견해에 대해서는 찬성하지 않습니다. 그것이 아니고 진정한 의미에서 말하자면 경제 학산, 기술 확신 이거 해아 되는 것인데…"

▶ 이 회담록에서 가장 문제가 되는 발언 중 하나이다. 이 발언이 노무현의 진심이든 거짓이든 매우 큰 문제점을 안고 있다. 본래 햇볕정책의 명분은 북한과의 경제교류협력을 통해 북한 인민들에게 시장

경제의 맛을 보게 하고 북한체제로 하여금 점차 개방과 개혁을 진행하도록 유도하겠다는 것이었다. 노무현의 발언대로 북한체제의 개혁개방을 위한 것이 아니라면 햇볕정책은 대국민 사기극이 된다. 도대체 북한에 우리 기업들과 각종 산업분야의 기술을 갖다 줘서(기술확산) 무엇을 얻겠다는 것인가? 국민들의 세금을 투입해서 북한에 대가 없이 경제개발을 해주자는 말이 된다.

반대로 노무현이 만약 거짓말을 한 것이라면 그것도 문제가 있다. 이 회담 내내 노무현은 상당히 노골적으로 김정일에게 남북교류협력을 통해서 개혁개방을 추진하고 미국과의 관계도 재설정할 것을 권유하고 있기 때문이다. 따라서 특구 개발을 통한 제한적 시장경제 도입과 국제사회로의 개방은 사실상 노무현 정부가 김정일에게 요구하는 거의 유일한 조건이다. 노무현은 아마 개성공단 등을 북한 개혁개방의 미끼로 생각하고 있었을 것이다. 하지만 김정일이 노골적으로 개방 유도론에 거부반응을 보이고 있는 상황에서도 노무현은 지속적으로 개방전략을 노출시키고 있다. 이를테면 "해주 지역에 기계, 중화학 공업 위주의 서해 남북공동경제특구를 설치하게 되면 개성, 해주, 인천을 잇는 세계적인 공단, 나아가서는 경제지역으로 발전이 가능할 것입니다."라고 말하는가 하면, "이와 같은 세계경제의 현실 속에 북측도 함께 발을 들여야… 시장에는 발을 디뎌야지 안 디디고 어떻게 갈 수 있겠느냐"라고도 말했다.

북한이 부분적으로라도 시장경제를 도입하게 만들고 나아가 세계시장에 북한을 참여시키겠다는 생각 자체는 바람직하다. 그러나 이렇게 북한에게 경제협력을 통해서 개방하라는 의사를 대놓고 비추면 김정일이 경계심을 갖게 될 것은 뻔한 일이다. 이는 노무현이 대한민국의 대표로서 협상의 기술이 매우 부족하다는 것을 볼 수 있다. 우리 측에 상대방이 좋아하지 않을 전략이 있다면 그것은 최대한 숨기고 상대방의 경계를 허물어야 하는 것이 당연하다. 김정일이 의심의 눈초리를 보내며 개성공단 외의 개방에 반대한 것도 이해가 가는 대목이다.

• 노무현 : "내년도 남북협력기금 예산을 1조3천억 원을 생각하고 있습니다. …(중략)… 일본이 얘기하는 100억 불이라는 돈은 5년 안이라도 마련할 수 있고, 그것을 어떻게 쓰느냐는 문제는 쌍방이 협상을 해야 하지 않겠습니까?"

　　"우리는 북측이 굳건하게 체제를 유지하고 안정을 유지한 토대 위에서 경제적으로 발전하는 것이 우리에게 이익이라고 다들 생각하고 있습니다."

　　"정부가 당장 국민의 세금으로 대북 협력자금을 조성, 1년 만에 못한다고 할지라도 공기업이 일을 하게 하고 공기업이 부담하는 이자와 실제 생기는 이자 사이에 발생하는 차액 같은 것을 정부가 뒷받침하면서 그렇게 해서 민간투자를 땡겨 가지고 정부가 주도해서 집행하는 방법도 있습니다. …(중략)… 땡겨서 먼저 선투자 하고 정부가 감당해 나가는 이러한 방식으로도 하기 때문에, 그런 해외로 나가는 이 여력을 남북간의 경제에 투자를 하게 됐을 때 북측만 이익을 보는 것이 아니고 남북 경제가 한꺼번에 성장하게 되고…"

"처음부터 경제가 성장하기까지는 유료도로를 감당하기 어렵기 때문에 그런데 대해서는 남측 정부가 거기서 수익의 차이를 보전하는 방식으로 참여해 가지고 전적으로 그것을 하기는 어렵지만 할 수 있고, 그래서 남측에서 학자들이 도로 닦는 데 90조가 들어가느니 하는데 다 헛소리라고 나는 보는 것입니다."

▶ 스스로 밝혔듯이 북한의 경제가 발전하는 것이 우리에게도 이익이 된다는 것이 노무현의 기본적인 생각이다. 역사적으로 우리나라 발전에 단 한 번도 도움이 된 적이 없으며 일상적으로 군사도발과 테러를 자행해 온 북한에게 경제적 이익을 가져다주는 것이 우리에게도 이익이 된다는 주장의 근거가 무엇인지는 모르겠다. 그러나 어떤 논리를 바탕으로 한 생각인지는 파악할 수 있다. 그것은 전형적인 자유주의적 낙관론이다. 상호의존하는 자유무역경제를 만들어 놓으면 그것이 영합(零合: zero-sum)이 아닌 양합(陽合)의 게임(positive -sum game)이 되어서 양측의 경제적 이익은 물론 평화까지 증진시킨다는 논리인 것이다.

하지만 여기서 북한이 과연 그런 일반이론에 포함시킬 만한 국가인지 아니면 특수한 존재인지에 대한 고민이 필요하다. 나는 북한에 자유주의적으로 접근해서는 결코 장기적인 윈-윈(win-win)의 관계를 만들어낼 수 없다고 보는 입장이지만, 노무현이 나름대로의 소신을 바탕으로 나와 반대되는 견해를 가진 것까지는 이해할 수는 있다. 하지만 그것을 추구하는 방법에는 문제를 제기할 수밖에 없다. 이를테면 왜 남북협력기금 예산에 보태서 100억 달러(10조원 이상)나 민간투자를 이끌어내서 대규모 투자를 지속하려 하는가? 투자라는 것은 신뢰할 수 있는 상대와의 계약을 기반으로 한다. 북한이 신뢰할 수 없는 상대라는 사실 외에도, 북한의 경제개발을 지원하는 것이 우리에게 이익이 된다는 주장을 뒷받침할 만한 역사적 사례는 전무하다. 그럼에도 불구하고 우리 정부의 예산으로 무료 도로 운영의 적자를 만회하겠다는 발상까지 하고 있으니 국민들 입장에서는 답답한 노릇인 것이다.

게다가 나중에 수익이 돌아와야 온전한 투자라고 할 수 있는데, 김정일이 마음먹기에 따라서 순식간에 폐쇄될 수 있는 도로와 조선소 개발은 사실상 투자보다 원조의 개념에 가깝다. 또한 말이 남북협력기금이지 실제로 대한민국 경제에 풀리는 돈이 아니고 전부 북한의 산업인프라 개발에 들어가는 돈이라는 것은 매우 자명한 사실이다. 그것을 국민들의 세금도 모자라서 정부가 빚을 지면서까지 진행하겠다고 하는 것은 실효성도 증명되지 않은 사업임을 감안했을 때 스케일이 지나치게 큰 것이라고 할 수 있다. 노무현 정부는 이런 대규모 혈세 투입에 대해서 국민적인 동의를 사전에 구했단 말인가? 국민들의 동의 없이 추가적인 정부예산이 대다수의 국민들이 위협과 적대감을 느끼는 북한의 경제개발을 위해 투입된다는 것은 국민들의 신임을 배반했다는 근본적인 문제 제기를 할 수 있는 부분이다.

● 노무현 : "우리는 경수로* 꼭 지어야 합니다."

---

* 9·19공동성명 : 2005년 9월 19일, 제4차 6자회담에서 북한이 NPT와 IAEA 복귀를 선언하고 모든 핵무기를 포기하겠다고 선언할 것을 골자로 하는 공동성명이다. 노무현 정부는 북한에게 매년 200만 킬로와트의 송전을 무상으로 제공하고, 1994년 제네바합의에서 결정된 경수로 건설을 적절한 시기에 재개할 것을 약속하였다.(경수로 건설은 2002년 제2차 북핵 위기 때 중단되

▶ 우선 2002년에 경수로 건설이 중단된 이유는 북한이 제네바합의를 어기고 핵개발을 재추진했기 때문이다. 이후 2005년 9·19공동성명을 통해서 북한의 비핵화와 경수로 건설 재개가 다시 약속되었지만, 2006년에 북한이 장거리 미사일(대포동 2호)을 발사하고 1차 핵실험까지 단행함으로써 경수로 건설은 무효화되었던 것이다. 이처럼 비핵화에 대한 약속이 두 번이나 파기된 상황에서 우리가 경수로를 제네바 합의와 9·19공동성명대로 지어주어서 얻는 게 무엇일까? 굳이 김정일이 먼저 꺼내지도 않은 사안을 '꼭 지어야 한다'면서 언급할 필요는 없었다.

물론 경수로 건설에는 국민들의 세금이 이미 13억 달러나 투입되어 있기 때문에 중단된다면 그건 그대로 손실이 된다고 주장할 수도 있다. 하지만 다시 건설하면 비용은 13억 달러보다 더 늘어나는 셈이 되며, 이미 약속을 두 번이나 어긴 북한의 신뢰할 수 없는 약속을 한 번 더 믿어주는 꼴이 된다. 13억 달러를 훌쩍 넘는 추가비용까지 지출하며 경수로를 지어주었는데도 북한이 핵무기 개발을 계속한다면 그 국가적 손실은 어떻게 되는 것인가?

여기서 우리는 경제학에서 말하는 '매몰비용'의 개념을 상기할 필요가 있다. 이미 13억 달러를 투자했고, 경수로 건설의 공정이 35% 진척된 상태에서 북한이 합의내용을 어겨서 중단된 것이 당시의 상황이다. 이것은 변수가 아니라 상수(常數)이다. 이 주어진 조건하에서 우리는 제네바 합의와 9·19공동성명을 파기한 북한에 대한 신뢰를 포기하고 중단을 받아들이거나(13억 달러 손실), 약속을 지킬 확률이 거의 없

었다.) 그러나 북한은 바로 다음날인 9월 20일, 우선 경수로를 제공받아야만 NPT로 복귀하겠다는 先경수로, 後NPT복귀를 주장했다.

는 북한에게 추가비용을 지출해 가며 경수로를 완전하게 지어주는 것 (13억 달러+@) 중에서 선택을 해야 한다. 여기서 후자를 택했는데 북한이 역시나 핵개발을 중단하지 않고 합의를 다시 파기한다면 최악의 상황이 되는 것이다.

노무현의 참모들 대다수가 80년대 운동권 세대였다. 그들은 반미친북적 이념을 젊은 시절부터 공유해 왔다. 그들이 북한과 줄다리기 외교를 펼치지 못하고 일방적으로 끌려다니기만 한 이유, 북한이 약속을 어기더라도 끝까지 북한을 신뢰해야 한다며 막대한 비용조차 지출하기를 마다하지 않았던 이유는 젊은 시절부터 믿어온 것이라곤 북한과 협력해야 평화와 통일, 그리고 진정한 자주를 달성할 수 있다는 막연한 신념뿐이었기 때문이 아닐까.

애당초 그들에게는 대북 경제지원의 비용이 중요한 문제가 아니었을 것이다. 비용이 얼마든지 분명히 추진했을 테니까. '대북 경제지원 = 신뢰 = 평화 = 자주통일'이라는 경직된 신념 아래 단결했던 그들에겐 그것만이 정답이기 때문이다. 그래서 그들의 대북정책에서는 유연성을 찾아볼 수 없는 것이다. 국제관계에 있어서 약속을 계속 어기는 상대에게는 당근보다 채찍을 들어야 한다. 그것이 국가들 간의 관계를 규정하는 기본적인 원칙인 '연계의 원칙(principle of linkage)'인 것이나. 상대의 악의적 행동(핵개발 재추진)에 대해 우리가 당근을 제공해 주면 상대는 악의적 행동을 반복할 유인을 갖게 될 것이다.

- 김정일 : "통천에 금강산 개발이다 뭐 다 통천에 있으니까. 그 조선 소 물동량들이 100% 다 해상으로 해야 된다는 소리인데?"

- 노무현 : "바지선으로 다 끌고 갑니다."
- 김정일 : "동쪽은 거기가 우리가 승인할 수 있고…"
- 노무현 : "우선 조선은 오염이 안 나오고, 이제 폐선 해체만 아니라면 신조선 한다면 오염이 없습니다."
- 김정일 : "좋습니다. 반대 없습니다. 노대통령께서 제기한 대로 조선소를 건설하겠다, 투자하겠다.…. 해주공단으로 보나, 뭐라 그러겠습니까. 남측의 반응은 어떻게 예상됩니까? 반대하는 사람들도 있지요?"
- 노무현 : "없습니다. 서해 평화협력지대를 만든다는 데에서 아무도 없습니다."

▶ 결국 인천, 해주 공동경제구역과 조선소 건설을 밀어붙이던 노무현은 김정일의 잠정적인 승낙을 받아내는 데 성공했다. 김정일은 앞서 해주 대신에 근처 강령군에 공단을 건설하는 것은 가능한데, 일단 개성공단이 좋은 성과를 낸 다음에 하자고 말했다. 조선소 물동량 운영은 바지선으로 하면 되고 조선업이 바다를 오염시키지 않으니 걱정하지 말라는 것도 조선소 건설에 대한 노무현의 결연한 의지가 보이는 대목이다.

서해 평화협력지대는 구상 초기 단계부터 남남갈등을 유발시키고 국론을 분열시킨 중대한 사안이다. 개성공단 폐쇄에 대해서조차 지금까지 찬반이 첨예하게 엇갈리는 실정인데 10년 전에 개성공단보다도 급진적인 서해 평화협력지대와 조선소 및 원자력발전소 개발 등에 대한 여론은 어땠겠는가? 반대하는 사람이 아무도 없었다는 것은 사실이 아니다. 이처럼 회담 내내 노무현은 지속적으로 국민 여론을 왜곡

해서 언급하고 있다. 이것은 착각이거나 거짓말이다. 노무현이 대통령
으로서 자신의 생각과 다른 생각을 가진 국민들의 입장을 김정일 앞
에서 대변하는 경우는 거의 없었다.

- 노무현 : "경협이 확대되었을 때 국제적으로 발생할 수 있는 여러
  가지 문제들을 해소하는 데 큰 도움이 될 것입니다. 앞으로 남
  북경협이 확대되면 국제시장에서는 WTO 규정을 들어서 시비
  를 거는 사람들이 있을 것이라고 생각해서 거기에 대한 대비가
  앞으로 있어야 되지 않겠느냐."

▶ 노무현이 언급한 세계무역기구(WTO)의 규정이란 '최혜국 대우
의 원칙'을 말하는 것으로 추정된다. 이른바 남북간의 무관세 거래가
WTO의 최혜국 대우 원칙을 위반한다며 국제사회에서 고소당할 수
있다는 것이다. 그러나 그것은 시비를 거는 것이 아니라 엄연한 국제
사회의 일원으로서 대한민국의 적법한 약속 이행을 요구하는 것이다.
노무현은 WTO 규정을 위반하면서까지 남북경협을 추진하겠다는 굳
은 의지를 보이고 있는데, 만일 당시 노무현의 대통령 임기가 많이 남
아 있어서 그의 구상대로 추진되었다면 한국은 국제사회에서 문제를
일으킬 뻔했다.

WTO는 거의 모든 국가들이 회원으로 있는 초국가적 기구이며 규
정을 위반하는 국가는 스포츠 경기에서 반칙을 저지른 것과 같은 취
급을 받는다. 최근 중국의 사드(THADD) 보복 조치 등이 WTO 규정의
위반으로 꼽힌다. 북한과의 신뢰 형성 이상으로 다른 국가들과의 신뢰
를 저버리지 않는 것이 중요하다. 세계무역시장을 선도하는 대한민국

의 대통령으로서 국제무역규정에 대해 지나치게 가벼운 인식을 보인 것으로도 해석되는 대목이다.

● 노무현 : "금강산 관광사업은 우리 측이 보기엔 큰 성공사례라고 생각합니다. 나아가서는 개성과 백두산 등으로 확대해 나가는 것이 큰 이득이 될 것이라고 생각합니다."

▶ 우선 노무현이 여기서 말하는 '큰 이득'이 누구의 이익을 말하는 것인지 정의하기가 쉽지 않다. 경제적으로 보면 물론 관광특구 개방을 통해 외화를 벌어들일 수 있는 북한에게 큰 이득이 될 것이다. 그러나 우리 국민들의 입장에서는 확실한 안전장치도 마련되지 않은 상황에서 북한에 통행하는 것이 무조건 좋다는 식의 믿음은 지나치게 순진한 생각에 불과하다.

결국 2009년 박왕자씨 피격사건이 발생함으로써 북한은 관광협력 분야에서도 절대 신뢰할 수 없는 대상이라는 사실이 명백해졌다. 북한은 관광사업을 통한 외화벌이보다 체제의 안정을 위한 폐쇄와 고립을 스스로 택할 만큼 전체주의적 통제를 유지하겠다는 의지가 강하다. 실리를 챙길 만큼 챙겼다고 판단되면 가차 없이 관례나 약속 등은 깨버리고 변명을 늘어놓는 것이 여태까지 우리가 지겹도록 보아 온 북한의 태도이다.

● 김정일 : "김대중 대통령께서는 절대 그럴 수 없다고 좋은 거 하나 내자고 자꾸 독촉을 해서 그래서 6·15공동선언, 쌍방이 힘들게 완성을 시켜서, 난 6·15공동선언이 아주 훌륭한 문건이

라고 생각…"

▶ 김대중은 왜 독촉을 할 수밖에 없었는가? 내가 서론에서 언급한 것처럼 임기가 짧은 민주국가 수반의 한계를 보여주는 것이다. 민주국가의 지도자는 자기 임기 내에 가시적인 성과, 즉 업적을 남겨야 한다는 압박감을 느낄 수밖에 없다. 따라서 남북협상에 있어서 더 조급하고 매달리는 것은 언제나 우리 쪽이었다. 그래서 김대중, 노무현 정부 시절에는 우리가 을의 역할이었고 경제적 지원을 받는 입장인 김정일은 오히려 갑의 입장에서 여유 만만했다. 노무현도 계속 회담을 연장하고 대북지원을 어떻게 해서든 확대하려고 매달리는 모습을 보였다.

- 노무현 : "수시로 보자고만 해 주십시오."
- 김정일 : "수시로? 문제가 있으면, 그저 상호 일이 있으면, 호상 방문하는 거고…"
- 노무현 : "일 없으면 볼 일 없다 이렇게 느껴지니까 그러지 마시고…."
  "남측 방문은 언제 해 주실랍니까?"
- 김정일 : "그건 원래 김대중 대통령하고 얘기했는데, 앞으로 가는 경우에는 김영남 위원장이 수반으로서 갈 수 있다. 군사직 문제가 이야기 될 때는 내가 갈 수도 있다. 그렇게 이야기가 돼 있습니다."
- 노무현 : "우리는 전부 김정일 위원장께서 방문하시기로 약속한 것으로, 우리 국민들은 전부 그렇게 알고 기다리고 있겠습니다."

"임기 마치고 난 다음에 위원장께 꼭 와서 뵙자는 소리는 못하겠습니다만, 평양 좀 자주 들락날락 할 수 있게 좀…"

▶ 대한민국을 남한도 아닌 '남측'이라고 계속 표현하는 문제는 지적해 봐야 입만 아프니까 건너뛰겠다. 평양 방문과 김정일과의 재회에 대한 강한 집착이 드러나는 부분이다. 임기를 마치고 난 뒤에도 민간인 신분으로 평양에 방문할 생각을 한 것은 그가 북한에 대한 강한 애착을 갖고 있었음을 보여준다.

- 노무현 : "말씀드리려고 한 것 중에 구체적으로 세세하게 말씀을 못 드렸습니다. 내가 받은 보고서인데 위원장께서 심심할 때 보시도록 드리고 가면 안 되겠습니까?"
- 김양건 : "예, 저한테 주십시오."

▶ 회담의 대미를 장식하는 부분이다. 박근혜 대통령은 연설문과 보고서 등 청와대 문건을 민간인 최서원에게 유출시켰다는 혐의로 탄핵까지 당했다. 노무현은 자신이 받은 보고서를 직접 김정일에게 건네주고 왔다. 언론 보도(문화일보)에 따르면, 이 보고서는 남북관계 및 한반도 정세와 관련된 정부 각계 부처의 종합보고서로 국가기밀 문서에 해당한다고 한다. 보고서를 건네받은 김양건은 조선노동당의 통일전선부장으로, 통일전선부는 대남심리전과 공작(간첩)업무를 수행하는 부서이다. 이는 대통령이 직접 북한 통일전선부에 우리 정부의 시각과 전략을 그대로 노출시켰을 뿐만 아니라 정부의 최고 기밀문서를 적장에게 건네준 이적행위, 간첩행위로 볼 수도 있다. 사람들이 심각하게

인식하지 못해서 그냥 넘어간 사건이지만, 실로 국가 안위가 걸린 심각하고 위험한 중대 문제인 것이다.

제4장 NLL과 서해평화수역

서해에서 북방한계선(NLL)은 1953년 정전협정 이후 실질적으로 육지에서 휴전선이 하는 역할, 즉 해상 군사분계선이자 영해분할선의 역할을 맡아왔다. 북한은 1970년대부터 갑자기 NLL에 대한 문제제기를 시작했으나 뚜렷한 대안을 제시한 건 1999년에 들어서이다. 즉, NLL은 20년 동안 논쟁 없이 유지되어 왔으며 북한이 뚜렷한 주장을 시작한 것은 무려 정전협정이 체결된 약 50년 이후부터이다.

북한이 1999년부터 갑자기 주장하기 시작한 '서해경계선'이란 NLL보다 남쪽에 위치해서 대한민국의 기존 영해를 침범하는 형태를 하고 있다. 어느 날 갑자기 휴전선 남쪽에 새로운 선을 그어놓고 그 위에 있는 경기도와 강원도는 모두 북한 땅이라고 우기는 것과 똑같은 형국이다.

그리고 북한은 2004년에 갑자기 서해 '해상경비계선'이라는 괴상망측한 모양의 선을 다시 선포하면서 이것이 새로운 서해의 군사분계선이라고 일방적으로 주장했다. 노무현은 NLL을 두고 이상하게 생겼다고 말했는데 〈참고사진〉을 보면 알겠지만 북한이 주장하는 해상 경비계선이야말로 참으로 희한하게 생긴 가상의 선이다.

<참고사진>

노무현은 북한이 NLL에 대해서 정전협정 당시 공식적으로 동의한 적은 없으니, NLL과 북한이 주장하는 해상경비계선을 동시에 포기하고 인근 수역을 '평화의 바다', 즉 공동어로수역으로 지정해서 비무장 시키자는 김정일의 제안에 동의했다. 북한이 NLL을 공식적으로 인정한 적이 없다고 할지라도 NLL은 명백히 6·25전쟁 이래 '바다의 휴전선' 역할을 해왔으며, 해상경비계선에 대한 주장을 일부라도 수용하는 것은 1999년과 2004년에 갑자기 시작된 북한의 어지주장을 인정해 주는 것과 다르지 않다.

일본이 독도를 한국 영토로 인정한 적이 없다고 해서 우리가 독도를 공동소유의 땅으로 지정해야 하는 것은 아니다.(*김대중은 新한일 어업협정을 통해서 독도 인근 수역을 중립수역으로 선포했고, 그것이 일본이 독도에 대한 소유권을 주장할 수 있는 근거 중 하나가 되었다.) 특정 영토나 바다를 수십 년 동안 실질적으로 소유해 왔으면 국제사회에서 그 소유권을 인정받을 수 있다. 덴마크도 그런 과정을 거쳐서 그린란드에 대한 소유권을 인정받았다. 1953년부터 1999년까지 무려 50년에 가까운 세월 동안 NLL 이남은 모두 실질적으로 우리나라가 지배해 왔다. 북한의 해상경비계선에 대한 주장을 수용하고 공동어로수역을 지정하는 것은 원래 우리나라가 실질적으로 소유해 왔던 바다에 대해 북한의 공동소유권을 인정하는 것이다. 노무현은 미국에 대해서는 우리나라의 주권을 주장하며 한미연합사 해체를 추진하는 한편, 북한에 대해서는 주권을 일부 양보하려고 했던 것이다.

- 김정일 : "우리가 주장하는 군사경계선(해상경계선), 또 남측이 주장하는 북방한계선, 이것 사이에 있는 수역을 공동어로구역, 아니면 평화수역으로 설정하면 어떻겠는가."

  "우리 군대는 지금까지 주장해온 군사경계선에서 남측이 북방한계선까지 물러선다. 물러선 조건에서 공동수역으로 한다. 공동수역 안에서 공동어로 한다."

  "우리 북방 한계선까지 군대는 해군은 물러서고 그 다음에 그 안에 공동어로구역, 평화수역 이렇게 평화수역을 하면 인민들에게 희망을 주지 않겠는가."

  "당면하게는 쌍방이 앞으로 해결한다는 전제하에 북방한계선과 우리 군사경계선 안에 있는 수역을 평화수역으로 선포한다. 그리고 공동어로 한다."

● 노무현 : "그것이 국제법적인 근거도 없고 논리적 근거도 분명치
　　　않은 것인데… 그러나 현실로서 강력한 힘을 가지고 있습니
　　　다."

　　　"북측 인민으로서도 아마 자존심이 걸린 것이고… 남측에
　　서는 이걸 영토라고 주장하는 사람들이 있습니다. …(중략)…
　　여러 가지 위원장께서 제기하신 '서해 공동어로', '평화의 바
　　다'…내가 봐도 숨통이 막히는데 그거 남쪽에다 그냥 확 해서
　　해결해 버리면 좋겠는데…"

　　　"위원장이 지금 구상하신 공동어로수역을 이렇게 군사 서
　　로 철수하고 공동어로하고 평화수역 이 말씀에 대해서 똑같은
　　생각을 가지고 있거든요. 단지 딱 가서 NLL 말만 나오면 전부
　　다 막 벌떼처럼 들고 일어나는 것 때문에 문제가 되는 것인데
　　위원장하고 나하고 이 문제를 깊이 논의해볼 가치가 있는 게
　　아니냐…"

▶ 공동어로수역의 지정은 김정일이 먼저 제안한 것이다. 북방한
계선(NLL)과 해상경계선 사이의 수역을 비무장 시키고 양측이 공동으
로 관리하자는 것으로, 이 구상에 대해서 김정일과 노무현은 완벽하게
같은 입장을 보인다. 여기에 덧붙여서 노무현은 한강 하구 공동 개발
과 인천, 해주 공동경제구역이라는 급진적인 제안까지 한다. 김정일이
군사적 신뢰 구축과 평화 증진을 이유로 들고 있긴 하지만, 절대로 손
해 보는 일은 안 해온 북한이 먼저 제안한 사안인 만큼 그 진정성에 대
해서 의심해 볼만하다.

　NLL에 대한 대통령으로서의 인식에도 문제가 있다. NLL은 현실

적으로 바다에서 국경과 군사분계선의 역할을 해 왔으며, 따라서 애당초 논의의 대상이 아니다. 또한 서해평화수역을 양측에서 비무장시키더라도 북한의 어선들은 중무장되어 있는 경우가 많기 때문에 충돌이 발생했을 경우 우리나라 어선들에게 매우 불리하게 작용할 가능성이 높다는 지적도 나온다. 수시로 NLL을 침범하고 두 번이나 연평해전을 일으켰던 북한이다. 하루아침에 그곳을 평화의 바다로 선포한다고 하더라도 언제 다시 틀어질지 모르는 남북관계의 특성상 유감스러운 사태를 영원히 방지하기는 어려울 것이다. 오히려 그 평화의 바다가 침략의 수단이나 주권 빼앗기의 시발점이 되지는 않을지 많은 국민들은 염려하고 있다.

- 노무현 : "도로 문제도 만일 허락해 주신다면 한강하구에 공동개발을 하면 한강 하구에 있는 공동 모래의 부존량만 해도 10억 입방 미터가 넘습니다. 이걸 돈으로 환산하면 28억 불이 됩니다."
- 김정일 : "골재 생산하는 데 돈이 된다면 그건 하십시오."
- 이재정 : "그건 이번에 위원장님께서 확답을 해주시면 남북에 굉장한 이득이 되고요. 그걸 통해서 개성-평양 간에 고속도로 사업도 할 수 있을 것이고요."

▶ 노무현과 김정일이 합의한, 북방한계선(NLL)과 해상경계선 사이의 '공동어로수역'을 휴전선까지 이으면 한강 하구에 닿는다. 그 구역을 한강하구 공동개발구역으로 지정해서 28억 불 어치의 골재를 채취하고 수익을 북한과 나누겠다는 것이다. 여기에서도 김정일은 흔쾌

히 허락한다. 한강하구의 골재를 채취하는 것이 북한의 인민들을 시장경제에 노출시키거나 북한경제를 세계시장에 편입시키는 것은 아니기 때문이다.

이 회담 내내 자국의 개방이나 시장경제의 도입에 대해선 강하게 경계하고, 시장경제 도입과 관련이 없는 부분에 관해선 경제적 이익이 된다면 무조건 승낙하는 것이 김정일의 패턴이다. 북한체제에 위협이 될 수 있는 높은 수준의 사업은 거부하면서 단기적인 실리만 챙기고자 유연성을 보이는 것이다. 다시 말해, 김정일은 장기적으로 교류협력관계를 심화시킬 생각은 전혀 없었다고 볼 수 있다.

- 노무현 : "NLL이라는 것이 이상하게 생겨 가지고, 무슨 괴물처럼 함부로 못 건드리는 물건이 돼 있거든요. 그래서 서해 평화지대를 만들어서 공동어로도 하고, 한강하구에 공동개발도 하고, 나아가서는 인천, 해주 전체를 엮어서 공동경제구역도 만들어서 통항도 맘대로 하게 하고…"

  "한국 조선공업하는 사람들은 북측에서 이것만 열어주면 그야말로 북측 경제에 획기적인, 기술이전이라든지 효과가 굉장히 크거든요, 그거 하자면 발전 문제도 해결해야 하고, 조선단지를 위해서 발전소 하나 지으면, 기왕이면 그게 짓고, 수리하고 키우고 해서 주변 문제, 전력문제까지 해결하는 것이지…"

▶ 우선 왜 대한민국의 대통령이 북한 경제에 대한 기술이전과 발전문제까지 신경 쓰는 것인지 이해하기 힘들다. 노무현의 구상대로 공

동어로수역의 연장선에서 한강하구 공동개발구역과 공동경제구역(조
선소와 발전소 건설)까지 추진할 경우, 북한은 기술이전과 전력 확보라
는 큰 혜택을 누릴 수 있겠으나, 당시 세계 제1위의 한국 조선기업들
은 국내에서도 충분히 잘 운영되고 있었다.

그런 우리나라 기업들을 설득해서 해주에 조선소와 발전소까지 짓
고 이전시킨다면 기업들은 인건비가 싼 북한의 노동력을 적극적으로
이용할 것이고, 이에 따라 조선업의 메카인 부산, 울산, 경남 지역의
노동자들은 일자리를 잃게 될 가능성이 높다. 게다가 조선업체들은 공
동경제구역이라고는 하지만 해주에서 북한정권의 철저한 통제와 감
시 하에 놓이게 될 우려가 있기 때문에, 우리나라 입장에선 반드시 이
득이 되는 사업이라고만 할 수는 없다. 공동으로 개발하고 공동으로
관리하는 평화수역을 만들겠다는 단순한 이상만으로는 국민들의 현
실적인 이익을 보장할 수 없다는 것이다.

평화는 북한에게 경제적인 이득을 잔뜩 안겨주고 북한과 공존하는
방법을 모색한다고 해서 저절로 오는 것이 아니다. 이렇게 검증되지
않고 어설픈 공존방법은 북한을 상대로 절대 지속될 수 없으며, 오히
려 북한이 실리만 챙기고 빠지거나 역으로 우리 기업들이 인질의 역
할에 처하게 될 가능성도 고려했어야 한다. 그러나 협상과정을 보면
노무현 정부에서 그런 현실적인 가능성까지 고려했을 가능성은 없어
보인다. 그저 김정일의 양해를 구해서 급진적인 제안을 늘어놓는 데에
만 그치고 있기 때문이다. 예측이 불가능한 국가를 상대로 자국의 이
익을 보장할 수 있는 최선의 방법은 상대방의 약점을 공략해서 주도
권을 쥐고 우리의 요구를 힘(정치력)으로 관철시키거나, 이목을 끌기

위한 상대방의 도발적인 행위를 외면(전략적 무시)하는 것이다.

- 김정일 : "지금 서해문제가 복잡하게 제기되어 있는 이상에는 양
    측이 용단을 내려서 그 옛날 선들 다 포기한다. 평화지대를 선
    포, 선언한다…"
- 노무현 : "서해 평화협력지대를 설치하기로 하고 그것을 가지고
    평화문제, 공동번영의 문제를 다 일거에 해결하기로 합의하고
    …(중략)… NLL보다 더 강력한 것입니다."
- 김정일 : "평화지대로 하는 건 반대 없습니다. 난 반대 없고…"

▶ 노무현이 말하는 '서해 평화협력지대'라는 것은 공동어로수역
과 한강하구 공동개발 구역, 그리고 인천과 해주의 공동경제구역을 아
우르는 개념이다. 그 서해 평화협력지대에 대해서 NLL보다 더 강력한
것이라고 말한 것은 사실상 평화협력지대가 NLL을 포기한 개념이라
는 사실을 인정한 셈이다. 김정일 또한 '옛날 선들' 다 포기하고 평화
지대를 선포하자고 했다. 따라서 유시민, 문재인 등 친노세력의 주장
대로 '노무현이 NLL을 포기하지 않았다'는 것은 명백한 거짓말이다.
NLL의 존재에 대해서 '괴물처럼 생긴' 트러블메이커 쯤으로 생각하고
있던 노무현은 평화지대라는 큰 그림으로 서해바다를 덮어버리면 남
북 모두에게 이득이 된다고 생각했던 것이다. 이는 증명이 되지 않은,
매우 안일한 발상이 아닐 수 없다. 서해를 생업의 터전으로 삼고 있는
우리나라 어부들에게는 중무장을 한 북한 어선들과 북한측 관리인들
의 존재가 큰 위협으로 다가올 수 있기 때문이다.

또한 엄격하게 분할된 영해를 유지하고 있는 상황에서도 북한의 침범과 연평해전 같은 테러행위가 자행되고 있는 실정인데 갑자기 그곳을 통째로 평화지대로 지정한다고 해서 유혈사태가 발생하지 않으리라는 보장은 전혀 없는 것이다. 민간인과 경찰의 통제에만 맡기기로 합의를 하더라도 북한측에서 어떤 전략을 들고 나올지는 알 수 없는 일이다. 비무장지대일지라도 무장 세력이 경찰 역할을 자처하며 무력으로 중재한다고 했을 때, 2009년 박왕자씨 피격사건에서 보이듯이 아무도 예상하지 못한 사건이 발생할 가능성도 존재한다.

대한민국 대통령이 김정일과 만나서 NLL에 대해서 논의를 할 때 연평해전을 전혀 언급하지 않은 점도 지적받아야 마땅하다. 북한이 연평해전을 일으킨 이유가 무엇이며, 재발의 방지를 위해 김정일이 무엇을 약속할 수 있는지, 평화수역을 지정한다면 그 이남의 바다로는 들어오지 않을 것을 약속할 수 있는지 정도는 마땅히 물어봤어야 했다.

제5장 북핵문제

북핵문제는 북한의 약속 불이행과 거짓말을 여실히 드러내는 의제임과 동시에 객관적 전력에서 한미동맹군에 비해 한참 열세인 북한이 '비대칭 전력'을 확보하고 협상에서의 주도권을 갖기 위해 추진하는 국제전략으로 정의할 수 있다. 즉, 북핵은 북한이나 국내 좌파세력의 주장처럼 '방어적 수단'이 아니라 국제적인 무력시위를 통해 보상을 얻어내기 위한 '협박용 수단'이다.

국가안보와 직결된 핵심 의제인 만큼 많은 국민들은 2007년 남북정상회담에서 노무현이 김정일에게 비핵화에 대한 확답을 얻어내고 오기를 바랐고, 회담 이후 국민들은 당연히 실망할 수밖에 없었다. 노무현은 시종일관 북핵에 대한 구체적 언급을 회피하고 오히려 '평화적 핵활동'은 계속 하겠다는 북한의 억지성 주장에 동이하는 발언까지 했다. 비핵화에 대한 언급을 먼저 한 것만큼은 인정할 만하다. 그러나 노무현은 북핵문제는 남북정상회담보다 6자회담에서 추후에 논의하는 것이 좋겠다며 매우 소극적인 태도를 보였다. 물론 적극적인 모습을 보였더라도 북한을 비핵화시키는 일은 불가능했겠지만 말이다.

김정일은 노무현의 세 가지 핵심의제(평화정착, 경제협력, 화해와 통일)에 동의하며 그 일환으로 한반도 비핵화를 이뤄야 한다는 생각을 내비쳤지만 한국도 비핵화를 해야 한다거나 평화적 핵 활동은 인정해달라는 등 우리 입장에서는 도무지 수용할 수 없는 주장을 했다. 한국은 핵무기가 있지도 않고 미국을 비핵화시키는 것은 아예 불가능하다는 것을 김정일도 알고 있었을 것이다. 다시 말해 김정일은 핵을 포기할 생각이 처음부터 전혀 없었던 것이다.

핵개발은 김정일 선군정치의 핵심전략 중의 하나이다. 비대칭 전력의 우위를 확보하고 국제무대에서 협상카드로 활용할 수 있는데 그것을 왜 순순히 포기하겠는가? 제네바 합의에서 북한이 핵개발을 포기하겠다고 선언한 뒤에도 우리는 계속 북한의 핵실험과 장거리 미사일 발사에 대한 소식을 들어야 했다. 그것은 국제사회에 대한 무력시위이자 북한 대내적으로는 인민의 자긍심을 고취시키고 단결을 도모할 수 있는 효율적인 수단이었던 것이다.

북한을 완전히 비핵화시키는 일은 북한의 체제가 붕괴되기 전에는 불가능할 것이라고 예상된다. 멸망하는 그 순간까지 북한 정권은 남한과 미국의 비핵화, 평화적 핵 활동 등의 억지성 주장을 하며 국제조약 등은 깡그리 무시하고 핵개발을 이어갈 것이기 때문이다. 그만큼 핵무기는 북한의 왜곡된 전체주의 체제를 유지하는 핵심요소 중의 하나이며, 그들은 국제사회에서 이목을 끌고 발언권을 얻기 위해서 핵의 존재를 이용하고 있다. 따라서 비핵화를 전제로 북한이 요구하는 것들, 이를테면 대규모의 전력 지원과 경수로 건설을 우리가 수용해주면 모든 것이 북한의 의도대로 흘러가는 것이다. 어차피 북한이 핵개발을 포기할 때의 이익보다 유지할 경우의 이익이 훨씬 큰 상황에서 그들이 원하는 대로 해주는 것은 해적이나 인질범의 협박에 굴복하는 것과 똑같다. 북한은 2006년에 장거리 미사일 발사와 핵실험을 감행함으로써 제네바 합의뿐만 아니라 9·19공동성명까지 파기했다.

결국 북핵 위기는 2007년 2·13 합의로 잠시 일단락되었다. 2·13 합의에서는 북한이 핵을 완전히 포기할 경우 9·19공동성명에서 선언된 매년 200만 킬로와트 상당의 전력 지원 외에도 중유 100만 톤(약 3억 달러) 상당의 에너지 지원이 약속되기도 했다. 이는 북한의 경제규모에 비할 경우 엄청난 수준의 경제 지원이었다. 미국이 북한을 테러지원국 명단에서 삭제하는 등의 약속을 이행한 것은 물론이다.

이처럼 북한에게 핵 포기에 대한 엄청난 외교적, 경제적 유인(인센티브)이 제공되었음에도 불구하고 그들은 결국 핵 개발을 포기하지 않았다. 이런 역사적 사실관계 속에서 우리가 배울 수 있는 진실은 어떠한 경우에도 반복적으로 약속을 파기하는 상대의 악행(惡行)에 대해 보상을 해주어서는 안 된다는 것이다. 북한은 약속을 이행할 것처럼 하면서 보상만 챙기려는 것이 목적이기 때문이다. 어느 정도 실리를 챙긴 이후에는 바로 뒤돌아서는 것이 그들의 태도였다.

그럼에도 불구하고 우리나라 친북좌파 세력은 북한을 끝까지 신뢰하고 그들을 포용하고 각종 지원을 아끼지 말아야 한다고 주장해 왔다. 그들은 평화를 대의(大義)로 내세우면서 이것이 한반도의 평화를 유지할 유일한 방법이라고 국민들에게 호소한다. 참으로 눈물겨울 정도로 낭만주의적이고 비합리적인 발상이 아닐 수 없다.

이번 장에서는 약속 파기와 거짓말을 반복해온 북한과 그들의 요구사항을 수용한 노무현, 그리고 북핵에 대한 노무현의 안일한 인식에 대해서 살펴보기로 한다.

● 노무현 : "나는 지난 5년 동안 내내 북핵문제를 둘러싼 북측의 6자
　　　　회담에서의 입장을 가지고 미국과 싸워왔고, 국제무대에 나가
　　　　서 북측 입장을 변호해 왔습니다."

▶ 다시 한번 노무현이 국제무대에서 과연 대한민국의 국익을 위
해 활동한 것인지 북한의 이익을 대변하기 위해 활동한 것인지 의구심
을 갖게 만든다. 전통적으로 한국과 미국, 일본은 일명 CVID(Complete,
Verifiable, Irreversible Dismantlement)라고 하는 완전하고, 증명 가능하며,
되돌릴 수 없는, 핵개발의 포기를 요구했다. 반면 6자회담에서 북한의
입장이란 북한에 대한 미국의 적대시 정책을 철폐하고, 매년 200만 킬
로와트의 전력 제공 및 경수로 건설 재개 등 경제적 지원을 해줄 것,
그리고 '평화적 핵 활동'이라는 명목하에 북한 내 핵시설에 대한 소유
권을 유지하도록 해 줄 것이었다.

심지어 이미 무기화된 정형, 즉 개발된 핵무기는 공개하거나 포기
하지 않을 것이라는 주장이다. 이것은 사실상 북한이 핵무기 개발을
언제든지 재개할 수 있다는 것이며, 상당히 적반하장격의 태도라고 할
수 있다.

제5~6차 6자회담이 열렸던 것은 모두 북한이 제네바 합의와 9·19
공동성명을 파기하고 장거리 미사일 발사와 핵실험을 감행했기 때문
이었다. 북핵의 위협에 가장 직접적으로 노출된 국가의 대통령이 북한
비핵화 문제를 두고 협상하는 과정에서 핵을 완전히 포기할 수 없다
는 북한의 입장을 일방적으로 변호한다는 것은 상식적으로 이해하기
어려운 일이다. 이러한 태도와 발언은 노무현이 근본적으로 매우 친북
적인 사상을 갖고 있지 않았다면 절대로 불가능했을 것이다.

● 노무현 : "위원장께서 이번에 확실히 문제(북핵문제)를 풀겠다는 의지를 가지고, 결단하시고 많은 양보를 하신 것으로 그렇게 보고 받았고, 그렇게 이해가 됐습니다."

● 김계관 : "우리는 조선반도 비핵화가 위대한 수령님의 의지고 우리 과업의 최종 목표인 만큼 그에 맞게 결과물을 만들어 내자는 게 기본이었습니다. 그래서 지난 기간 BDA 문제 때문에 잃어버린 시간을 봉창하고 9·19공동성명 이행을 좀 더 빨리 전진해 나갈 수 있는 결과물을 만들어 내자고, 이를 위해서 우리가 9월 초와 지난 8월 13일에 미국측하고 쌍무접촉을 했습니다."

"2·13 합의문*이 있기 때문에 상기하면서 우리가 행동하는데 병행하여 제네바에서 합의한 선에서 한다. 이렇게 우리가 조금 아량을 신축적으로 보여줬습니다."

● 김계관 : "그러나 핵물질 신고에서는 무기화된 정형은 신고 안 합니다 …(중략)… 적대상황에 있는 미국에다가 무기 상황을 신고하는 것이 어디 있겠는가? …(중략)… 못쓰게 만들지도 않으며 해외에 나가지도 않는다. 우리 땅에 보관하고 있겠다. 왜냐하면 믿을 수 없기 때문에."

▶ 비핵화에 대한 의지는 완전한 거짓말이다. 북핵은 전에 설명했듯이 북한에게 매우 유용한 협상카드이자 대내적으로는 공공의 적인

---

* 2005년에 북한은 BDA계좌동결 사태를 이유로 9·19공동성명의 이행을 거절하였고, 2006년에는 장거리 미사일 발사와 핵실험을 감행했다. 결국 2007년에 6자회담을 통해 2·13 합의가 완성됐다.

미국과 남조선 괴뢰정부에 대한 민족적 저항의 상징이다. 인민의 단결, 자주, 자립의 상징이자 유일하게 위력적인 시위수단이기도 하다. 애당초 '무기화된 정형'은 신고할 생각이 없다고도 한다. 따라서 제네바 합의 때와 같이 다시 한번 핵포기에 대한 제스처를 보이고 보상을 받아낼 생각일 뿐, 핵무기 개발을 아예 포기할 생각은 없는 것으로 봐야 한다.

북미 협상의 내용은 2007년 연말까지 북한은 핵개발계획, 핵물질, 핵시설을 신고하고 무력화하며, 미국은 테러지원국 명단에서 북한을 삭제하고 적성국 문건을 해제한다는 것이었다. 미국은 핵계획, 핵물질, 핵시설뿐만 아니라 핵무기 보유 상황까지 신고하기를 주장했으나 북한은 나름대로의 이유를 들면서 이를 거부했다. 그리고 국제원자력기구의 개입은 받아들일 수 없으며 핵시설은 계속 북한 땅에 보관하겠다고 주장한다. 심지어 비핵화 과정에서 모든 비용과 책임은 미국이 부담할 것을 주장한다. 이런 점들도 북한 비핵화 문제에 있어서 난점으로 작용하는 부분이라는 사실을 파악할 수 있다.

북한의 주장을 모두 관철시킨다면 이것은 사실상 북한의 비핵화가 아니다. 언제든지 핵무기 재개발이 가능한 것이다. 또한 제네바 합의, 9·19공동성명, 2·13합의 등을 손바닥 뒤집듯이 파기해 버렸던 것을 생각하면 북한의 '양보'와 '아량'에 대한 주장은 적반하장 격이라고 할 수 있다.

- 노무현 : "한나라당은 핵 얘기를 좀 많이 쓰라고, 그걸 가지고 이제 시비를 자꾸 걸라고 벼르고 있습니다."
  "나는 공개적으로 핵문제는 6자회담에서 서로 협력한다.

이것이 원칙이다. 그러니까 6자회담 바깥에서 핵문제가 풀릴 일은, 따로 다뤄질 일은 없습니다. 단지 남북 간에 비핵화 합의 원칙만 한 번 더 확인하고, 실질적으로 풀어나가는 과정은 6자 회담에서 같이 풀어나가자 이렇게 갈 거니까요."

- 김계관 : "우리는 미국의 적대시 정책 때문에 생긴 것이니까 적대 시 정책을 바꿔라 이겁니다 …(중략)… 우리는 전 조선반도 비 핵화를 요구하고 있습니다. 그들은 북반부 비핵화, 우리한테서 핵무기 빼앗아 내면 비핵화 다 됐다고 생각하는 게 차이점입니 다. 우리는 평화적 핵활동은 해야 되겠다는 거고, 미국은 핵이 라고 붙은 건 다 안 된다는 겁니다."
- 노무현 : "예, 잘 알겠습니다. 수고하셨습니다."

▶ 북핵에 대해서 김정일과 많은 얘기를 하고 오라는 주장을 '북한 에게 시비 걸고 오라'는 얘기라고 표현하는 것은 굉장히 왜곡된 인식 이다. 이처럼 노무현은 북핵에 대해 위협과 불안을 느끼는 사람들의 심정은 대변하지 않았다. 과거의 사례들을 보면서도 북한이 6자회담 이후 순순히 비핵화 할 것이라고 믿었으면 어리석은 것이다.

북한의 외무성 부상인 김계관의 주장의 핵심은 세 가지다. 첫째로 북핵은 미국의 적대시 정책 때문에 생긴 것, 둘째로 북한뿐만 이니라 남한과 미국도 비핵화 할 것, 마지막으로 '평화적 핵활동'은 보장해 달 라는 것. 이 평화적 핵활동을 명분으로 국제기구의 사찰을 받거나 핵 시설을 포기하는 것은 거부하겠다는 것이었다. 결국 북한은 미국에게 테러지원국 명단 삭제와 적성국 문건 해제라는 실리만 얻어낸 뒤에 훗날 언제든지 핵개발을 재개할 수 있는 여지를 남겨두고 있는 것으로 해석된다. 이것은 사실 노무현이 어떻게 할 수 있는 부분이 아니다.

북한은 최근 김정남 암살사건으로 테러지원국 재지정 논란의 대상
이 됐다. 테러지원국 명단에서 삭제해 줘도 꾸준히 국제적 트러블메이
커 역할을 하면서 모든 것을 미국과 한국정부 탓으로 돌리는 태도에
혐오감을 느끼지 않을 수 없다. 한국과 미국은 그 동안 북한과의 협상
이후 약속을 지켜왔다. 제네바 합의, 9·19공동성명을 멋대로 파기한
것은 북한이었다. 아예 협상과 약속 이행이 불가능한 상대라는 것이
명백하게 드러나는 대목이다.

- 노무현 : "남측에서 이번에 가서 핵문제 확실하게 이야기하고 와
  라. 주문이 많죠. 근데 그것은 나는 되도록이면 가서 판 깨고,
  판 깨지기를 바라는 사람들의 주장 아니겠습니까."
  "우리 국민들에게 안심시키기 위해서 핵문제는 이렇게 풀
  어간다는 수준의 그런 확인을 한 번 해주시면 더욱 고맙겠습니
  다. 안 그러면 가 가지고 인제 뭐 내가 해명을 많이 해야 되죠."

▶ 북한의 비핵화 문제에 대한 의지박약의 표현으로 읽히는 대목
이다. 북핵문제에 대해 확실하게 대한민국의 입장을 표명하고 오라는
국민들의 주문에 대해 '판 깨지기를 바라는 사람들의 주장'이라고 표
현하는 것은 '한나라당이 북한에 시비 걸고 오라고 했다'고 언급한 부
분과 일맥상통한다. 즉, 노무현에게 북핵은 안보의 위협이 아니고 남
북의 경제교류협력을 원하지 않는 사람들(판 깨지기를 바라는 사람들)
의 핑곗거리로만 들렸다. 그래서 김정일에게 일종의 립서비스 차원에
서 핵문제 해결에 대한 언급을 형식상 요청한 것이다. 대한민국의 대

통령으로서 북핵문제 해결에 대한 김정일의 확답을 적극적으로 받아
낸다거나, 핵 포기에 대한 인센티브를 제안한다거나, 불안해하는 국민
들의 심리를 대변하는 모습은 전혀 보이지 않는다.

제6장 결론,
대북정책에서 드러난
노무현의 정체성

북한은 우리가 경제 교류협력을 통한 포용정책을 펼치든 강력한 제재를 가하든 결국 고도의 무장을 계속할 수밖에 없을 것이다. 그게 기형적인 공산주의 체제와 국제적 고립을 성공적으로 유지할 수 있는 방법이기 때문이다. 한반도 비핵화에 대한 국제사회의 노력과는 별개로 핵무장도 계속 추진할 것이다. 따라서 오바마 정부의 신조였던 '전략적 무시'가 대북정책 중에 그나마 가장 효율적인 방안일지도 모른다. 국제사회의 이목을 끌고 협상의 주도권을 쥐기 위해 무력시위를 지속하는 북한이 비난과 적대시 정책보다 두려워하는 것은 어쩌면 무관심일지도 모르기 때문이다. 그러나 한국이나 미국 정부가 만약 전략적 무시와 강경책 대신에 포용정책을 택한다면, 이는 북한정권의 무기 개발 자금만 불려주고 본래의 목적 달성에는 실패할 가능성이 높다.

북한은 인류역사상 유례를 찾아볼 수 없을 정도로 최악의 인권유린을 자행하는 공산전체주의 체제이다. 그러나 인권변호사 출신이라는 노무현과 문재인 등 친노세력은 북한 인권문제를 규탄한다든가 3대 세습독재와 군사도발에 대해 공개적으로 비판한 적이 없다. 우리나라 제도권 정치의 자칭 진보세력은 북한의 체제와 행동이 잘못되었다는 것을 인정하고 싶어 하지 않는다. 그들은 국제사회가 북한에게 경제제재 등의 징벌을 가하는 것을 늘 반대해 왔다. 그 대신 우리가 자유민주주의 사회에서 서로 다름을 인정하듯이 북한의 체제를 인정하고 포용해야 한다고 주장한다. 그들은 자본주의와 공산주의, 그리고 자유민주주의와 전체주의라는 서로 모순되는 두 체제가 평화롭게 공존할 수 없다는 역사적 사실을 인정하지 않는다. 그들은 북한정권의 최우선순위가 자신의 권력과 기득권을 유지하는 것이라는 점, 그리고 경제적 보상을 받아내기 위해 군사도발을 지속할 것이라는 점을 절대 인정하지 않는다. 그들에게 김정일과 김정은은 합리적 대화와 약속이 가능한 상대이자 한반도의 평화를 위해 공조할 의향이 있는 잠재적 협력자이고, 북한의 온갖 군사도발과 테러행위는 북한의 내부적 요인 때문이 아니라 북한을 자극한 한국과 미국 정부에 책임이 있다고 생각한다.

진보좌파 진영이 추진하고 지지하는 정책에 대해서 온전히 이해하려면 그들이 젊었을 때 추구했던 이상과 이념에 대한 이해가 필수적이다. 모든 정치적 행위는 특정 이념을 기반으로 하기 때문이나. 그리고 노무현과 운동권 출신 세력의 이념에 대해 말하자면 리영희 같은 좌익 지식인의 영향에 대해서 논하지 않을 수 없을 것이다. 문재인이 직접 밝혔듯이 '리영희는 노무현의 정신적 스승'이었고 실제로 노무현 정부 시절 자문위원을 맡기도 했다. 리영희는 70년대부터『전환시대의 논리』,『분단을 넘어서』등의 저서를 집필하였으며 우리나라 좌익

운동권계의 사상적 대부로 통한다. 특히『전환시대의 논리』는『해방
전후사의 인식』과 더불어 운동권, 특히 주사파 계열의 필독서였으며,
친북적인 역사관과 대북관의 형성에 논리적으로 많은 기여를 한 책이
다.

　리영희는 대한민국을 '총체적으로 범죄화된 사회'라고 칭하며 한
국의 자본주의 사회는 물질중심적이고 경쟁주의적인 데 반해 북한 사
회는 인간중심적이고 협동과 나눔에 기반한 이상적인 사회라고 평했
다. 그는 이승만의 반공주의가 한반도 분단의 원흉이라는 논리를 내세
우며 늘 모택동의 중국과 김일성의 북한과 같은 공산전체주의 체제에
서 자신의 이상향을 찾았다. 그가 북한이 내세우는 연방제 통일안을
지지하고 국가보안법의 폐지를 주장했던 것은 물론이다.

　리영희의 책을 읽으면서 의식화 교육을 받았던 좌익운동권 세력은
80년대 민주화 투쟁을 전개하면서도 한편으론 대한민국의 자본주의
시장경제와 한미군사동맹을 파괴하기 위해 활약했다. 대한민국은 민
족반역자, 즉 친일파들이 건국한 부정한 나라라는 그들의 인식은 노무
현이 대선후보 시절 '정의가 패하고 기회주의가 득세한 나라'라고 연
설한 것에서 그 이념적 연속성을 발견할 수 있다.

　'북한을 자극하지 말라', '북한의 핵무기 개발은 자위권의 발동이
다', '미국은 대결주의적인 전쟁광으로 한반도의 평화를 해치는 존재
다', '북한과 화해협력 해야 한다'라는 리영희의 대북관이 좌익운동권
진영의 신념이 되었고, 그들이 정권을 잡았을 때 실시한 햇볕정책의
사상적 근간이 되었다. 다시 말해서, 대북포용론·남북화해협력·반미
자주·연방제통일 등의 주장은 오래 전에 북한을 찬양하고 대한민국

을 부정하던 자들이 만들어낸 논리에 기반한 것이다. 노무현은 북한에게 '다 퍼줘도 남는 장사'라고 말했을 정도로 대북정책에 대한 신념이 확고했다.

자칭 진보라는 자들이, 대한민국에서 소수자들과 서민의 인권을 보호하겠다는 사람들이, 민주화를 위해 투쟁했고 대한민국 민주주의를 발전시켜야 한다고 주장하는 사람들이 바로 옆 나라 북한에서 자행되는 우리 동포들에 대한 참담한 인권유린과 정치적 탄압, 빈곤과 기아의 문제에는 입을 다물고 외면하고 있다. 대북전단을 살포하고 북한인권운동을 펼치는 사람들에게는 대결주의적이라며 손가락질한다. 그리고 그들은 말한다. 북한과 교류협력을 통해 평화를 정착시키려면 북한정권을 자극하지 말아야 한다고. 그래서 북한의 체제 또한 우리가 통일을 위해 수용해야 한다고. 김씨 왕조의 세습독재를 비판하지 말아야 한다고.

나는 그들에게 반문하고 싶다. 당신들이 정치활동을 하면서 단 한 번이라도 북한의 인권에 반하는 주장, 즉 북한정권이 싫어할 만한 주장을 한 적이 있느냐고. 박정희 대통령에 대해서는 독재자라고 비난하는 사람들이 왜 그보다 수백 배는 더 독재적인 김정일에 대해서는 '통이 큰 지도자'나 '절대 권력자'라고 미화시켜서 표현하느냐고. 민주주의를 신봉한다는 사람들이 어째서 민주주의가 말살된 북한 체제에 대해서는 외면하느냐고.

그들은 천안함이 침몰하자마자 이건 절대로 북한의 소행이 아니라고 단언했고, 조사 결과 북한 잠수함 어뢰에 의한 폭침으로 결론이 나자 수사의 정당성을 의심했고, 국가보안법 폐지를 주장하고, 한미연합사 해체와 주한미군의 철수를 주장하고, 국정원의 대남간첩 수사요원을 대량 해고시켜서 나라의 대공 능력을 마비시켰으며, 이석기 등 이적단체 소속 간첩행위자들을 석방시키고, 사회주의가 나쁘다는 편견을 버리라면서 자본주의 체제에 대해서는 끊임없이 헐뜯고 공격해 왔다. 또한 그들은 북한의 핵무기는 우리를 공격하기 위한 것 아니기 때문에 사드를 배치할 필요가 없다고 주장하면서 정작 북한이 우리를 공격하면 국방에 실패한 정부라면서 대한민국 정부 탓을 하는 이중성을 보인다. 문재인은 세월호 참사를 두고 제2의 광주학살이라면서 박근혜 정부가 피해자들을 학살한 것과 다름없다고 국민들을 선동하기도 했다. 그들은 대한민국은 친일파들이 건국한 나라이고 지금 우리나라 기득권 세력의 뿌리는 친일파에 있다는 주장도 한다. 북한이 민족적 정통성이 대한민국이 아닌 자신들에게 있다고 주장할 때 사용하는 논거와 같다.

이처럼 한국의 진보좌파 세력은 북한이 바라는 행위와 북한과 같은 맥락의 주장을 지속해 왔다. 나는 과연 이런 사람들, 그리고 이들을 지지하는 사람들을 '진보'라고 불러야 하는지 강한 의문이 든다. 이미 패망한 공산주의 체제와 주체사상이 추구하는 민족해방론, 종속이론 등을 아직까지 못 잊고 대한민국을 근본적으로 친북반미의 나라로 바꾸려고 하는 것은 현상유지와 변화라는 관점에서는 진보라고 할 수 있겠으나 역사의 발전이라는 관점에서 바라보면 진보가 아니라 '퇴보'가 맞다.

나는 대한민국이 건국, 산업화, 민주화의 과정을 모두 성공적으로 마친 사실을 자랑스럽게 여긴다. 따라서 민주화 세력의 공은 충분히 인정한다. 그러나 그들 중에 순수한 민주주의뿐만 아니라 국가를 전복하는 사회주의 혁명을 꿈꾸며 무단 월북해서 김일성을 만나고, 북한으로부터 지원금을 받고, 소련 등 공산주의 국가를 동경하고, 주체사상 서적을 탐독하며 대한민국을 무너뜨리고 북한이 주도하는 통일을 주장했던 자들이 조금의 반성도 없이 스스로를 자랑스럽게 민주화운동가라고 포장하는 것에 몹시 분노를 느낀다.

그들이 주장했던 민주주의는 서구식 선진 자유민주주의 체제가 아니라 북한이 선전하는 민족해방민주주의혁명 노선, 인민민주주의에 사상적으로 가깝지 않았을까 하는 합리적 의심이 들기 때문이다. 군사정권에 맞서 싸웠다고 해서 다 똑같은 민주화 유공자는 아니라고 생각한다. 오히려 극렬한 주사파 종북세력의 존재 때문에 억울하게 평가절하 당하는 순수한 민주화 운동가들도 있을 것이다.

문재인은 노무현의 최측근이자 노무현 정부의 비서실장으로서 UN의 북한인권결의안에 반대하는 데 앞장섰고, 심지어 결정 이전에 북한에게 의견을 물어보자는 등 비상식적인 대북관과 안보의식을 가진 사람이다. 이처럼 우리 사회에 현존하는 가장 큰 병폐 중의 하나는 1980년대에 활약했던 운동권 내 종북세력과 그들의 이념적 잔재가 제대로 청산되지 않았다는 것이다. 주사파들의 영향력은 아식까지 제도권 정치에 잔존해 있으며, 그들의 정치적 영향력이 최고조에 달했을 때가 바로 노무현 정부 시절이다. 그래서 그 시절 대공수사 역량이 대폭 약화되고 이석기 등의 간첩행위자들이 석방되었던 것이다.

그러나 이것은 비단 노무현 개인만의 문제가 아니다. 그가 속한 세력 전체의 문제이다. 본문에서도 계속 밝혔듯이, 노무현과 친노세력의 이념적 뿌리는 80년대 운동권 세력에 있는 것이다. 다만 노무현이 80년대 주사파 이념을 그대로 이어받아 적화통일을 위해 북한과 손을 잡았다고 주장하는 것은 결코 아니다. 그가 대한민국의 국익에 대해 해석하는데 있어서 좌파적 세계관의 영향을 받았고, 친북반미적인 선택을 지속하여 결과적으로 북한체제를 강화시키고 김정일 정권의 이익을 보장해줬다는 것이다. 그것이 바로 이념의 힘이다.

　노무현은 2009년 자살 이후 노풍(盧風)이 필요했던 친노 진영에 의해 체계적으로 미화됐다. 정치공학적인 이유로 다시 태어나게 된 것이다. 그들이 강조하는 노무현의 긍정적인 이미지로는 서민적이고 친근한 노무현, 권력형 비리가 그나마 적었던 노무현, 보수 기득권세력(야당과 언론 등)에게 끊임없이 공격받으며 결국 억울하게 탄핵심판까지 몰렸던 노무현 등으로 그에 대한 연민의식을 자아내는 것들이다. 나는 노무현의 털털한 면모, 유머감각, 소신과 정의감 등에 대해서는 높게 평가한다. 그러나 인간 노무현이 아닌 정치인 노무현에 대해서는 그의 정치적 이념과 정책, 업적 등으로 객관적인 평가를 내려야 한다고 생각한다.

　굳이 '박연차 게이트'나 '김대업 병풍사건', 불법 대선자금 등의 얘기를 꺼내며 망자의 이름에 흠집을 내고 싶지는 않다. 다만 대한민국의 역사와 정체성에 대한 노무현의 부정적인 인식과 발언들, 그리고 친북적인 사상은 매우 위험하고 부적절한 것이었다는 사실을 알리고 싶었을 뿐이다. 나는 국민들에게 완전히 공개된 2007년 남북정상회담 대화록이 북한에 대한 노무현의 생각, 그가 추진했던 대북정책, 그의 세계관 등을 파악할 수 있는 좋은 자료이기에 충분히 분석할만한 가치가 있다고 판단했다.

　2차 회의의 대화록 마지막 부분에는 매우 중요한 사실이 담겨있다. 노무현은 당시 직접 김정일에게 청와대 보고서를 건네주고 왔다. 한 언론에서는 이것이 국가기밀에 해당하는 보고서였다고 밝혔다. 설령 1급 국가기밀까지는 아니라고 하더라도 대한민국 대통령이 보고받은 문서를 그대로 김정일에게 넘겨준 형태인 것임에는 틀림이 없다. 이것은 실로 엄청난 안보위기사태가 아닐 수 없다. 대한민국 정부의 인식과 전략을 김정일 정권에게 그대로 노출시킨 것일 수 있기 때문이다.

　박근혜 전 대통령은 청와대 문건을 민간인 최순실에게 유출시켰다는 혐의로 탄핵까지 당했다. 죽은 사람이라고 해서 그 잘못까지 없어지는 것은 결코 아니다. 이는 잘 알려지지 않은 사실이지만 훗날 역사가 대통령 노무현에 대해서 공정한 평가를 하게 될 것이라고 믿는다.

북한의
변호인
노무현

제 2 부
자유통일론

이 준 구

제1장 자유통일의 원칙

본문에서는 북한정권에 대한 몇 가지 합리적인 가정을 바탕으로 대북정책과 통일정책에 대해 논의하였다.

첫째는 북한정권을 지배해온 김씨 세습권력과 이에 기생하는 엘리트 집단은 절대로 자신들의 부와 기득권을 포기하는 형태의 통일을 추구하지 않는다는 것, 즉 그들은 결코 대남 적화사업과 한반도 공산화 통일에 대한 야욕을 포기하지 않는다는 것이다.

둘째로 북한정권의 최우선 순위는 고립상태를 지속하면서 체제를 유지하고자 하는 것임을 감안하면, 그리고 북한 내부적으로 개혁개방을 지지하는 결집된 세력이 전무하다는 점을 고려하면, 그들 스스로 개혁개방을 선택하도록 유도하는 것은 불가능하다는 것이다.

셋째로 역사적으로 북한이 보여 온 대외적 행동을 볼 때 북한과의 국제조약, 각종 협상, 약속 따위는 결코 신뢰할 수 없다는 사실이다.

마지막으로, 따라서 김정일을 합리적인 대화와 약속의 상대이자 통일의 파트너라고 믿었던 노무현식 대북정책으로는 결국 북한정권의 반 대한민국적 악행(핵무기 개발, 군사도발, 대남심리전, 민중선동전술 등)만 도와주는 꼴이 된다는 것이다.

외부세계의 유인이나 압력으로 북한의 개혁개방을 유도 혹은 강제하는 것이 불가능하다면 결국 북한정권의 붕괴 외에는 대안이 없다는 말이 된다. 극도로 폐쇄적이고 기형적인 북한 체제가 스스로 붕괴하고 소멸되지 않는 이상 평화통일과 자유통일의 꿈은 요원하게만 보인다. 북한을 평화와 공존의 대상으로 인정하고 지원하는 형태의 접근은 북한정권을 더욱 배부르게 만들어서 생명을 연장시켜줄 뿐이며, 궁극적으로 그들의 폐쇄와 자립(국제적 고립상태 유지)을 돕는 셈이 될 것이다.

현실적으로 가장 염려가 되는 것은 바로 '연방제 통일'에 대한 주장이다. 문재인의 집권으로 우리나라 정부는 김정은 정권에 대한 지원을 확대하고 한국사회의 대공, 안보 수사능력을 마비시키며, 평화통일과 민족의 공존이라는 명분 아래 연방제 통일을 위한 절차를 밟아나갈 것이다. 그것이 과거 김대중, 노무현 정권 시절 10년 동안 대한민국에서 일어났던 일이었다.

햇볕정책의 대전제 중에 하나가 '김정일은 합리적 대화와 협상이 가능한 통일의 파트너이다. 김정일은 우리와의 약속을 반드시 이행할 것이다'라는 것이었듯이, 북한의 '낮은 단계의 연방제통일' 방안을 수용하자는 입장은 '우리가 평화적, 자주적 통일을 이루기 위해서는 북한의 체제를 우리와 동등한 것으로 인정하고 북한정권을 통일의 파트너로 봐야 한다'는 생각을 기반으로 하고 있다. 민주화 투쟁을 전개하고 민주주의 체제의 우월성을 신봉하는 사람들이 인류역사상 가장 반민주적이고 반인륜적인 북한체제에 대한 비판 없이 맹목적으로 그것을 인정하고 수용하자고 주장한다는 것은 참으로 아이러니다.

우리가 북한의 체제를 수용하고 북한정권을 통일의 파트너로 인정하기 위해서는 그에 걸맞는 역사적 근거가 필요하다. 합리적 정책은 합당하고 상식적인 근거를 기반으로 해야 하기 때문이다. 그렇다면 북한의 체제가 과연 일반 대한민국 국민들이 수용할 수 있을 만한 체제인지, 그리고 김정은 정권이 평화통일에 대한 우리와의 약속을 이행할 만큼의 신용이 있는지를 따져봐야 한다. 그런 기초적인 것들을 따져보지도 않고 무작정 김정은과 화해협력을 하면 평화통일을 이룰 수 있다는 주장은 몽상과 이상을 기반으로 한 비합리적인 주장에 불과하다.

통일에 대한 대한민국 국민들의 염원은 평화통일, 자주통일, 그리고 자유통일이다. 분단된 민족이 다시 한 국가로 합쳐지는 통일의 과정이 무력에 의해서가 아닌 평화적으로 진행되기를 바라는 마음은 모두 같을 것이다.

자주적으로 통일한다고 하는 것은 외세가 개입하지 않는 상황 속에서 한국과 북한의 통일을 민족 내부의 일로만 끝내겠다는 것이다. 특히 중국이 한반도 통일의 과정에 개입해서 발언권을 행사하고 북한이 관리하던 영토 중의 일부에 대한 권리를 주장할 수도 있다는 우려가 존재하기 때문에 우리나라 국민들은 중국 등 외국정부가 개입하지 않는 자주적인 통일을 바라는 것이다.

마지막으로 자유통일은, 통일이 되더라도 대한민국의 자유민주주의와 자본주의 시장경제체제를 유지하며 북한의 기형적인 공산주의 체제는 완전히 소멸시키고 우리의 체제로 통일한국을 건설한다는 것을 의미한다.

그러나 앞에서 살펴보았듯이 지금의 북한체제가 유지되는 한 현실적으로 통일에 대한 전망은 매우 불투명하다. 우선 북한정권 스스로 개혁개방의 길을 선택할 가능성이 극도로 낮은 만큼, 결국 군부 쿠데타가 일어나거나 북한 주민들 스스로가 북한정권의 실체와 자신들이 처한 상황을 깨닫고 민중혁명을 성공시켜서 현 체제를 붕괴시키는 것이 기대해 볼만한 시나리오다.

한 가지 긍정적인 신호는 바로 중국을 통하여 유입된 한류 드라마와 영화 등이 북한 주민들 사이에 유행하고 있다는 소식이 들려온다는 점이다.

북한이 카스트로의 쿠바나 과거 후세인의 이라크 등 비슷한 체제의 국가들과는 달리 내부적으로 개혁개방을 주장하는 결집된 세력이 전무한 가장 큰 이유는 극도로 폐쇄된 사회이기 때문이었다. 또한 경제발전에 있어서 근본적인 한계를 내재한 공산주의 체제이기에 민주화를 갈망하는 사회적 에너지가 축적되기 힘들다. 북한의 학생과 지식인들은 그저 민족의 태양 김일성 수령의 위대함을 외치는 앵무새들에 불과하다. 그럼에도 불구하고 어려서부터 김씨 왕조에 대한 개인숭배로 세뇌당한 북한 주민들이 한류의 문화적 영향력 아래 조금씩 바깥 세상에 대한 눈을 뜨고 있다는 것은 매우 긍정적인 신호이다.

이언 브레머가 그의 저서 〈J커브 이론〉에서 주장했듯이, 폐쇄된 독재체제를 개혁개방으로 이끄는 가장 좋은 방법은 바로 해당 국가의 내부적인 힘을 이용하는 것이다. 그리고 외부세계는 바로 북한과 같은 국가가 스스로를 변화시킬 수 있도록 내부의 개혁개방 세력을 지원해 줘야 한다는 것이다. 즉, 김대중과 노무현의 햇볕정책은 타겟설정이 잘못 되었다. 우리가 지원해 줘야 하는 대상은 체제를 유지하고자 하는 북한정권이 아니라 북한정권을 진정으로 변화시키고자 하는 북한 주민들이 되어야 한다. 따라서 우리는 끊임없이 북한사회에 개혁개방을 향한 내부적인 동력이 생성될 수 있도록, 주민들에게 북한의 실체와 외부세계에 대한 정보를 알리고 한류문화 선전을 통해서 대한민국 체제의 우월성을 알려야 한다.

같은 맥락에서 한국의 보수우파 진영은 전통적으로 대북심리전과 전단 살포, 라디오 송신 등을 이끌어 왔다. 현재로서는 북한정권이 아닌 주민들을 대상으로 하는 프로그램이 북한 내부에 개혁개방을 위한 에너지를 생성하는 데에 유효하다는 믿음을 바탕으로 하는 것이다.

왜 날마다 탈북자들의 행렬이 끊이지 않는가? 북한 내부에 진실을 깨달은 사람들이 늘고 있다는 증거이다. 더 이상의 압제와 빈곤을 견디기 힘든 북한 주민들의 목숨을 건 이탈이 계속되고 있다. 탈북자 행렬은 앞으로 매년 늘어갈 것이다. 그리고 결국 김정은 정권도 위기감을 느끼게 될 것이다. 어쩌면 그들은 우리에게 먼저 손 벌리며 대화를 요청하고 자신들의 권리 중 일부를 포기하겠다고 선언할지도 모른다. 대한민국 정부가 해야 할 일은 그런 날이 빨리 올 수 있도록 앞당기는 것이다. 따라서 북한정권을 통일의 파트너로 설정하고 그들이 원하는 것을 지원해 주는 우를 범해서는 안 된다. 오히려 그들이 어긴 각종 협약에 대한 책임을 묻고 국제사회의 다른 구성원들과 함께 북한의 반인륜적인 행위를 규탄하며 경제적으로 압박을 가해야 하는 것이다.

수천만 주민들을 반(半)노예 상태로 전락시키고, 기본적인 인권마저 보장하지 않으며, 개인숭배 사상을 강제하는 북한정권은 인류역사상 가장 악랄한 범죄조직이다. 그들은 인간의 존엄성을 파괴했다. 바로 그 악마적인 공산전체주의 체제를 붕괴시키는 것만이 고통받고 있는 우리의 동포들을 자유와 해방으로 이끌 수 있는 유일한 길이다.

북한의
변호인
노무현

제 3 부
노무현 Insideout - 남북정상회담 대화록
이외의 발언들에서 드러난
노무현의 멘탈리티 해부

이 준 구

제1장 마르크스-레닌적
공산주의 이념의 흔적

앞 장에서는 2007년 10월에 있었던 남북정상회담에서의 발언들을 통해 대통령 노무현이 추구했던 정책과 이념에 대해 분석했다. 이 장에서는 대통령 취임 이전에 노무현이 공적인 자리에서 했던 발언 위주로 살펴볼 것이다. 관련 자료를 살펴보며 적잖이 놀랐다. 공산주의자나 할 법한 과격하고 급진적인 발언들이 꽤 많이 있었기 때문이다. 노무현이 대통령이 되고 나서 상당히 보수화, 우경화 되었다는 것을 알 수 있었다. 보다 젊었던 시절 각종 발언에서 드러난 그의 사상은 마르크스-레닌주의 이론에 큰 영향을 받았던 것으로 보인다.

마르크스-레닌주의는 20세기 공산주의자들의 핵심 이념으로 자리잡은 사상이다. 마르크스가 주장한 생산수단의 공유, 사유재산제 폐지, 프롤레타리아 혁명과 독재(사회주의 단계), 그리고 궁극적으로 공산주의 사회(능력에 따라 일하고 필요에 따라 분배하는 사회) 건설에 대한 신념을 기반으로 하여 레닌의 공산주의 혁명과 반제국주의, 반자본주의 투쟁을 전개함으로써 인민해방을 목표로 하는 것이다. 이러한 마르크스-레닌주의 사상의 특징은 인류의 역사를 계급투쟁(지배계급에 대한 피지배계급의 투쟁)의 역사라고 정의하고, 사회의 다수를 차지하는 노동자(프롤레타리아) 계급이 자본가(부르주아)를 타도하여 폭력적인 혁명을 거쳐서 모두가 평등한 무계급 사회를 건설하고, 1당 독재의 공산당 정부가 경제활동의 대부분을 통제하게 한다는 매우 이상주의적인 세계관에 있다.

마르크스는 자본주의가 발전할수록 빈부격차가 확대되고 인간소외, 착취와 억압 등이 증가함에 따라 필연적으로 프롤레타리아 혁명(공산주의 혁명)이 일어날 것이라고 예언했다. 그러나 20세기에 실제로 공산당이 혁명을 통해 집권한 러시아, 중국, 북한, 쿠바 등의 사례를 보면 모두 자본주의가 발전하지 않은 저개발 국가들이었다. 오히려 자본주의가 발전한 국가들의 경우에는 지속적인 과학기술의 발전과 혁신, 대량생산, 글로벌 유통 등으로 인하여 중산층이 생겨나고 국민들의 삶의 질이 대폭 향상되었던 것을 알 수 있다.

한 마디로, 마르크스의 예언은 전혀 빗나갔던 것이다. 그러나 노무현과 같은 일부 진보좌파 인사들의 언행과 사상을 살펴보면 아무리 자본주의 시장경제체제가 성공 가도를 달리고 공산주의에 대한 상대적 우월성을 증명해도 마르크스주의 이론에 영향을 받은 좌익사상은 결코 없어지지 않을 것이라는 점을 깨닫게 된다.

게다가 한반도 공산화와 침략에 대한 야욕을 포기하지 않은 공산전체주의 북한이 우리 바로 옆에 존재하고 있다. 우리가 공산주의적 세계관과 논리의 확산에 대한 경계를 결코 느슨히 해서는 안 되는 이유이다. 역사적으로 이미 패망한 마르크스–레닌의 공산주의 이론을 수용하는 것은 진보가 아니라 수구반동적(守舊反動的) 퇴보에 가깝다.

마르크스는 역사의 발전을 '역사발전 5단계설'과 '변증법적 유물사관'을 통해서 설명했다. 이 5단계설과 유물사관은 마르크스주의의 핵심 이론들이고 지금까지 그 유효성을 주장하는 사람들은 세계적으로 소수의 마르크스주의자들뿐이다. 마르크스는 자신의 이론 이외의 것은 모두 '공상적 사회주의'이며, 자신의 공산주의 이론만이 '과학적 사회주의'라고 주장하였는데, 사실 역사발전 5단계설과 유물사관에 대해 살펴보면 마르크스의 이론 또한 다른 사회주의 노선과 마찬가지로, 검증된 가치를 추구하는 것이 아니라 검증되지 않은 이상을 추구하는, 상당히 몽상적인 경향을 보이고 있다.

쉽게 설명하자면, 우선 역사발전 5단계설은 인류문명의 역사가 '원시 공산사회 – 노예제 사회 – 봉건제 사회 – 자본주의 사회 – 공산주의 사회'의 다섯 단계로 발전한다는 이론이다. 여기에서 원시 공산사회와 공산주의 사회는 계급이 존재하지 않는 모두가 평등한 지위와 책임을 누리는 사회라는 가정을 바탕으로 하며, 노예제 사회는 주인과 노예, 봉건제 사회는 영주와 농노, 자본주의 사회는 자본가와 노동자라는 계급으로 이분되어 있다고 파악한다.

마르크스는 사회적 계급과 수직적인 구조는 인류문명이 발전하는 과정에서 나타나는 일시적인 현상일 뿐, 결국 자본주의 사회가 프롤레타리아 혁명을 통해 붕괴됨으로써 인류는 다시 가장 원초적인 원시 공산사회와 같은 무계급 상태로 회귀할 것이라고 주장한다.

변증법적 유물론이란 역사가 정신(관념론)이 아닌 물질의 변화와 물질적인 관계를 통해서 발전(유물론)한다는 것이다. 마르크스는 경제를 하부구조(infrastructure)로 놓고 그 위에 상부구조(super-structure)인정치, 문화, 종교 등이 존재하는 것으로 세계를 파악했다. 즉, 하부구조인 경제현상과 경제관계에 의해서 모든 정치적, 문화적, 종교적 현상이 일어난다는 것이다. 그래서 자본주의 사회는 생산수단을 소유하지 못한 피지배계급(노동자들)이 생산수단을 독점한 지배계급(자본가들)에 대해 계급투쟁을 벌이는 공간으로 보았으며, '국가(정부)'는 부르주아들의 지배를 위한 도구에 불과하다고 주장했다.

　마르크스의 이론에 따르면, 결국 생산수단을 소유한 지배계급이 국가의 전 부문을 독점하고 장악하고 있으면서 그 기득권을 유지하기 위해 정치, 문화, 종교를 이용하고 피지배계급을 정신적으로도 지배한다는 것이다. 바로 이런 관점에서 나온 마르크스의 대표적인 발언이 바로 "종교는 인민의 아편이다"라는 것이다. 기독교(Christianity) 신앙이 사람들로 하여금 관심을 현세에서 내세로 돌리게 하며, 평등사회를 위한 투쟁보다 질서에 대한 복종을 강제한다는 논리이다.

　이제 어느 나라에서나 좌파세력이 왜 사회의 각 부문에 걸쳐 기득권층에 대하여 음모론을 제기하는지 이해가 갈 것이다. 좌파적 세계관은 근본적으로 권력에 대한 환상에 기초하고 있다. 권력자들이 연합하여 탄생한 거대한 권력의 연합체 같은 것이 존재하고 그것이 사회의 전 부문(정치, 문화, 종교 등)을 마음대로 조작하고 국민들의 사상을 장악한다는 환상이다. 이런 부류의 좌익 공상가들은 세계 어디에나 존재하고, 그들이 끊임없이 권력형 음모론을 양산해낸다.

　해외에서 대표적인 것이 9·11 테러를 조지 부시 행정부의 자작극이라거나, 천안함 폭침 사건이 북한정권에 의한 것이 아니라고 주장하는 음모론이다. 그리고 그런 음모론이 확대재생산 되는 과정에서 가장 큰 혜택을 입는 것은 오사마 빈 라덴이나 김정일 같은 진짜 악인(惡人)들이다.

　좌파세력은 이처럼 권력을 부정하고 부패한 권력을 묘사하면서도 끝까지 권력에 대한 집착을 버리지 못한다. 그것이 바로 좌파의 위선(僞善)이다. 좌파는 언제나 권력을 추구한다. 경제현상을 전반적으로 좌지우지할 수 있는 권력, 지배계급이 탄생하지 못하게 강제할 권력, 국가와 공익이라는 이름으로 평등사회를 강제할 권력, 그리고 자연적 권력구조를 인위적으로 파괴하기 위해 태어난 바로 그 좌파적 국가권력이 전체주의 독재사회의 새로운 지배권력이 되는 것이다. 정치권력뿐만 아니라 경제권력까지 독점하여 비대해진 모습으로. 그래서 역사적으로 소련, 중국, 북한 등 공산당이 집권했던 나라에서 더욱 수직적인 관료제 사회가 나타났던 것이다.

　본 장에서는 노무현의 각종 발언들에서 나타난 좌파적 세계관과 마르크스-레닌주의 이념의 흔적들을 살펴보기로 한다. 이것이 중요한 이유는 대한민국은 엄연히 '반공주의'를 기반으로 건국되고 발전해 왔으며, 대한민국의 헌법은 '자유민주적 기본질서'를 수호하고 있기 때문이다. 지도자가 사회 구조에 대한 계급주의적인 문제의식을 바탕으로 체제를 폭력적으로 전복시키고자 하는 공산주의 사상에 영향을 받았을 경우의 폐해는 사회를 협력과 합의가 아닌 분열과 갈등과 투쟁의 장으로 몰고 간다는 것이다. 서로 다른 생각을 가진 구성원들 간의 연대와 합의를 중시하는 민주주의를 주장했던 노무현은 다른 한편으로는 매우 대결주의적인 사상을 강하게 드러냈음을 알 수 있다.

제2장 계급주의적 세계관

2007년 남북정상회담 대화록 이외에도 대통령이 되기 이전의 노무현의 발언들을 살펴보면 그가 1980년대 좌익운동권의 이념에 물들면서 어떤 세계관을 갖게 되었는지 면밀히 드러난다. 우선 노무현은 매우 계급주의적인 세계관을 갖고 있었고, 한국사회를 부자와 빈자, 자본가와 노동자, 재벌과 서민 등의 이분법적인 잣대를 기준으로 바라보면서 그것을 지배와 피지배, 착취와 억압의 관계로 파악했다는 점에서 공산주의자들의 시각과 상당한 유사성을 보인다. 말하자면 노무현은 대기업과 재벌을 타도하고 기업 활동을 제한하는 것이 경제를 더 나아지게 하고 노동자와 서민들의 삶의 질을 향상시키는 방법이라고 믿었던 것이다.

계급주의적 세계관의 폐해는 바로 모든 사회-경제적 관계(socio-economic relations)를 계급투쟁 혹은 권력투쟁의 과정으로 바라보고 그것을 정당화시킨다는 것이다. 예를 들어, 노동조합의 잦은 파업과 무리한 임금인상 요구로 생산성이 저하되고 국민경제에 타격이 가해지더라도 그것을 지배계급인 기업가에 대한 피지배계급의 정당한 자기방어 행위라고 인식하는 것이다.

물론 모든 노동조합과 파업이 부당하다는 것은 아니다. 하지만 계급주의적 세계관은 인류 역사를 오로지 계급투쟁과 갈등의 관점에서만 해석하기 때문에 유연성이 매우 떨어지고 자기함몰적(自己陷沒的)이라는 점을 지적하고 싶다. 노무현은 스스로 말했듯이 노동자가 주인이 되는 사회를 만들고자 하였다. 경제에 관해서는 마르크스와 지향점이 완전히 똑같았던 것이다.

그러나 자본주의 시장경제의 주인은 자본가가 아니라 소비자이다. 우리는 시장에 존재하는 무수히 많은 재화와 서비스 가운데 각자 입맛에 맞는 것을 선택하고 자기 돈을 자율적으로 지불한다. 또한 시장경제에서 사람들의 관계는 매우 다양하고 변화무쌍하다. 누구나 생산자이면서 동시에 소비자이며, 상대방이 누구인지에 따라서 甲이 될 수도 있고 乙이 될 수도 있는 것이다. 그러나 불행하게도 노무현은 이런 사실을 인지하지 못하고 거대한 자본력과 권력을 갖춘 기득권 세력(보수우파세력, 재벌, 주류언론, 권력기관 등)이 은연중에 서민들을 지배하고 착취한다는 믿음이 강했다. 그리고 과거 공산주의 혁명가들처럼 지배와 피지배의 관계를 파괴하고자 하는 문제의식을 가졌던 것이다. 그는 스스로 노동자가 주인이 되는 세상을 만들겠다고 선언하기도 했다.

- 노무현 : "사람 간에는 지배와 피지배가 있습니다. 내 희망은 지배와 피지배자 간의 차이가 작기를 바라는 것입니다."(2006. 9. 29. 경복궁에서 서울 청운초등학교 5학년 1반 학생들에게)

▶ 대통령이 초등학생들을 모아놓고 하기에는 다소 장황하고 선동적인 내용의 연설이었다. 또한 노무현의 솔직한 면모가 보이기도 하는

대목이다. 그는 천성적으로 남들 앞에서 꾸미거나 마음에 없는 소리하는 것을 싫어했던 것 같다. 자신의 솔직한 생각을 그대로 표현한 것으로 받아들여야 한다. 다만, 그 생각이 계급주의적 세계관을 기반으로 한다는 것이 문제점이다. 일반적으로 초등학교에 다니는 동급생 아이들에겐 "친구들과 사이좋게 지내야 한다, 왕따를 시키면 안 된다."라고 아이들의 우정과 협동심을 격려해 주는 편이 바람직할 것이다. 굳이 어린아이들에게 계급주의적이고 분열적인 세계관을 심어줄 이유가 있는가? 아이들의 사회성 형성에 도움이 되지 못한다.

● 노무현 : "역사에서 본질적인 문제는 지배와 예속의 문제라고 생각합니다. 역사에서의 핵심적인 주제는 지배 그리고 예속에서 발생하는 제반 갈등의 문제이고 모든 것의 근원이 거기 있다고 생각합니다."(2009년 오마이뉴스 '노무현, 마지막 인터뷰')

▶ 마르크스주의의 이념적, 언어적 영향력이 고스란히 묻어나오는 발언이라고 할 수 있다. 지배와 피지배, 자주와 종속(예속), 착취와 억압, 제국주의와 인민해방 등의 용어는 과거 공산주의자들이 민중선동 전술을 펼칠 때 사용하던 언어이다. 모든 좌파적 논리는 이와 같이 모든 종류의 수직적 관계를 지양하고 수평적인 사회를 건설하겠다는 도덕적 신념을 바탕으로 한다.

문제는 순전히 이상주의적인 이런 사상을 바탕으로 한 그들이 목표를 달성하기 위해 추진하는 과정이 지극히 위선적이라는 사실이다. 평화를 추구하고 지배와 예속의 관계를 없애고자 하며 차별이나 특권에 반대한다는 사람들이 주장하는 공산주의적 평등사회의 건설 방법은 유혈혁명과 독재(프롤레타리아 독재)를 통한 것이었다. 그것이 우리가 20세기 세계사에서 발견하게 되는 현실 속의 공산주의 사회의 모습이다.

개인 혹은 집단 간의 지배와 예속의 문제가 본질적인 문제이자 모든 갈등의 본질이라는 시각은 길게 설명할 필요도 없이 전형적인 계급주의 사관으로, 마르크스-레닌의 공산주의 이론을 추종하는 모든 혁명가들이 신봉했던 것이기도 하다. 당시의 노무현이 한국사회에서 진정한 공산주의 혁명을 꿈꾸던 사람이라고는 생각되지 않지만, 퇴임 이후인 2009년에도 여전히 계급주의적 세계관을 가졌다는 점은 지적받아 마땅할 것이다.

- 노무현 : "만일 그들(노동자, 농민, 서민)의 고통이 돈과 힘을 한 손에 모아 쥔 소수 특권계급의 착취와 억압에 기인된 것이라면 그들은 착취와 억압에서 해방돼야 합니다."(1988. 7. 8. 국회 대정부 질문)

▶ 1988년 제도권 정치에 데뷔하자마자 노무현은 국회에서 소수 특권 계급의 착취와 억압과 해방을 운운하며 노동자, 농민, 서민들의 고통에 대해 얘기했다. 물론 '제5공화국'이라는 전두환 군사정권은 결코 정상적인 정권이 아니었으며 다행히 우리나라는 1987년에 평화적으로 민주주의 제도를 정착시키는 데 성공했다. 전두환 정권은 박정희 정권과는 달리 많은 부문에서 국익보다 사익을 앞세운 모습이 발견되며 정경협력보다 정경유착에 가까운 행위를 지속했다.

그러나 그렇다고 해서 1980년대가 노동자, 농민, 서민들의 고통과 눈물로 점철된 시기는 결코 아니었다. 이른바 '3저 호황'으로 불리는 경제성장과 국민들의 삶의 질 향상이 가파르게 이어지던 시절이었으며, 훗날 한류현상까지 이어지는 한국의 대중문화가 꽃피기 시작한 시절이기도 하다.

사회주의 혁명을 주장했건 제도적 민주화를 주장했건, 합세하여 반정부 민주화 투쟁을 이끌던 학생들과 재야세력에게는 최루탄과 각목과 광주에서의 아픈 기억으로 각인된 피와 눈물의 시절이었을지 몰라도, 다른 한편으로 1980년대는 과거 박정희 대통령이 적극적으로 추진한 수출중심 경제발전 전략과 중화학공업화 정책의 과실이 고스란히 국민들에게 돌아가면서 중산층이 살찌는 시절이기도 했던 것이다. 그리고 바로 그 중산층의 성장과 교육수준의 향상으로 인해서 전두환 정권이 무너졌다.

비록 군사독재정권이 재벌과의 정경유착을 통하여 막대한 사익을 챙기거나 특혜를 보장해 주고 시장경제에 개입하여 기업의 자율권을 침해하는 등의 만행이 공공연히 일어나기도 했지만, 1980년대가 소수의 특권 계층을 제외하고 다수가 고통 받는 시대는 결코 아니었다는 것이다. 전두환 정권은 정통성이 부족하고 정경유착을 통해 재벌들의 비공식적 권력을 키웠다. 그러나 일부 노동자들이 저임금과 열악한 노동환경에 대한 불만이 있었다고 할지라도, 그것을 두고 재벌이 존재하기 때문에 이런 착취와 억압이 발생하였으니 대기업을 타도하자는 논리로 비약시키면 곤란하다는 것이다.

당시에도 대기업을 미제국주의에 종속된 매판자본이라고 비난하며 돌을 던지고 각목을 휘둘렀던 것은 모두 공산주의 사상(PD)이나 주사파 이념(NL)에 물든 좌익운동권과 재야세력뿐이었다. 북한식 민족해방민주주의혁명 노선을 추종하던 사람들에게는 모든 것이 수구독재세력 및 미제국주의와 결탁한 반민족−반민주적 타도대상으로만 보였던 것이다. 그들에게는 김일성의 주체사상만이 유일하게 애국적인 교시였던 것이다.

반면에, 진정한 서구식 선진 자유민주주의 체제를 추구하는 사람들은 그렇게 과격하고 급진적인 주장은 하지 않는다. 수출과 투자를 이끄는 대기업은 당시 한국사회의 경제발전을 견인하고 국민들의 삶의 질 향상에 기여하는 꼭 필요한 존재였다는 것을 인정했다.

분명히 노무현은 1980년대가 아니었어도 재벌과 관료 등 소수의 특권 계층이 누군가를 착취하고 억압하기 때문에 그들을 타도하고 노동자를 해방시켜야 한다는 주장을 펼쳤을 것이다. 그의 세계관 자체가 그런 대결주의적인 계급론을 기반으로 하고 있었기 때문이다.

노무현의 트레이드 마크와도 같았던 구호 '반칙과 특권 없는 세상'은 그 특유의 세계관과 정의감을 상징한다. 분명한 가치가 있는 구호였던 것도 사실이다. 그러나 바로 그 세계관과 정의감이 노무현으로 하여금 다음과 같은 급진적인 주장을 하게 했던 것이다.

- 노무현 : "재벌은 해체돼야 합니다. 재벌 총수와 그 일족이 독점하고 있는 주식을 정부가 매수해 노동자에게 분배합시다. 서민들, 중소상공인, 농민들을 위해 부채 탕감과 아울러 토지도 모두 같은 방법으로 분배합시다."(1988. 7. 8. 국회 대정부질문)

- 노무현 : "재벌을 해체하고…(중략)…재벌과 부정축재자들이 독점하고 있는 토지는 강제 징발하여 무주택 서민과 중소기업 육

성자금으로 전환되어야 합니다.”(1988년 노무현후보 총선 공약
집)

● 노무현 : “의원이나 검사, 학자, 부유층은 지금 죽어 없어져도 한국
　은 잘 되어 갈 수 있습니다. 그러나 노동자가 없다면 한국은 존
　재할 수 없습니다. 노동자가 주인이 되는 세상을 만듭시다.”
　(1990. 5. 4. 현대중공업 총파업사태)

▶ 노무현에게 재벌은 한국사회의 암적인 존재였다. 그래서 그에
게 재벌은 해체 대상이었다. 재벌을 해체하는 과정에서 정부가 대기업
의 주식과 부동산을 강제로 빼앗고 그것을 분배하자고 주장한 것이다.
간단히 말해서, 일반적인 좌익 포퓰리즘 정책보다 한 차원 더 좌클릭
한, 사회주의 혁명노선에 가까운 주장이다.

정경유착과 특권과 군사독재 권력을 비판하던 사람이 ‘국가권력을
이용하여 사(私)기업을 해체하는 작업과 그들의 자산을 강탈해서 무
상으로 분배하는 작업’을 하자고 주장했던 것이다. 정말 무시무시한
발상이요, 전형적인 공산주의 혁명가들의 발상이다.

그렇게 대기업의 사유재산을 빼앗고 무너뜨린다면 그 기업에 고용
된 사람들, 그 기업의 주식을 보유하고 있는 사람들, 대기업의 하청업
체 등에 대한 피해 보상은 어떻게 할 것인가? 재벌과 대기업만 해체시
키면 경제가 망가져도 괜찮다는 것인가? 재벌해체와 무상분배만이 정
의로운 해답이라는 정말 무책임하고 무모한 발상이 아닐 수 없다.

역사 속에서 비슷한 사례를 하나 살펴보자. 1949년 모택동이 이끌
던 중국공산당은 중화인민공화국을 건설했다. 건국 이후 모택동은 중

국사회를 대대적으로 사회주의화(socialization)하는 작업을 진행하면서 각종 기업과 자산을 강제로 국유화시키고 토지를 무상분배했다.

　사람들은 공유지에서 열심히 일하지 않았다. 규모가 작은 사유지에서 훨씬 열심히 일하면서 자신의 상대적 이익 추구에 몰두했다. 농업생산성은 목표치를 도달하지 못했으며, 수직적인 명령체계에 의거해서 경제를 관리하고 계획하는 과정에서 관료주의는 극심해졌다. 공산당 소속의 관료들이 모든 권력을 독점하면서 각종 뇌물을 주는 풍습이 생겨나고 부정부패가 만연한 사회가 됐다.

　결국 모택동이 추진했던 일명 대약진(大躍進)운동과 농촌인민공사는 엄청난 실패로 끝나면서 이 기간 동안 수천만 명의 중국인들이 아사했고 모택동은 권력에서 물러나야 했다. 이것이 바로 '국가의 독재적 권력을 사용하여 기업과 개인의 사유재산권을 침해하고, 그들의 재산을 강탈하고, 평등이라는 명목으로 무상분배했던 사회주의 계획경제의 실패'이다.

　노무현이 말한 '노동자가 주인 되는 세상'이란 모택동이 주장했던 '농민이 주인 되는 세상'과 대동소이하다. 평등사회의 건설이라는 이상의 실현을 위해 자신이 부정하던 독재적 국가권력을 이용해서 사유재산권을 침해하고 자연권을 박탈하려고 하는 것은 지독한 위선이다. 이것이야말로 독재적인 발상이라 할 것이다.

제3장 이분법적 사고방식.
선과 악, 보수와 진보,
민주주의, 자유와 평등

    노무현은 한국사회에서 우파 진영과 좌파 진영의 관계를 근본적으로 선과 악의 대결 구도로 파악했다. 이런 이분법적인 사고방식과 세계관은 앞에서 살펴보았던 그의 계급주의적 세계관이 절대적으로 작용하고 있음을 부인할 수 없다.

    마르크스주의 사상은 자본주의 사회에 대해서 보수 기득권 세력이 일반 국민들을 속이고 착취하고 이용하며 국가(정부) 또한 이들의 기득권 유지를 위한 도구에 불과하다는 다소 구시대적인 음모론을 기반으로 한다. 사실 지배계급이 피지배계급을 착취한다는 계급주의적 세계관이나 한국사회의 이념 대립을 선과 악의 대결 구도로 바라보는 이분법적인 사고방식은 결국 마르크스주의에 뿌리를 둔 같은 맥락으로 이해할 수 있는 것이다.

    물론 노무현 외에도 한국의 많은 사람들이 이런 사고방식을 가지고 있지만 상생, 연대, 토론, 합의 등의 민주적 가치를 강조하던 사람이 유독 자신과 다른 생각을 가진 사람들을 대할 때에는 대결주의적이고 분열과 갈등을 조장하는 발언을 서슴지 않았다는 점에서 비난을 면할 수 없다.

또한 노무현은 '진보'라는 단어에 굉장한 애착을 보였다. 그는 한국 사회에서 진보와 보수를 선과 악의 관계로 생각하고 있었으며, 진보좌파 진영에서 추구하는 가치만이 미래지향적이고 진정한 민주주의를 실현하는 길이라는 착각에 빠져 있었음이 다음에 소개되는 발언들에서 드러난다.

- 노무현 : "결국 민주주의는 진보의 사상으로 귀결됩니다. 자유, 평등, 인권, 국민주권 사상을 명실상부하게 실천하면 그것은 결국 진보의 사상이 됩니다."(2007년 6월 2일 참여정부 평가포럼)

- 노무현 : "진보는 민주주의에 내재하는 가치다. 진보적 민주주의라야 진정한 민주주의다."(노무현 저, 『진보의 미래』)

▶ 자유, 평등, 인권, 국민주권 등이 민주주의의 근간을 이루는 중요한 요소들임에는 틀림없다. 그러나 그것이 진보만의 사상이고 진보적인 가치라는 것은 언어의 유희와 편견에 불과하다. 이를테면, 자유에 대해서도 보수우파가 추구하는 자유와 진보좌파가 추구히는 자유이 종류가 다를 수 있다. 일반적으로 보수우파는 경제적 자유를 중시하고, 진보좌파는 정치사회적 자유를 중시하는 경우가 많다. 경제적 자유를 추구하는 사람들은 사유재산권 보호, 기업의 자율적인 의사결정, 자유로운 사업 환경, 적은 세금, 경제규제 최소화 등을 지지하고, 정치사회적 자유를 주장하는 사람들은 표현의 자유, 결사의 자유, 출

판의 자유 등의 확대를 지지한다.

　예를 들면, 우리나라에서 좌파세력이 국가보안법의 폐지를 주장하는 명분도 표현의 자유와 사상의 자유를 침해한다는 것이다. 그것이 우리 사회를 적화 위험으로부터 보위하기 위한 역할에 대해서는 애써 외면한다. 반대로 우파진영에 속하는 보수주의자들은 사회의 질서와 안보를 중시하기 때문에 분단국가인 대한민국에서 공산당의 창당을 허용하거나 북한의 체제를 공공연하게 찬양할 자유까지는 보장할 수 없다는 입장이다.

　예를 들어, 1천 명이 타고 있는 배에서 그 배에 구멍을 뚫어 침몰시키려는 의도를 가진 사람이 한두 명 타고 있을 경우, 그 한두 명의 행동을 감시하여 배에 구멍을 뚫으려는 행동을 사전에 예방하려면 그 의도가 성공하지 못하도록 규제하는 것은 너무나 당연한데도 불구하고, 보안법 폐지론자들은 그 한두 명의 자유로운 행동을 주장하면서 그들로 인해 배 안에 타고 있는 1천 명의 목숨이 위태롭게 된다는 점에는 눈을 감는다.

　또한 자유를 추구하는 방법에 있어서도 우파와 좌파 간에 차이를 보일 수 있다. 보수우파는 경제적 자유를 보장하는 방법으로 시장경제에 대한 국가의 개입을 줄일 것을 주장하지만, 진보좌파는 '적극적 자유'의 개념을 내세우며 사람들이 진정한 능력 발휘와 자아실현을 할 자유를 보장하려면 우선 '경제적 평등'이 담보되어야 한다면서, 이를 위해 국가가 적극적으로 개입해서 경제적 평등을 만들어낼 것을 주장한다.

　이처럼 '자유'라는 가치 하나만 놓고 보더라도 보수와 진보, 우파와 좌파 간에 시각과 방향성에 차이가 있을 뿐, 자유가 어느 한 쪽에 더 가까운 것은 아니라는 것을 알 수 있다. 자유, 평등, 인권 등이 '진보'에 가까운 가치라는 노무현의 말은 진보라는 단어가 유발하는 미래지향적인 어감에 기댄 언어의 유희에 불과하다. 오히려 전 세계적으로 자유와 평등의 균형을 논할 때 우파들이 자유에 무게를 두고 좌파들은 평등에 무게를 두는 경우가 많다. 따라서 자유는 보수주의나 자유주의 등 우파적인 가치에 가깝다고 해석하는 것이 더 자연스럽다.

- 노무현 : "자유와 속박의 문제는 기본적으로 인간과 인간의 관계, 그 중에서도 지배관계에서부터 발생하는 속박의 문제이기 때문에, 자유와 평등을 얘기할 때는 평등이 근본입니다."(2007. 10. 18. 벤처코리아 2007 행사 특별강연)

- 노무현 : "자유와 평등을 갈등적인 개념으로 말하는 사람들은 이미 시장에서 강자이고, 평등을 강조했을 때 제한받는 자유는 지배자의 자유, 기득권의 자유를 말하는 것이다. 속박으로부터의 해방, 즉 자유를 추구하는 사람들의 지향점은 평등이어야 하고, 그 가치야말로 진보라는 것이다."(2008. 10. 14. 한국정치학회 소식지 인터뷰)

▶ 인간 간의 '지배관계'에서 발생하는 불평등이라는 개념이나 지배자와 기득권의 자유는 곧 약자의 속박을 의미한다는 생각 또한 마르크스주의에 그 이념적 뿌리를 두고 있다. 지배자와 기득권의 자유를 보장하는 것이 자본주의 시장경제 체제의 문제점이라는 것은 마르크

스주의자들의 전통적인 주장이기도 하다. 그러나 자유시장경제를 추구하는 사람들은 그런 용어를 사용하지 않을 뿐 아니라 그런 주장에 동의하지도 않는다. 다만 개인과 기업의 경제적 자유의 확대를 주장하고 시장에 대한 국가의 개입을 축소할 것을 주장하는 것이다.

마르크스주의의 대원칙 중의 하나는 바로 '사람을 사람으로부터 해방시킨다'는 것이다. 사람이 사람을 착취하고 지배하는 수직적 권력관계로부터 인간의 소외가 발생하므로 인간의 해방을 위해서 계급투쟁을 벌여야 한다는 것이었다. 그리고 이 수직석 권력관계는 생산수단을 소유하는 자(자본가)와 생산수단을 소유하지 못한 자(노동자)의 차이에 연유하므로 생산수단(공장, 토지 등)을 공동으로 소유하고 관리하는 공산주의 계획경제를 주장했던 것이다.

그들이 '평등'을 추구했던 것도 이 권력관계에서 발생하는 인간소외 현상을 극복하기 위해서였던 것이었다. 따라서 인권이나 인간의 가치를 중시하는 점만큼은 진보적인 시각으로 이해할 수도 있다. 그러나 이미 철저하게 실패한 공산주의, 사회주의 혁명이념과 세계관을 그대로 답습하는 것은 진보가 아니라 퇴보에 가까운 것이라고 생각된다.

어쨌든 마르크스주의를 포함한 전 세계의 진보좌파는(적어도 명목적으로) '사람'의 가치에 무게를 둔다. 그들은 자본주의 시장경제체제를 사람의 가치가 아닌 물질의 가치가 우선시되는 사회라고 비판하면서 다른 무엇보다 '사람이 우선인 사회'를 건설하고자 한다. 김일성의 주체사상은 '인간 중심'을 내세웠고, 노무현의 '사람 사는 세상'이나 문재인의 '사람이 먼저다'라는 슬로건 또한 같은 맥락에서 이해할 수 있다.

그러나 결과적으로 그들이 추구하는 방식이 과연 '평등한 인간중심의 사회'를 건설하는 것에 도움이 되었느냐 하는 것은 전혀 다른 차원의 문제이다. 결국 사회주의 혁명은 마르크스가 예상했던 '프롤레타리아 독재' 단계에 들어서서 1당독재 정권이 정치권력뿐만 아니라 경제권력까지 손에 넣어 전체주의적 체제를 만들어냄으로써 공포정치를 통해 국민을 탄압하고, 정치적 반대자들을 숙청하고, 테러활동을 하고, 침략전쟁을 일으키는 등 인류문명을 파괴하고 후퇴시키는 일에 앞장섰다.

  인간 해방, 평등, 무계급사회를 최우선적인 가치로 내걸었던 체제가 결국 가장 반인륜적이고, 가장 불평등하고, 가장 관료주의적인 사회를 만들어내고 말았다. 그것이 역사적 진실이다. 그것은 그들이 주장하는 평등사회는 인간의 본성에 어긋나는 것이기 때문이다. 인간의 본성은 자신의 노력으로 현재보다 더 나은 미래, 남들보다 더 뛰어난 자아실현을 추구하는 것이기 때문이다.

  그렇다면 우리는 20세기 사회주의 실험의 역사를 통해서 무엇을 배울 수 있는가?

  바로 결과적인 평등을 인간의 힘으로 강제하는 것은 인간의 본성에 반하는 것이기 때문에 결코 본래의 목적을 달성할 수 없을 뿐더러, 그 과정에서 매우 파괴적인 역효과를 유발하게 된다는 것이다. 오히려 자본주의 시장경제를 지속적으로 발전시키면서 경제적 번영을 이루고 중산층의 크기를 키운 후에 사회안전망 복지정책을 체계적으로 시행한 국가들이 훨씬 평등하고 풍족하고 인간중심적인 사회를 만들어냈던 것이다. 결국 노무현이나 마르크스가 주장한 체제와는 전혀 다른 방향성을 지닌 체제가 성공한 것이 20세기의 세계사이다.

● 노무현 : "보수주의는 전통적으로 대외정책에 있어 대결주의를 취한다. 지금 미국을 보라. 일본의 보수주의를 보라. 대결주의의 입장에 항상 서 있다. 그래서 평화는 진보주의가 가깝다." (2007. 10. 18. 벤처코리아 2007 행사 특별강연)

● 노무현 : "진보주의자는 차가 아무리 비좁더라도 '같이 타고 가자' 라고 말하는 사람이고, 보수주의자는 '비좁다, 늦는다, 태우지 마라'라고 말하는 사람이다."(노무현 저, 『신보의 미래』)

● 노무현 : "보수는 강자의 사상, 기득권의 사상입니다. 각자의 삶은 각자의 노력의 결과이므로 강자의 기득권을 보호하고 강자의 자유를 보장하여 강자가 주도하는 대로 따라가면 모두 좋아진다는 생각이 보수의 기본적인 생각입니다."(2007. 6. 2. 참여정부 평가포럼)

● 노무현 : "진보란 무엇인가. 힘 있는 사람이 누리는 권력을 약자도 함께 누리도록 하기 위해서 힘없는 사람의 연대와 참여를 중시하는 생각입니다. 개방을 반대하고 대외정책은 평화주의를 지향합니다. 보통 그렇다는 것입니다. 보수는 그러면 연대하지 않는가, 연대하지요. 은밀히 유착하지요."(2007. 6. 2. 참여정부 평가포럼)

● 노무현 : "보수도 아니면서, 기득권도 없으면서, 보수의 노래를 따라 불러서는 안 됩니다."(2008. 8. 봉화마을 방문객들에 대한

특강)

● 노무현 : "보수주의는 돈을 가치의 중심에 두고 있다."(노무현 저, 『진보의 미래』)

▶ 모두 보수우파 세력과 진보좌파 세력에 대한 노무현의 편향적인 관점을 여실히 드러내는 발언들이다. 우선 보수주의는 정치학에서 엄연히 그 개념이 정립된 이념이지만, 진보주의(progressivism)는 학술적으로 사용되지 않는 표현이다. 미국에서도 민주당과 진보좌파 진영을 일컬을 때 'progressive'(진보)라는 단어를 사용하지 않고 'liberal'(자유주의자)이라는 표현을 사용한다. 사실 미국식 표현에도 문제가 많은 것이, 오히려 자유주의자는 전 세계적으로 우파에 해당하는 경우가 많기 때문이다. 미국에서도 경제적 자유주의를 주장하는 자유주의자들은 대부분 우파진영에 속한다. 그러나 미국에서는 관습상 진보를 일컬을 때 'liberal'이라는 표현을 사용한다.

정치학적으로 보수주의는 이념 스펙트럼(ideology spectrum)에서 오른쪽에 위치하는 우파적 이념 중의 하나이다. 어느 나라에서나 보수주의는 전통과 사회적 질서를 중시하고, 점진적인 변화를 추구하며, 혁명과 같은 급진적 변화에 반대한다. 또한 인간이 이성적이고 합리적인 동물이기도 하지만 감성적이고 비합리적인 특성이 더 강하다는 것을 강조한다. 보수주의의 이러한 특징은 인간 이성에 대한 맹신을 바탕으로 경제현상을 계획하고 관리할 수 있다는 공산주의자들의 믿음과는 완전히 반대된다. 따라서 보수주의는 이념적으로 반공주의(反共主義)

를 기반으로 하고 있다.

반면에 우리나라에서는 일반적으로 보수와 진보라는 표현이 이념에 있어서 공간적인 개념이 아니라 시간적인 개념을 갖는 것으로 해석된다. 국가의 근간이 되는 가치(대한민국의 자유민주주의와 시장경제 체제)를 지키고 유지하고자 하는 쪽이 보수이고, 그것을 (사회민주주의나 계획경제 체제로) 변화시키고자 하는 쪽이 진보라는 구분은 체제의 유지냐 변화냐의 관점을 기준으로 한 것이다.

이러한 구분의 문제점은 보수와 진보가 각 국가의 체제마다 다르게 적용된다는 것이다. 예를 들면, 과거 모택동 시절 중국의 보수세력은 정통 공산주의혁명가들이었다. 반대로 자본주의적 개혁을 외치는 사람들은 중국의 공산주의체제를 변화시키고자 하는 인물들이었기 때문에 진보세력으로 분류되었다. 대한민국에서는 현 체제를 부정하고 다른 체제로 변화시키고자 하면 진보에 해당한다.

따라서 어떤 인물이나 세력의 이념적 위치를 가리키기 위해서는 보수와 진보라는 단어보다 우파와 좌파로 구분하는 것이 더 적절하다. 보수와 진보는 나라마다 다르게 적용될 수 있지만, 우파와 좌파는 전 세계적으로 동일하기 때문이다. 보수주의자나 반공주의자는 어느 나라에서든 우파에 해당하는 것이고, 사회주의자는 어느 나라에서나 좌파에 해당한다.

노무현은 '보수주의'에 대해 몇 가지 편견을 드러낸다. 우선 보수주의는 외교에 있어서 대결주의를 취하기 때문에 보수보다는 진보가 평화에 가깝다는 주장을 했다. 이는 대단히 왜곡된 시각을 바탕으로 한

억지주장에 불과하다. 우리나라에서 보수주의자들 혹은 보수우파 세력이 북한에 적대적인 것은 순전히 북한의 행동과 체제가 대한민국에 위협이 되기 때문이다. 만약에 북한은 과연 대결주의적이지 않은지 질문한다면 노무현은 어떻게 대답했을까? 북한이야말로 노골적으로 아시아태평양 지역의 안보를 위협하는 지구상에서 가장 대결주의적인 나라 중의 하나이다.

모든 국제관계는 상호적인 관계이다. 한국의 보수는 북한과의 군사적 대결을 추구하는 것이 아니라 튼튼한 안보를 추구하고 북한의 군사적 도발, 테러, 약속 파기, 과거의 침략전쟁 등에 대한 반성과 재발 방지를 요구하는 것으로, 이는 매우 합리적인 관점이라고 할 수 있다.

일반적으로 보수주의는 국제정치에서 이상주의(자유주의) 노선보다 현실주의 노선을 추구한다. 이는 국제사회가 근본적으로 무정부상태이며, 힘(국력)의 관계를 바탕으로 움직이고, 세력균형(balance of power)이나 절대적인 패권국이 존재함으로써 평화를 유지할 수 있다는 견해이다. 국제정치학에서 말하는 현실주의적 시각에서 볼 때, 대한민국 보수주의자들의 대북관과 한미동맹 강화에 대한 주장은 북한의 군사적 위협에 대항하기 위해 패권국과 동맹관계를 유지함으로써 위협 요인과 국방비용을 줄이려는 실용적인 견해에 입각한 것으로 해석할 수 있다.

둘째로 노무현은 보수주의는 강사와 기득권을 위한 사상이고 진보주의는 약자와 서민을 위한 사상이라고 주장한다. 이는 확실하게 짚고 넘어가야 할 부분이다. 보수주의 이념은 기득권의 이익을 보호하기 위한 것이 아니라 사회의 질서, 전통적인 미덕, 역사적으로 증명된 가치 등을 보호하고자 하는 것이다.

예를 들어, 냉전이 자본주의 체제의 승리로 끝났으므로 자유시장 경제를 보호하고 사회주의적 혁명이나 개혁에 대해 반대하는 것은 보수가 역사적으로 증명된 가치인 시장경제를 지키고자 하는 것으로 이해할 수 있다. 정확히 말하자면, 노무현은 보수가 옹호하는 자본주의 시장경제가 기득권의 이익과 자유만을 위한 것이라는 마르크스의 주장과 동일선상에서 이와 같은 발언을 했던 것이다. 한마디로 그는 시장의 역사적 기원과 그 역할 및 성격, 즉 시장의 본질에 대해 완전한 무지를 드러내고 있는 것이다.

또한 노무현의 발언은 보수주의는 평화와 약자의 권리를 경시한다는 오해를 불러일으킬 만한 소지를 낳는다. 모든 이념은 현실적인 문제를 바탕으로 이상을 추구하기 때문에 평화나 권리를 경시하지 않는다. 공산주의를 제외하고는 그렇다. 공산주의 혁명가들의 경우에는 평화보다는 폭력을 수단으로 한 혁명을 옹호했고, 보편적인 인권이 아니라 노동자 계급만의 권리를 주장했다.

보수주의 혹은 보수가 누군가를 배척하고 자기들끼리 은밀히 유착하며, 반대로 진보는 평화와 연대를 중요시해서 "같이 타고 가자"라고 말하는 부류라는 설명은 지극히 개인적인 오해와 망상, 무지의 산물일 뿐이다.

마지막으로 노무현은 보수주의는 돈에 가치의 중심을 두고 있다고 했다. 이는 좌파세력이 늘 말하는 '자본주의는 인간 중심이 아니라 물질 중심, 돈 중심의 체제이다'라는 주장과 같은 것이다. 실제로 한국사회에서도 자본주의가 물질중심주의와 동의어로 쓰이는 경우가 종종 있는데, 이는 매우 잘못된 현상이다. 자본주의는 시장경제를 바탕으로 사유재산권과 자유로운 기업 활동을 보장하는 체제를 뜻한다. 기계화된 공장과 대량생산 체제, 주식시장, 국제무역 등이 자본주의 경제의 상징이라고 할 수 있다. 자본주의에 대한 마르크스와 좌파세력의 공격에 대해서는 위에서 여러 번 언급했으므로 부연설명은 생략하겠다.

결국 노무현은 정치학에서 정의하는 보수주의 이념에 대해 말하는 것이 아니고 대한민국 보수 세력이 지키고자 하는 현 자본주의 체제에 대한 비판을 한 것이다. 만약 그의 말대로 우리 사회가 인간이 아닌 돈과 물질이 중심이 되는 사회라면 그 또한 인간들의 자발적인 선택에 의한 것임을 알아야 할 것이다. 결코 변하지 않을 진실은, 대한민국은 국민 모두가 자기 인생의 주인이자 시장에서 소비자로서 주권을 행사하는 자유민주주의 국가라는 사실이다. 따라서 자유민주주의 체제를 지키고자 하는 우리나라의 보수우파 세력이 평화, 약자의 권리, 인간의 가치 등을 상대적으로 경시한다는 주장은 어불성설에 불과하다.

제4장 노무현의 경제관

　은연중에 마르크스주의적 세계관과 이념에 물들었던 노무현은 자연스럽게 자본주의 시장경제에 대해서도 상당한 반감을 공공연히 드러내곤 했다. 본 장에서는 이와 관련하여 보다 노골적인 발언들을 살펴볼 것이다.

　노무현을 비롯한 좌파인사들이 간과하고 있는 시장경제에 관한 진실들 중의 하나는 바로 시장에서의 자율적인 거래와 자유무역 같은 상호거래 현상이 반드시 불균등한 분배나 지배-피지배적 권력관계를 생산하는 것이 아니고 대부분 쌍방 모두에게 이익이 되는 양합(陽合)게임(positive-sum game)으로 기능하는 것이다. 개방과 자유무역을 반대하는 좌익진영에서 내세우는 경제논리는 대부분 '시장거래는 양합이 아닌 영합(零合)게임(zero-sum game)이다'라는 믿음을 기반으로 하고 있다.

　예를 들어 내가 시장에서 수요와 공급의 상호작용에 의해 결정된 균형가격으로 물건을 구입했을 때, 판매자와 생산자는 화폐를 얻고 소비자인 나는 내가 필요로 하는 재화를 구입함으로써 효용(만족)을 얻는다. 이것이 경제학에서 말하는 상호이익이다. 국제무역에 있어서는 한국이 미국에 자동차를 수출하고 쇠고기를 수입하는 관계를 생각하면 된다. 서로 상대적 강점이 있는 분야를 집중적으로 육성하고 무역거래를 할 때 쌍방 모두가 비용을 절감하면서 높은 효용을 얻는 것이 바로 상호이익이고 양합게임의 관계인 것이다.

시장경제에서 경쟁만이 발생한다는 미신에 빠지면 사업적 거래나 무역에 대해서 영합(zero sum) 게임으로 인식하기 쉽다. 한 쪽만 이익을 보는 승리자가 되고 다른 쪽은 손해를 보는 패배자가 된다는 시각이다. 이것은 굉장히 잘못된 것이다. 시장에서는 경쟁뿐만 아니라 협력과 분업이 매우 활발하게 발생하며, 통상적으로 시장에서 자발적이고 자유로운 거래나 국가 간의 자유무역관계에서는 상호이익이 보장되는 양합게임의 관계가 구축될 가능성이 높기 때문이다. 불공정거래나 불평등조약이 아닌 공정한 거래라는 가정하에서는 그렇다.

이처럼 우파는 시장경제의 작동원리와 효율성을 중시하는 사람들이다. 따라서 우파진영에 속하는 보수주의자나 자유주의자는 경제적 자유를 추구한다. 국가가 시장에 개입하여 가격, 임금, 기업 활동, 사유재산권 등을 규제할 때 경제적 자유가 축소된다. 또한 세금이 증가하고 재정정책과 공기업(국영기업)의 영역이 확대될수록, 즉 경제에서 공공부문이 확대될수록, 시장에 대한 국가의 개입이 증가하고 경제적 자율성은 떨어진다. 자유시장경제를 추구하는 우파 진영은 경제적 자유가 확대될수록 생산력이 향상되고 창조와 혁신이 활발히 일어나며 물가가 안정된다고 주장한다. 반대로 정부의 개입이 늘어나면 비효율이 초래되고 정부실패라는 결과로 이어진다는 것이다.

따라서 우파는 경제의 성장과 효율성, 활력을 담보하기 위하여 경제적 자유의 확대를 주장하는 사람들이라고 정리할 수 있다. 반대로 경제적 자유를 제한하고 국가가 적극적으로 시장에 개입해야 한다는 좌파진영의 논리는 시장실패나 소득 불평등을 완화하기 위해서이다. 한마디로 우파와 좌파의 경제관은 자연상태의 시장경제에 대한 견해의 차이에 기인하는 것이다. 그러나 노무현은 특유의 계급주의적 시각을 바탕으로, 경제적 자유의 확대를 주장하는 사람들을 가리켜 오로지 기득권의 유지만을 위하는 사람들이라면서 폄하했다.

여기서는 자유주의적 경제정책을 지지하는 우파 세력이 결코 특정 집단의 이익을 위해 움직이거나 이용당하는 사람들이 아니라는 전제를 바탕으로 노무현의 경제관에 대해 비판하겠다. 그는 실제로 자본주의 경제에 대해서는 공격을 주저하지 않으면서 사회주의 경제에 대해서는 단 한 번도 비판을 한 적이 없다.

- 노무현 : "카지노 경제에서 도박과 투기로 돈을 번 20%와 그들에게 잡아먹히는 80%로 갈라진 대한민국은 아프리카 밀림보다도 못하다. 카지노 경제는 배가 부르면 더는 사냥을 하지 않는 아프리카 밀림의 사자보다도 백 배 천 배 잔인하다."(2006년 1월 청와대 홈페이지)

- 노무현 : "정치권력은 전 국민을 대표하는 권력이고, 시장권력은 시장에서 승리한 강자들의 권력입니다. 시장권력은 시장에서 실패한 사람들을 포함하지 않습니다. 대변하지도 않아요. 그래서 정치권력이 시장권력보다 커야 된다는 것은 명백한 것입니다. 결국 궁극적인 권력은 정치권력이라야 합니다."

● 노무현 : "그렇다면 시장권력보다 국가권력이 우위에 서게 하는
　　　　 방법은 뭐냐? 시장에서 승자와 패자를 모두 포함해서, 시장의
　　　　 소비자까지를 포함해서, 이른바 시장권력의 상대편에 서 있는
　　　　 소비자가 권력을 조직하고 이들을 정치권력으로 묶어내고, 정
　　　　 치권력으로 시장을 통제함으로써 시장의 효율과 정의를 유지
　　　　 해 나가자는 거지요. 이게 말하자면 사회민주주의적 프로세스
　　　　 아니겠습니까?"(2009년 오마이뉴스 인터뷰)

▶ 시장경제에 대한 노무현의 생각, 즉 그의 경제관이 압축되어 있
는 발언들이다. 우선 '카지노 경제'라는 표현부터 시작하여 노무현은
시장경제에 대한 몇 가지 편견을 바탕으로 주장을 전개한다.

　우선 그는 시장경제가 필연적으로 승자와 패자로 나누어진다는
'제로섬(零合)게임'에 대한 가정을 하고 있다. 시장경제에서의 경쟁과
상호발전, 건전한 거래는 참여자 모두에게 절대적 이익을 안겨 준다는
'양합(陽合)게임'과는 정반대의 관점이라고 할 수 있다. 이는 좌파들의
전형적인 경제관 중에 하나로서 노무현 개인만의 문제는 아니다.

　시장경제에서는 당장에는 경쟁이 치열하게 발생하여 단기적으로
는 승자와 패자로 나뉠 수 있지만, 장기적으로는 소비자들에게 선택받
은 승자가 일궈낸 생산성 향상과 혁신으로 인해 사회 전체에 이익이
된다는 사실을 좌파들은 고려하지 않는다. 그들은 슘페터가 말한 '창
조적 파괴'의 과정이 어떻게 현대 인류문명의 발전에 기여했는지 이해
하지 못하는 것이다.

　장기적으로는 시장은 성장을 해서 자산가치와 일자리를 늘리고,
기술혁신을 만들어내고, 소득을 분배함으로써 특정 집단의 이익이 아

닌 구성원 모두에게 이익을 주는 공간이며, 소비와 경쟁과 자발적인 거래가 일어나는 시장경제는 현대 인류의 근본적인 생활양식 중의 하나라고 봐야 한다. 물론 시장이 일정한 부분에서 실패하거나 양극화 현상을 만들어내는 등의 오작동(誤作動)을 할 수는 있다. 그렇지만 자본주의 시장경제라는 것이 결코 소수의 이익만을 위해 작동하거나 승자가 패자를 잡아먹는 약육강식의 세계를 반드시 만들어내는 것은 아니다. 만약 한국사회에 그런 모습이 일부분 있다손 치더라도 그것이 과연 시장경제 체제만 바꾼다고 해결되는 것일지에 대해서는 의문이 든다.

또한 노무현은 특유의 계급주의적 시각을 바탕으로 부자에 대한 부정적인 인식으로 가득 찬 발언을 하기도 한다. 상위 20% 고소득자는 도박과 투기로 돈을 벌었으며 나머지 80%의 사람들을 잡아먹는다는 비유는 '카지노 경제' 혹은 '정글자본주의'로 표현되는 시장경제에 대한 노무현의 시각을 그대로 반영한다.

우리나라 상위 20% 수준의 고소득자라면 직업 분포도 또한 다양할 것이다. 법조인, 의사 등의 전문직부터 대기업 임원이나 자영업자까지 고소득을 유지하고 부를 축적한 사람들이 해당될 것이다. 그리고 어느 나라에서나 당연히 돈을 많이 가진 사람들이 자산을 적극적으로 매매한다. 그래서 경기가 과열되고 거품이 생성되는 시기에는 불평등 지수가 증가하는 것이 일반적이다. 자산가치가 치솟기 때문에 주식이나 부동산 등의 자산을 많이 보유한 부자들의 자산과 소득이 증가하기 때문이다. 우리나라에서는 고속성장기에 주식보다 부동산 투자가 활발히 일어났던 것이 사실이다. 그래서 강남부동산 신화라는 표현까지 생겼다. 그러나 무조건 투기라는 표현을 쓰기에는 다소 애매한 점이 있다. 애당초 투기와 투자를 구분하는 기준이 주관적일 수 있기 때문이다.

한국사회에서 부자들이 여윳돈을 부동산 투자 혹은 투기에 적극적으로 활용함으로써 부동산 가치가 상승하고 돈을 벌었던 것은 사실이다. 그 과정에서 원래 부자가 아니었어도 운이 좋은 사람들은 잘 장만한 부동산 덕택에 큰돈을 벌기도 했다. 그러나 우리나라 부자들이 마치 도박과 투기만으로 돈을 벌었다고 표현하는 것은 곤란하다. 게다가 한 나라의 대통령이 이런 식으로 특정한 부류의 사람들을 싸잡아서 도박, 투기, 잡아먹는다는 등의 표현으로 비난하는 것은 매우 바람직하지 못한 태도라고 보인다.

둘째로 노무현은 시장권력이 소비자 집단과 배치되는 '소수의 승자로 이루어진 거대한 권력'이라는 가정을 하고 있다. 이를테면 한국의 시장경제가 소수의 승자가 다수의 패자를 돈의 힘으로 지배하는 약육강식의 정글과도 같은 곳이기 때문에 국가가 이에 적극적으로 개입해서 강자를 제압해야 한다는 것이다. 정치권력이 시장권력보다 우위에 서야 한다는 주장은 이런 의미를 갖고 있다.

다수의 소비자들이 시장권력의 상대편에 서 있다는 표현도 많은 의문을 낳는다. 시장경제는 만인에게 개방되어 있고 기회를 제공한다. 누구나 소비자이면서 동시에 생산자인 것이다. 대통령 또한 국민의 한 사람이듯이 노무현이 말하는 시장권력에 속한 사람들 또한 소비자이며 다양한 관계 유형들 속에서 다양한 모습과 역할로 정의될 수 있는 사람들에 불과하다.

정치권력이 시장을 통제해야 한다는 것은 시장에 대한 국가의 개입을 옹호하는 일반적인 좌파의 견해이며, 케인즈 같은 경제학자 역시 시장경제의 문제점을 보완하기 위해서 주장했던 것이기도 하다. 국가의 개입에 대해서는 경제학계에서도 매우 다양한 견해가 존재한다. 따라서 반드시 자유주의적 경제관을 갖지 않는다는 것만으로 비난의 소지가 되는 것은 절대 아니다. 다만 시장경제를 근본적으로 영합게임의 단순한 '승자와 패자'의 이분법적 공간으로만 파악하고 승자를 제압하기 위해서 국가권력을 활용해야 한다는 논리는 자칫 기업과 개인의 경제적 자유를 침해하는 논리로까지 비약될 수 있음을 지적하고 싶다. 우선 누가 승자이고 누가 패자인지에 대한 정의가 지극히 주관적일 것이며, 국가의 무리한 개입과 통제는 시장의 순기능까지 훼손시킬 수도 있기 때문이다.

- 노무현 : "우리는 역사가 돈의 편이 아니라 사람의 편으로 가고 있다는 믿음을 가지고 이 길을 가는 것입니다. 다만, 그 막강한 돈의 지배력을 이기기 위해서는 우리가 가진 모든 힘을 다 짜내고 이를 지혜롭게 조직해야 할 것입니다."(노무현 저,『진보의 미래』)

- 노무현 : "어느 나라나 할 것 없이 부자들은 돈을 엄청나게 벌어 일자리가 늘어나는 성장에는 관심이 없고 오로지 그들만의 성장에만 관심이 있습니다. 성장이 다소 느리더라도 분배가 있는 성장이라야 됩니다. 분배가 있는 성장이라야 소비가 늘어나고 소비가 늘어나면 경제가 다시 돌아가는 이런 지속가능한 경제

가 됩니다."(2008. 8. 28. 봉화마을 즉흥연설)

● 노무현 : "국가의 권력은 적어도 시장권력과 대등하거나 시장을 통제 가능한 수준으로 키워야 하는데 그게 안 되는 거지요. 지금 세계화라는 거대한 흐름이 이것을 거의 불가능하게 만들고 있거든요. 이게 민주주의의 위기라는 것이죠."(2007년 오마이뉴스 인터뷰)

▶ 시장경제의 가장 기본적인 원리조차도 이해하지 못한 채 세상을 이분법적으로 재단하는 사람들의 사고방식과 주장에 나는 혐오감을 느낀다. 어느 사회에서나 좌익세력은 이분법적 세계관과 계급론으로 분열과 갈등, 그리고 순진한 대중들의 분노를 조장한다. 그들은 자본주의 시장경제에 '99 대 1'의 프레임을 덧씌우고 국민을 '자본가와 노동자', '부자와 빈자', '대기업과 중소기업', '대도시와 향촌' 등으로 양분하고 그들을 '강자와 약자', '가해자와 피해자' 더 나아가서 '선과 악'의 관계로 재단한다. 마르크스가 시장경제를 자본가가 노동자들을 착취하는 공간으로만 파악한 것에서 비롯된 발상이다.

그들은 대기업이나 부자들은 모두 중소기업과 서민들의 피를 빨아먹고 사는 존재인 양 말한다. 하지만 실제로 그러한가? 자기가 보고 싶은 것만 보고, 믿고 싶은 것만 믿는 사람들은 그런 선입관에 빠지겠지만, 세상의 많은 일들은 그렇게 제멋대로 '선과 악'이나 '지배와 피지배'의 일방구도로만 파악할 수 있는 것이 아니다.

한 기업이 번창하여 대기업으로 성장하기 위해서는 기존 시장에 존재하는 무수히 많은 재화와 서비스와 경쟁해서 이기고 소비자들의 선택을 받아야 하는 것이다. 타인이 원하는 것을 제공하는 사람이 부를 얻는다. 부의 획득은 착취와 강탈이 아닌 시장에서의 소비와 교환을 통해서 일어난다. 그래서 나는 시장경제의 주인은 좌파들이 흔히 주장하는 것처럼 자본가가 아니라 소비자라고 주장한다. 이처럼 시장에서 소비자들은 주권자이자 자율적인 주체로서 존재한다.

자칭 '진보'라는 좌익세력의 이분법적 세계관과 자본주의 시장경제에 대한 왜곡된 시선, 몰이해는 모든 종류의 인간관계를 권력관계로 파악하고 계급투쟁에만 집중하는 마르크스주의 특유의 근시안적인 사고방식과 더불어서 경제현상을 영합(zero sum) 게임으로만 바라보는 사고적 한계에 기인한다. 빌 게이츠가 윈도우즈라는 프로그램을 개발함으로써 이익을 얻은 것은 빌 게이츠 자신과 마이크로소프트(Microsoft)사뿐만 아니라 '윈도우즈'를 통해 편리하고 유용한 서비스를 누리게 된 모든 사람들이다. 윈도우즈와 컴퓨터 덕분에 우리의 삶이 얼마나 달라졌는가? 빌 게이츠가 윈도우즈를 개발함으로써 높은 소득을 올린 것은 타인들이 필요로 하고 원하는 것을 적절한 가격에 제공했기 때문이며, 이때 시장에서 발생한 부의 이전은 이러한 윈윈(win-win) 효과를 바탕으로 한 것이다. 이처럼 시장경제에서의 경제현상은 가치의 교환을 통해 양합(positive sum) 게임으로 작동하는 경우가 많다. 시장에서의 소비(교환)는 절대로 한 쪽만이 이득을 챙기고 다른 쪽은 손해를 보는 영합(zero sum) 게임이 아니란 말이다.

시장경제 속에서 양합게임의 관계를 이해하지 못하는 사람들에게 내가 소개하고 싶은 것은 슘페터가 '창조적 파괴'라고 부른 개념이다. 과학기술이 계속 발전하고 시장경제가 존재하는 이상 우리는 모두 창조적 파괴라는 현상의 영향을 받으며 살고 있다.

'창조적 파괴'는 기술혁신과 소비자들의 합리적 선택에 따라 필연적이자 자연적으로 발생하는 특정 산업의 도태와 그 대체재로서 소비자들에게 선택받은 신산업의 성공을 가리키는 개념이다. 그것은 매우 바람직한 것이다. 도태된 분야는 더 이상 이용가치가 없거나 상대적으로 비효율적이어서 폐기된 것이므로 창조적 파괴는 사회가 효율적, 합리적으로 변화하는 과정에서 일어나는 '발전지향적인 현상'이다.

과거에 석탄이 세계적으로 유행했을 때 붐을 일으킨 탄광촌과 그 많던 광부들은 석탄이 석유와 전기에 밀리면서 자연스레 자취를 감췄다. 그렇다고 해서 그 과정에서 광부들이 일자리를 잃고 탄광회사들이 문을 닫았으니 경제적으로 부정적인 현상이라고 할 것인가? '창조적 파괴'의 과정이 초래하는 구 산업의 파괴 혹은 도태보다 그것을 야기한 신 산업의 새로운 부가가치 창출의 효과가 당연히 훨씬 크다. 더욱 유용하고 효율적이기에 선택을 받은 것이다. 사라진 경제가치(일자리 등)보다 훨씬 큰 경제효과(투자 등)와 많은 일자리가 생겨난다. 스마트폰이 등장하면서 2G폰과 공중전화 등의 기존산업 분야는 완전히 쇠퇴했지만 누가 그것을 부정적인 현상이라고 손가락질할 것인가? 따라서 창조적 파괴는 그 이름과는 역설적으로 파괴적이 아니라 생산적인 현상이다. 우리의 삶의 질이 개선되고 인류문명이 발전하는 과정으로 바라봐야 하는 것이다.

제5장 자유시장경제와
자본주의 문화에 대한 여담:
자유민주공화국의 핵심 가치

한국인들은 대체로 자유시장경제에 대한 이해와 신념이 부족하다. 이는 자본주의적 시장경제 체제가 이 땅에서 꽃핀 지 그리 오래되지 않았기 때문이기도 하고, 우리 민족이 전통적으로 현대 자본주의 문화의 기반이 되고 있는 개인주의보다는 공동체주의에 가치를 두고 있기 때문일 것이다.

세계적으로 번영한 국가는 모두 성공적으로 시장경제를 발전시킴과 동시에 '자본주의 문화'를 사회적으로 정착시켰다. 자본주의 문화의 핵심이 되는 것은 이윤추구에 대한 사회적 장려, 창조와 창의력을 강조하는 교육, 기업가 정신 등이다. 이윤을 추구하고자 하는 개인의 본성을 억누르고 질타하기보다는 사회적으로 장려할 때 비로소 자본주의는 칼 폴라니가 붙인 '악마의 맷돌(satanic mill)'이라는 오명을 벗고 순기능을 할 수 있다.

또한 자본주의 시장경제 체제가 자랑하는 과학기술의 발전과 혁신은 창조와 창의력을 강조하는 교육과 '기업가 정신'에서 나온다. 여기서 '기업가 정신(entrepreneurship)'이란 새로운 성장과 혁신을 위해 리스크를 감수하는 기업가의 도전정신을 일컫는 말이다. 우리나라의 정주영 前현대그룹 회장이나 미국의 빌 게이츠 등이 우수한 기업가 정신을 갖춘 것으로 평가된다.

바로 이 자본주의 시장경제 체제가 인간의 본성, 자연의 섭리에 잘 부합하는 자연적인 체계라는 것, 그리고 이 체제의 우월성에 대한 올바른 이해와 신념을 갖는 것이 바로 반공정신의 토대가 되는 것이다.

나는 이 책의 본문을 통해 지속적으로 북한의 기형적인 공산전체주의 체제를 비판하고 그들의 화전(和戰) 양면전술을 결코 신뢰할 수 없다고 했으며, 북한체제를 인정하고 수용하자고 주장하는 노무현을 비롯한 친북세력을 비판했다. 그들의 사상적 뿌리가 닿아있는 80년대 주류운동권의 주체사상 이념을 공격했다.

북한의 체제를 받아들이지 않고 우리 사회에 아직 잔존하는 친북주의나 사회주의적 공상 등의 이념적 망령과 싸우기 위해서, 그리고 대한민국의 자유민주주의와 시장경제 체제를 수호하기 위해서는 자유시장경제에 대한 국민들의 올바른 이해와 신념을 가꾸어 나가야 한다는 확신이 든다.

우리 사회는 아직도 자유시장경제에 대한 신념이 부족하기 때문에 좌익들이 공공연하게 끊임없이 자본주의를 타도하고 시장경제를 사회주의 계획경제로 바꿔야 한다는 주장을 매우 무비판적으로 수용하고 전혀 필터링하지 못하고 있는 것이다.

자본주의 시장경제의 이미 입증된 우수성에 대해 국민들이 올바른 교육을 받을 때 비로소 이 땅에 선진적인 자본주의 문화가 꽃피며 더 이상 자본주의가 이기심, 물질만능주의 등의 부정적인 이미지가 아닌 혁신, 발명, 자율 등의 긍정적인 모습으로 우리 사회에서 재탄생 할 수 있을 것이다.

　대한민국은 민주주의 국가이기에 나와는 전혀 다른 생각을 지닌 사람들의 의견도 존중해줘야 하는 게 맞지만, 다른 것은 다른 것이고 틀린 것은 틀린 것이다. 그들은 대개 사회를 자기네들 편의에 맞게 이분법적으로 해석한다. 가장 대표적인 것이 '대기업 대 재래시장' 혹은 '재벌 대 서민'의 프레임을 들이대면서 그것이 마치 '선과 악'의 대결 구도인 것처럼 선동하는 것이다. 그런 비합리적인 프레임에 세뇌를 당하면 '대기업=절대강자=억압자=악'을 처치하는 것이 절대적으로 옳고 선한 행동이기에 그들을 처치하기 위해선 무엇을 해도 정당화된다는 오류에 빠지게 되는 것이다. 그것이 우리 사회에 어떤 영향을 가져올지도 모른 채….

　대기업과 재벌은 자본의 힘을 이용하여 서민들의 삶을 지배하면서 영향력을 점점 확대하고 결국 서민들은 자기도 모르는 사이에 그런 자본주의 질서 속에서 노예로 전락하고 만다는 식의 민중 선동전술은 19세기부터 급진적 사회주의자들이 구사해 온 것인데, 이는 정말 자기 함몰적(陷沒的)이고 현실을 왜곡하는 주장이다. 시장에 존재하는 수천만 가지 이상의 다양한 재화와 서비스 중에 자신이 가장 원하는 것을 자기 돈으로 구입하는 소비자와 그런 소비자의 자율적인 구매행태를 단순히 '대기업과 자본의 힘에 굴복한 노예적 행위'로 취급하는 것은 어불성설이자 명예훼손을 넘어서 인류문명 자체를 우롱하는 발언이다.

　시장경제에서 대형마트가 선택을 받고 재래시장이 도태되었다면 그것은 대기업이 횡포를 부린다거나 자본의 힘이 서민의 삶을 종식해 가는 현상이 아니라 소비자들이 냉장고나 대형마트가 제공하는 서비스가 자신들의 삶을 더욱 윤택하게 만들기에 좋아서 선택했기 때문인 것이다. 이처럼 특정 분야에서의 혁신이나 새로운 발명은 기존의 재화와 서비스를 도태시킬 수 있다. 그것이 슘페터가 말하는 '창조적 파괴'의 과정이고 우리의 삶의 질이 과거보다 나아지면서 발생하는 현상이기도 하다.

　예를 들어 스마트폰이 발명됨으로써 2G폰이나 공중전화 등의 산업은 필연적으로 쇠퇴했다. 소비자들이 더 이상 그것들을 필요로 하지 않게 되었기 때문이다. 이처럼 소비자들은 시장에서 자신도 모르는 사이에 거대자본가에게 이용을 당하는 객체가 아니라 자기들 입맛에 맞는 선택을 하는 자율적인 주체로서 존재한다. 과거에 많은 인문학자들이 세상을 음모론적으로 바라보고 이분법적으로 해석하면서 사람들을 선동했기 때문에 곳곳에서 사회주의 혁명이 일어나고 결국 수십 년 동안 전 세계 인구의 3분의 1 이상이 이른바 '사회주의 실험'의 역사적 피해자가 되어 지독한 가난과 폭정 속에서 고통을 받았다.

　시장경제 체제에서는 좌파들이 주장하는 것처럼 '자본가=주인, 비자본가=노예'의 구도가 성립될 수 없다. 자본가가 아니라 소비자가 주인이기 때문이다. 따라서 우리 모두 주인이 될 수 있는 가장 공정한 거래방식이 시장경제에서 발생한다고 볼 수 있다. 또한 소비와 생산의 관계는 고정불변의 것이 아닌 변화무쌍한 것이다. 누구나 생산자이면서 동시에 소비자라는 말이다. 시장경제는 자신이 아니라 타인이 원하는 것을 제공했을 때 부를 획득할 수 있으므로 가장 이타적이고 정의로운 거래방식이기도 하다. 애덤 스미스가 얘기했듯이, 자신의 이기심을 충족시키기 위해 이타적인 행위를 해야만 부를 획득할 수 있는 것이다.

자본주의는 자본가 및 권력자들이 체제 유지를 위해 만들어낸 사회구조가 우리에게 끊임없이 특정 가치관을 주입시켜서 인위적으로 유지되는 것이 아니다. 반대로 자본주의는 인간의 본성이자 자연상태 그 자체이며, 원래는 그런 시장경제의 거래방식과 질서가 너무나도 자연스럽고 당연한 것으로 인식되었기에 자본주의라는 단어조차 없었다.

자본주의(capitalism)라는 단어는 과거 유럽의 사회주의 혁명세력이 체제를 비판하고 시스템을 전복하기 위하여 만들어낸 단어일 뿐이다. 사유재산과 부의 축적에 대한 욕망, 자원이 한정된 상황에서 타인보다 많은 것을 누리고자 하는 경쟁심, 경쟁보다 협동이 유리할 때는 협동을 선택하는 집단주의적 행동 등은 누가 강요해서 하는 것이 아니라 가장 인간적이고 자연스러운 행태인 것이다. 노무현은 자본주의 사회에서 우리가 인간보다 돈이 먼저인 삶을 살고 있다고 비판하는데, 나는 시장경제 안에서 우리는 이미 인간중심의 사회를 이루었다고 생각한다.

20세기만 보더라도 자본주의의 발전이 견인한 각종 혁신과 발명, 대량생산, 글로벌유통 등으로 인해서 전 세계적으로 중산층이 양산되고 빈곤퇴치가 진행되었다. 우리의 삶은 물질적으로 너무 풍요로워지고 윤택하며 편리해졌다. 인간답고 행복하게 살려면 우선 먹고 사는 문제가 해결되어야 한다. 먹고 살 권리, 생존권보다 중요한 인권이 어디에 있겠는가.

　우리나라도 과거 보릿고개 시절의 지독한 가난을 박정희 대통령의 평생소원이었다는 "우리도 남들과 같이 잘 살아보자"는 강력한 신념과 자본주의적 산업화 정책으로 극복할 수 있었고, 정치적·사회적 민주화는 그 다음에서야 진행될 수 있었다. 우리는 모두 대한민국의 자유민주주의와 시장경제 체제가 보장하는 각종 혜택과 풍요로움에 감사하며 타인의 강요가 아닌 자신의 판단에 의거한 선택을 하고 그에 따른 책임을 지면서 살아가는 자랑스러운 자기 인생의 주인이다.

북한의
변호인
노무현

제 4 부
노무현-김정일 남북정상회담에서의
핵심 발언들에서 드러난 노무현의 정체

이 해 성

제1장 두 차례의
남북정상회담 대화록

● 1차 회의

(1)

● 노무현 : 그동안 국내외에서 속도 조절을 요구하는 목소리가 있
   었지만 우리 정부는 그 점에 대해서는 단호하게 거부하고 속도
   를 높여서 신뢰구축을 위해 노력해 왔습니다. 그동안 해외를 다
   니면서 50회 넘는 정상회담을 했습니다만 그동안 외국 정상들
   의 북측에 대한 얘기가 나왔을 때, 나는 북측의 대변인 노릇 또
   는 변호인 노릇을 했고 때로는 얼굴을 붉혔던 일도 있습니다.

(2)

● 노무현 : 통일 이전에 한반도에 평화가 공고하게 정착되는 것이
   시급하고 중요하다고 생각합니다. 평화의 토대 위에서 교류협력
   을 통해서 신뢰를 쌓아가다가 보면 통일은 점차적으로 저절로
   오게 되는 것이라고 생각합니다. 확고한 평화의 토대 위에서 통

일을 이룬다는 것이 우리의 입장이며, 통일을 위해서 평화를 희생시키지 않는 것이 원칙이 되어야 된다고 생각합니다.

남북 주도하에 통일지향적인 평화체제를 구축하는 것이 급선무이며 이를 위해서 북미 관계 정상화와 남북 군사적 신뢰구축을 통한 냉전체제 종식과 핵문제 해결이라는 두 가지 큰일을 해야 할 것입니다. 현재 핵문제는 관련 각 측의 노력으로 해결의 방향을 잡았으며, 이는 김 위원장께서 각별한 관심을 갖고 지도력을 발휘해 주신 결과라고 생각합니다. 전쟁이 종식되지 않은 상태에서 55년간 지속되는 현 상황은 청산되어야 하며 이런 면에서 북미 관계가 정상화되어야 할 것입니다. 나는 김 위원장께서 북미 관계 개선을 위한 문만 열어놓는다면 미국이 이에 상응한 관계개선 조치를 속도를 내서 취하도록 계속 재촉할 것입니다. 나는 이번 정상회담에서 김 위원장과 함께 우리 민족의 장래를 위해 남과 북이 주도해서 평화체제 협상을 시작하기로 했다는 것을 전 세계에 공표하게 될 수 있으면 좋겠습니다.

(3)

● 노무현 : 통일문제는 6·15공동선언을 통해서 정리가 잘 되었다고 봅니다. 서로의 통일 방안에 공통성이 있다고 인정하는 바탕 위에서 우선 평화를 정착시키고 점진적 단계적으로 통일을 추진해 나가는 것이 바람직하다고 봅니다. 또한 그것이 현실적인 접근이라고 생각합니다. 앞서 언급한 한반도 평화, 남북경제공동체 건설, 남북화해의 세 분야에서 진전을 이루고 남북 정상이 자

주 만나다 보면 결국 통일의 길로 가게 될 것이라고 생각합니다.

(4)

● 김정일 : 평화보장 문제입니다. 평화보장 문제는 북남관계를 전진시키고 통일을 실현시키는 데 점차적으로 나서는 문제라고 보고 아주 대통령께서도 좋은 말씀하셨다고 생각합니다. 나의 견해는 무엇보다도 북남 사이의 군사적 적대관계를 해소하는 것이 더 중요하다고 생각합니다. 지금 북남 간의 평화보장 문제에서는 기본, 그것도 빈 구호가 되지 말고 실천적인 문제에서 평화가 보장되자고 하면은, 군사적 적대관계가 해소되지 않고서는 해결될 수가 없다고 생각합니다. 북남 사이의 군사적 적대관계를 해소한다는 것은 신뢰 조성하고 평화보장에 필수적인 선결조건으로 이렇게 딱 문제를 걸어놓고 문제를 봐야하는데…. 지금 모든 문제, 이때까지 지나간 5년 동안 보면 군사적 문제와 정치, 군사를 떠난 정치는 있을 수가 없는데, 지금 많은 문제가 군사적으로 신뢰가 조성되지 않고서는 이게 해결될 수가 없다고 생각합니다.

　그 다음에 그런 조건이 될 때 정전협정을 평화협정으로 완진히 바꾸는 게 어떻겠는가, 이렇게 생각합니다. 내 생각은 이번에 모처럼 마련된 수뇌회담에서 조금 희망을 주고, 적대관계를 완전히 종식시킬 데 대한 공동의 의지가 있다 보인다 하는 것을 하나 보여주자 하니까 서해 군사경계선 문제, 이 문제를 하나 던져놓을 수 있지 않은가, 난 이렇게 생각합니다.

우리 의견은 앞으로 국방장관급에서 논의되겠지만 내 생각 같아서는 군사 경계, 우리가 주장하는 군사경계선, 또 남측이 주장하는 북방한계선, 이것 사이에 있는 수역을 공동어로구역, 아니면 평화수역으로 설정하면 어떻겠는가. 이 문제만 해도 많이 완화되고 또 적대관계를 종식시키자는 공동의 의사가 나타났다 하는 걸 보여주는 것임. 그것 가지고 자꾸 쌈질하지 말고, 이걸 하자고 하는 조건에서 어떤 조건이 구비되어야 되겠다. 우리 군대는 지금까지 주장해온 군사경계선에서 남측의 북방한계선까지 물러선다. 물러선 조건에서 공동수역으로 한다. 공동수역 안에서 공동어로 한다.

이걸 이번 국방장관회담 때 내가 인민무력부장에게 바로 이 문제를 연구하고 토론하고 성사시켜 보라. 그렇지 않고는 군사적 적대관계 해소한다고 해서는 해결 안 된다. 그래서 일차적으로 제일 흔한 방법의 하나인데 북방한계선까지 우리가 철수하라. 이건 앞으로, 경계선 문제는 앞으로 해결해야 합니다. 법적으로. 어느 쪽의 기본 틀걸이에 맞추겠는가. 북방한계선이냐? 군사경계선이냐? 이 문제는 앞으로 해결한다 치고, 당장은 공동으로 관리하고 있는 수역 내에, 그 수역의 범위를 넓히자 하니까, 우리 북방한계선까지 군대는 해군은 물러서고 그 다음에 그 안에 공동어로구역 평화수역 이렇게 평화수역을 하면 인민들에게 희망을 주지 않겠는가.

1단계. 그건 앞으로 흥미 있건 없건 간에 의견으로서 안건으로 제기해 봐라, 남쪽에다가. 이렇게 내가 결론했었는데, 토론해 보라는 과업을 준 걸 오늘 노무현 대통령께서 오셨기 때문에 이야기했던 겁니다. 지금은 생억지 싸움이라고 생각합니다. 바다에 종이장 그려 논 지도와 같이 선도 북방한계선은 뭐고 군사경계선은 뭐고, 침범했다, 침범하지 않았다, 그저 물위에 무슨 흔적이 남습니까. 그저 생억지, 앙탈질 하는 게 체질화되다 보니까 50년 동안, 자기 주의주장만 강조하고, 그래서 내가 그랬습니다. 전번에 서해 사건 때도, 실제로 흔적 남은 게 뭐냐? 흔적 남은 게 뭐야? 흔적 남은 게 뭐 있는가? 대동강에 배 지나간 자리고, 한강에 배 지나간 자리밖에 없다. 배 지나간 자리도 일시(一時), 무사(無事), 일어나고 없다. 흔적이 없는데.

그래서 내가 자꾸 앙탈진다 생각하지 말고 공동수역 만들면 되지 않나, 앞으로 법 하는데 가서는 이론적으로 서로 역사적인 고찰로부터 시작해서 법률적으로 앞으로 해결하자, 쌍방이, 전쟁의 산물이니까, 좌우간 이건 앞으로 평화협정 체결할 때도 문제가, 안건이, 서야 할 거고, 앞으로 법률적으로 한계선을 통일의 견지에서 볼 때는 한계선도 좁히던가 넓히던가 이렇게 돼야지 유물로 남겨놓을 순 없다. 내가 이렇게 얘기했습니다.

당면하게는 쌍방이 앞으로 해결한다는 전제 하에 북방한계선과 우리 군사경계선 안에 있는 수역을 평화수역으로 선포한다. 그리고 공동어로 한다. 분배 몫은 어떻게 되든지 간에 공동어로, 군대가 그걸 보호해 준다. 그럼 분쟁점이 하나 가셔지지 않는가

하는 문제가…

● 노무현 : 예, 아주 나도 관심이 많은 …

(5)

● 노무현 : 세상에 자주적인 나라가 북측에 공화국밖에 없고… 나
머지는 다 덜 자주적인 나라가 되는 것입니다. 그런데 분명한 것
은 우리가 미국에 의지해 왔습니다. 그리고 진미국가입니다. 사
실… 객관적 사실입니다. 그것이 해방될 때… 그리고 분단정부
를 세우는 과정에서, 그리고 한국전이라는 과정을 거치면서, 이
렇게 역사적으로 형성되어 온 것이어서 남측의 어떤 정부도 하
루아침에 미국과 관계를 싹둑 끊고 북측이 하시는 것처럼 이런
수준의 자주를 하는 것은 불가능합니다.

(6)

● 노무현 : 주적 용어 없애버렸습니다. 그다음에… 균형외교라는
말을 우리 정부에서 와서 쓰고 있지 않습니까, 공공연하게 쓰고
있지 않습니까, 균형외교라는 말을 쓰고 있죠. 작전통수권 환수
하고 있지 않습니까… (중략)
　대한민국 수도 한복판에 외국군대가 있는 것은 나라 체면이
아니다. 보냈지 않았습니까. 보냈고. 나갑니다, 2011년이 되면…
그래서 자꾸 이제 너희들 뭐 하나 이렇게만 보지 마시구요. 점진
적으로 달라지고 있구나. 이렇게 보시면 달라지는 것입니다.…
(중략)…

작계 5029라는 것을 미측이 만들어 가지고 우리에게 가는데, 그거 지금 못한다. 이렇게 해서 없애버리지 않았습니까. 그래서 개념계획이란 수준으로 타협을 해 가지고 있는데, 이제 그거 없어진 겁니다. 그렇게 없어지고 우리는 전쟁 사실 자체를, 전쟁 상황 자체를 동의하지 않기 때문에, 그건 뭐 갈 수 없습니다. 그리고 2012년이 되면 작전통제권을 우리가 단독으로 행사하게 됩니다.…(중략)

그래서 이것은 뭐 내가 결의가 단호해서 그렇거나 훌륭해서 그런 것이 아니고 이것이 남쪽의 국민들의 보편적 정서로서 가고 있다는 것이죠… 그래서 이제 이 가는 기운을 강력하게 굳혀 나가는 것, 우리 국민들 사이에서 그 흐름을 돌이킬 수 없는 것으로 굳혀 나가는 것은 남북관계에 성과 있는 진전이 있어야 된다는 것이죠.

(7)

● 노무현 : 서해 군사분계선의 문제, 있습니다. 이 문제는 위원장하고 나하고 관계에서 좀 더 깊이 있는 논의를 해야 됩니다. 우리 남측 군인들 내보내놨더니요, 갔다 와서 그렇게 하지 말고, 지금은 아닙니다만, 지금은 우리도 여러 가지 있습니다. NLL 타협해라? 대선국면이 아니었거든요, 그 당시는? 대선 국면이 아니고. NLL 문제 의제로 넣어라, 넣어서 타협해야 될 것 아니냐, 그것이 국제법적인 근거도 없고 논리적 근거도 분명치 않은 것인데, 그러나 현실로서 강력한 힘을 가지고 있습니다. 북측 인민으로서도 아마 자존심이 걸릴 것이고, 남측에서는 이걸 영토라

고 주장하는 사람들이 있습니다. 이 혼동이라는 것을 풀어가면서 풀어야 되는 것인데, 이 풀자는 의지를 군사회담 넣어놓으니까 싸움질만 하고요. 풀자는 의지를, 두 가지…의지가 부족하고 자기들 안보만 생각했지 풀자는 의지가 부족하고. 뭐 아무리 설명을 해도 자꾸 딴소리를 하는 겁니다. 그거 안 됩니다 하고…. 그 다음에 이런 여러 가지 의원장께서 제기하신 서해 공동어로 평화의 바다… 내가 봐도 숨통이 막히는데 그거 남쪽에다 그냥 확 해서 해결해 버리면 좋겠는데…

(8)

● 노무현 : 6자회담에 관해서 여러 가지 이야기를 하는데, 조금 전에 보고를 그렇게 상세하게 보고하게 해주셔서 감사합니다. 남측에서 이번에 가서 핵문제 확실하게 이야기하고 와라… 주문이 많죠. 근데 그것은 나는 되도록 가서 판 깨고…, 판 깨지기를 바라는 사람들의 주장 아니겠습니까. 그런데 많은 국민들이 또 그게 중요하다고 그래요. 중요한 일입니다. 중요한 일인데, 그러나 문제는 6자회담에서 이미 풀려가고 있고 그 틀이 근본적인 문제 해결이 가능한 틀이기 때문에 거기서 풀자…, 그런 것들을 내가 계속 주장해 왔고…, 했습니다. 했는데, 우리 국민들에게 안심시키기 위해서 핵문제는 이렇게 풀어간다는 수준의 그런 확인을 한 번 해주시면 더욱 고맙겠습니다. 안 그러면 가 가지고… 인제 뭐 내가 해명을 많이 해야되죠. 한 줄 들어 있으면은 가서 뭐 이렇게 간다… 이렇게 될 것 같구요.

(9)

● 노무현 : 그래서 그런 점에 있어서 오늘 무슨 결론을 내고 선언에 들어가지 않더라도 위원장하고 나하고 사이에 경제문제가 어떻게 풀려 나가야 되는지에 대해서 서로간의 의견을…. 위원장께서 갖고 있는 한계를 분명하게 모르고 우린 우리끼리 막 그림을 그야말로, 허황된 그림을 많이 그렸습니다.

　그러나 남측에서 볼 때 이 그림은 허황된 것이 아니고 정말 이게 돈 되는 것인데, 앞으로 우리가 일류국가로 가자면 이거 해야 되는 것인데, 라는 생각을 갖고 있기 때문에 또 이 설명을 충분히 한번 드리고…. 또 우리도 위원장의 한계가 뭐라는 것을 분명하게 가져가면 또 그 아래서 우리가 계획을 다시 만들어서 또 제안을 드리고 해야 되지 않겠습니까… 그렇게 또 좀 하는 것이 좋겠다고 생각합니다.

(10)

● 노무현 : 이 점은 나도 아프게 생각합니다. 남쪽 사람들이 개성공단을 가지고 이것이 개방의 미끼인 것처럼 자연히 뭐 개성공단처럼 하면은 북측이 개방하고 개혁할 것이라고 이렇게 얘기하고 있는데 대해서는 나도 미안하게 생각합니다. 이건 뭐 여러 가지 생각이 있으니까 이야기를 하는 것인데 나는 그런 견해에 대해서는 찬성하지 않습니다. 그것이 아니고 진정한 의미에서 말하자면 경제 확산, 기술 확산 이거 해야 되는 것인데, 특구를 얘기하는 것은 공화국 전체의 법 체제를 한국기업이 기업 활동을 할 수 있게 바꾼다는 것은 너무 어렵습니다. 신의주도 좋습니다.

신의주라도 그건 뭐…, 좋고 나진 선봉 다 좋습니다.…(중략)

문제는 이게 서로 거래 방법, 기업운영 방법이 너무 다르기 때문에 지금 이대로 특구가 아니고는 투자할 기업이 없다는 것입니다. 우리 지금 전체 투자 중에 92년… 93년부터 투자가 시작됐고… 94년부터 투자가 시작됐지만은 다 거의 실패하고요. 성공한 것은 개성공단, 금강산 두 군데 뿐입니다. 지금 남측의 대북투자의 80%가 전부 특구 투자이고요, 그 건수로는 80% 정도이고, 금액으로는 88%가 특구입니다.…(중략)

이런 문제를 고려해서 우리가 특구를 말씀드린 것이지 특구를 가지고 장난치자고 하는 생각은 절대 아니다. 그런 점에 대해서 그렇게 말씀을 일단 드리고요… (중략)

의원장님께서 혁명적 결단을 하셔야 됩니다. 특구를 하시든 특구 이외의 것을 하시든지요, 우리도 바라건대 혁명적 결단을 하셔야 합니다.

(11)

● 노무현 : 그래서 나는 지난 5년 동안 내내 북핵문제를 둘러싼 북측의 6자회담에서의 입장을 가지고 미국과 싸워 왔고, 국제무대에 나가서 북측 입장을 변호해 왔습니다. 그러나 실질적으로 내가 행동하면서, 미국하고 딱 끊고 당신 잘못했다고 하지 못한 것은 미국이 회담장을 박차고 떠나면, 북측도 좋은 일이 아니겠지만, 우리 남측으로 봐서도 좋지 않습니다. 남측은 평화가 흔들린다고 하면 주가가 땅에 떨어집니다. 해외에서 빌려오는 돈의 이자가 올라갑니다. 우리는 의원장하고 김대중 대통령하고 6·15

때 악수 한 번 했는데, 그게 우리 남쪽 경제에 수 조원, 수 십 조원 번 거 거든요. 어제 사진도, 어제 내가 분계선을 넘어선 사진으로 남측이 아마 수 조원 벌었습니다. 뭐 장기적으로, 상징적으로 그런 것입니다. 그래서 6자회담 깨지면 안 되니까 미국 붙들고 같이 가야, 북측도 못 나가게 해야, 그래서 6자회담 가면 아마 북측하고 가장 긴밀하게 얘기하는 쪽이 우리가 아니었을까 그렇게 생각합니다.

(12)

● 노무현 : 말씀 드릴게 더 남았습니다. 아니면 위원장 말씀 그냥 한 시간 두 시간 듣는 것만이라도, 들어야 하니까요. 연일 줄여서 말씀하시니까….

● 김정일 : 양건 동무한테 얘기 들었는데, 우리 상임위원장이 너무 오래 설명했다고 그러더군요.

● 노무현 : 위원장 질문이나 말씀을 안 하시면, 내가 이것저것 질문하고 싶은 것도 많으니까요. 오후 시간이나 잡아 주십시오.

● 김정일 : 오후에 일정이 괜찮겠어요?

● 김만복 : 아리랑 공연과 만찬 행사는 예정대로 진행을 하고, 그 이전 행사는 우리가 유연성을 가지겠습니다. 그래서 두 분 성상이 이렇게 좋은 얘기를 하고 계시는데 좀 더…

● 김정일 : 뭘 더 얘기하지요? 기본적 이야기는 다 되지 않았어요?

● 노무현 : 올라올 때 오전에 확대 정상회담, 단독 정상회담 그렇게 알고 올라 왔거든요. 아침에 얘기 다 했으니까 오후에 보지 말고 가라 이러면요…

- 김정일 : 아직 보실 게 많잖아요. 아까도 말씀한 거…
- 노무현 : 오후에 만남이 없으면요…
- 김정일 : 정례회담이라고 하는 거, 내가 스쳐 지나갈 수 있기 때문에 얘기하는데, 양 국가가 아닌 이상에는, 한 민족끼리니까 정례, 정례 합시다, 이런 것은 내가 꼭 아버지 집에 설날, 음력설에 찾아가는 거는 도덕이죠. 간다, 가야 된다, 딱 밝힐 필요 없죠.
- 노무현 : 수시로 보자고만 해주십시오.
- 김정일 : 수시로? 문제가 있으면, 그저 상호 일이 있으면, 호상 방문하는 거고…
- 노무현 : 일이 있으면…, 일 없으면 볼 일 없다, 이렇게 느껴지니까, 그러지 마시고…
- 김정일 : 그 대신에 격식과 모든 것 다…
- 노무현 : 좋습니다.
- 김정일 : 그저 우리 중국 사람들 보고 얘기합니다. 당신네하고 밤낮 외교하라 그러는데, 옆집에 국경을 가지고 있으니까 친척 집에 다니는 것처럼 하는 거지, 뭐 하러 밤낮 외교 보자기를 씌워 가지고 사람이 할 말도 자연스럽게 할 수 없게끔 만드는가. 딱딱하게 공식적인 말만 하게…. 그렇게 하지 말자. 내가 니네 집에 가는데 뭐 전보 하나면 되죠. 삼촌네 집에 갈 때도 급하게 가면…
- 노무현 : 예. 좋습니다. 동의하겠습니다. 격식과 형식과 절차에 구애 되지 아니하고 수시 만나 민족대사를 우리가 서로…
- 김정일 : 수시로 협의한다. 정례화라고 하면 우리 사람 다 이해 안 됩니다.

● 노무현 : 남측 방문은 언제 해 주실랍니까?

● 김정일 : 그건 원래 김대중 대통령하고 얘기했는데 앞으로 가는 경우에는 김영남 의원장이 수반으로 갈 수 있다, 군사적 문제가 이야기될 때는 내가 갈 수도 있다, 그렇게 이야기가 돼 있습니다.

● 노무현 : 아, 그렇게… 우리는 전부 김정일 의원장께서 방문하시기로 약속한 것으로, 우리 국민들은 전부 그렇게 알고 기다리고 있습니다.

● 김정일 : 미사일 문제요, 핵문제요, 지금 가자고 해도 전 세계가 놀래서 와락와락 할 때 내가 뭐 하러 가겠어요. 그래서…

● 노무현 : 그래서 재촉을 안했습니다.

● 김정일 : 그래서 정세가 있고, 분위기가 있고, 또 남측도 정서가 있는 것인데, 지금 한나라 사람들이랑 너무 그렇게 나오는데, 우리가 뭐 하러… 호박 쓰고 어디 들어간다는 말이 있는데, 지금 그렇게 하려고 하겠습니까?

● 노무현 : 남측은 데모가 너무 자유로운 나라라서 모시기도 그렇게… 우리도 좀 어려움이 있습니다.

● 김정일 : 앞으로 모든 게 정상적으로 좋게 발전돼 나가면, 앞으로 못갈 조건이 없지 않습니까. 앞으로 또 정세와…

● 노무현 : 오실 수 있으면 좋겠습니다.

● 김정일 : 남쪽 사람들의 정서도 보아야 합니다. 정서를 봐야 되겠고…

(13)

● 김정일 : 베이징 올림픽도 남측에서 요구한다고 하는데, 그 기차

선 이용해서… 시간이 비행기로 가는 것보다 늦지요?

- 이재정 : 그러나 의미로는 아마 대단히 큽니다.

- 김정일 : 의미는 무슨, 인기나 끌어서 뭐하게…

- 이재정 : 아닙니다. 남북이 함께 응원하기 위해서 같은 기차를 타고 간다는 데 대단히 큰 의미가 있고, 위원장님의 결단에 따라서는 세계에 평화의 의지를 보여줄 수 있는 아주 절대적인 기회라고 생각합니다.

- 김정일 : 그것도 이번에 두 정상이 합의했다 하지요 뭐. 응원단은 그 기차를 한번 써 봐라 하지요.

- 이재정 : 아주 좋은 말씀입니다.

- 노무현 : 예, 아주 좋습니다. 그것이 북측의 이미지가 아주 좋아집니다. 공동, 이거, 하면 사람들이 북측에 대해서 관심을 가지고 투자라든지, 어쨌든 국제적인 모든 관계에서 응대하는 것이 달라지는 것이죠.

- 김정일 : 응원단은 가는 것만 상징적으로 한 번 하고, 돌아갈 땐 비행기로 돌아오라 하지요. 그래야 되지 뭐…

- 김양건 : 예, 상징적으로 갈 때 그저…

   ………

   (중략)

   ………

- 김정일 : (김양건에게) 좀 쉬고 이야기할까?

- 노무현 : 북측이 골재 얘기가 나오고, 조금 전에 NLL 말씀하셨으니까…

- 김정일 : 한 15분 휴식하고 마저 이야기하지 않겠습니까?

- 노무현 : 지금 15분 쉬면 12신데…

- 이재정 : 오후에 시간 좀 주시죠.

- 노무현 : 그리고 우리 국민들도 두 번, 세 번, 네 번, 만나고 오라고 나한테 짐을 지워 보냈는데, 한 번 만나고 가면 노무현 쫓겨왔다고 쓸 텐데, 위원장께서 날 그렇게 할 겁니까?

- 김정일 : 요새 기자들은, 특히 남측 기자와 일본 기자들은 아주 영리스럽고, 시류에 민감하고, 취재활동에서는 정말 만민을 쥐었다 났다 할 수 있는데, 최근에는 이제 기자가 아니고 작가입니다. 기자들이 모든 이야기를 다 꾸며내고, 저 사람들 보면 지금 기사야 작품이야 하고 내가 그러고 마는데요. 허위…

- 노무현 : 북측 기자들은 그런 기자들 없죠?

- 김정일 : 우린 사실대로 그저… 좋으면 좋고, 나쁘다면 나쁘고. 거기서는 자꾸… 돈벌이 하느라고…

- 노무현 : 오후 시간 내주시는 게 그렇게 어려우시면 나도 내려갈랍니다.

- 김정일 : 그럼 앞으로 자주 만나자고 했으니까, 자주 안건이 생기면 오시면 되지 않습니까.

- 노무현 : 자주는 다음 일이고, 이번 걸음에 차비를 뽑아 가야지요, 무슨 말씀입니까. 그리고 실제로요, 서해 문제는 깊이 말씀드리고 싶습니다. 위원장님 말씀도 듣고요.

- 김정일 : '서해 문제도 군사회담에서 꼭 상정되고 긍정적으로 해결하도록 했다' 이렇게 하면 되지 않겠습니까.

- 김양건 : 아무래도 군사 분야는 군 사이에 많이 논의되어야 하니까…

- 김정일 : 남측의 서해 문제에 대한 실질적인 요구는 무엇입니까?

- 노무현 : 남측의 요구라기보다는, 나는 그 부분이 우발적 충돌의 위험이 남아 있는 마지막 지역이기 때문에 거기에 뭔가 문제를 풀어야 된다고 생각합니다. 그런데 NLL이라는 것이 이상하게 생겨 가지고, 무슨 괴물처럼 함부로 못 건드리는 물건이 돼 있거든요. 그래서 거기에 대해 말하자면, 서해 평화지대를 만들어서 공동어로로도 하고, 한강하구에 공동개발도 하고, 나아가서는 인천, 해주 전체를 엮어서 공동경제구역도 만들어서 통항도 맘대로 하게 하고, 그렇게 되면 그 통항을 위해서 말하자면 그림을 새로 그려야 하거든요. 여기는 자유통항구역이고, 여기는 공동어로구역이고, 그럼 거기에는 군대를 못 들어가게 하고, 양측이 경찰이 관리를 하는 평화지대를 하나 만드는, 그런 개념들을 설정하는 것이 가장 시급한 문제이지요… (중략)

- 김정일 : 2시 반 시작해서 4시 끝나면…(김양건 부장에게) 내 회의도 저녁시간으로 다 돌려라. 오늘 외무성 사람들 몽땅 모여서 방향을 얘기하려는데… 노 대통령님의 끈질긴 제의에 내가 양보해서 2시 반에 하는 걸로…

- 노무현 : 얘기할 거리가 많아서 그렇습니다.

- 김정일 : 그리고 보도진에다 얘기하십시오. 토의문제가 대단히 많고 심도 있는 말들이 많이… 우리도 작가 노릇 해봅시다. 그래서 오후에 더 한다, 그렇게 합시다.

● 제2차 회의

(14)

● 노무현 : 충분히 말씀 나눌 수 있는 기회가 있으면 좋겠습니다. 내가 먼저 말씀드릴까요, 뭐 제일 큰 문제가 미국입니다. 나도 역사적으로 제국주의 역사가 사실 세계, 세계 인민들에게 반성도 하지 않았고 오늘날도 패권적 야망을 여실히 드러내고 있다는 인식을 가지고 있습니다. 그리고 그 점에 관해서 마음으로 못마땅하게 생각하고 저항감도 가지고 있고 새로운 기회가 필요하다는 인식도 가지고 있습니다. 객관적으로 나는 이렇게 생각해봅니다. 미국이 군사력을 가지고 개입하고 시장에 대한 규제를 가지고 정치적 위력을 행사한다. 말하자면 미운 나라에 대해서는 경제제재를 한다든지 미국의 국내법만 가지고도 상당한 위력을 가지고 있습니다. 그리고 이제 다음에는 과학기술의 일종인 기술적인 것인데, 이것을 가지고 정치적으로 이용하고 있습니다.…(중략)

물론 그러나 개별기업들이 아직까지 국내법을 가지고 상당히 두려워하고 있는 것은 사실입니다. 하지만 전체적으로 상황이 변해가고 있고, 이러한 상황을 이용해서 한민족이 슬기롭게 서로 단결하고 또 자주의 문제도 시간을 갖고 서서히 풀어갈 수 있지 않은가 그러한 믿음을 갖고 있습니다. 우리 남측국민들에게 여론조사를 해봤는데, 제일 미운나라가 어디냐고 했을 때 그 중에 미국이 상당 숫자 나옵니다. 동북아시아에서 앞으로 평화를 해롭게 할 국가가 어디냐, 평화를 깰 수 있는 국가가 어디냐 했

을 때 미국이 일번으로 나오고, 제일 많이 나오고, 많은 사람들
이 미국을 지목하고, 그 다음은 일본을 지목하고, 다음은 북측을
지목했습니다. 남측에서는 이 변화라는 것도 10년 전만 해도 상
상할 수 없었던 인식의 변화를 가져오고 있습니다. 이러한 것이
우리민족이 자주적으로 문제를 풀어나갈 수 있는 환경의 변화라
고 생각합니다.

(15)

- 노무현 : 평화의 문제는 나중에 얘기할 기회가 있으리라고 생각
  됩니다만, 경제문제는 나는 참 중요한 문제라고 생각합니다. 지
  금 일본이 거의 공개적으로 100억 달러로서 북·일 관계에 있어
  서 과거사를 정리하겠다는 생각을 직간접적으로 비춰서 많은 사
  람들이 북·일관계가 정상화되었을 때 얼마, 얼마 이런 얘기를
  하고 있습니다. 그런데 실제로 100억 달러면 10조가 안 되는 돈
  입니다.

  내년도 남북협력기금 예산을 1조 3천억 원을 생각하고 있습
  니다. 내년에 세수가 199조 원입니다. 세수의 1%이면 19조 원이
  니까 2조 정도 되는 돈입니다. 경제가 성장하고 물가가 오르고
  있기 때문에 금액으로만 따지면 일본이 얘기하는 100억 불이라
  는 돈은 5년 안이라도 마련할 수 있고, 그것을 어떻게 쓰느냐는
  문제는 쌍방이 협상을 해야 하지 않겠습니까. 이것에 대한 국민
  적 동의를 확보하는 과정이 오늘 김 위원장과의 대화입니다. 그
  다음에 돈 얘기를 해서 죄송합니다.

베트남과 중국에 우리가 투자를 하고 있는데 연간 약 20조 가까운 돈을 투자하고 있습니다. 남측 경제를 위한 것입니다. 잘 살자고 하는 것이니까. 그런데 남측 기업하는 사람들 중에서 중소기업 하는 사람 모두가 아깝게 생각합니다. 왜 우리가 이것을 중국에 투자하는가, 베트남에 왜 투자해야 하는가. 먼저 북측에 투자하고, 그 다음에 남으면 중국, 베트남을 가야지, 하는 이런 마음을 가지고 있는데, 그런데 현실은 거꾸로 가고 있다는 것입니다. 중국에 투자하고 베트남에 투자하는 10분의 1만 가지고도 200억 달러를 연간 투자할 수 있는데….

그런 문제뿐만 아니라 공기업들이 남측에서 도로를 닦고 있는데, 도로공사에서 도로를 닦습니다. 도로공사가 닦을 만큼 닦아서 해외로 나갑니다. 알제리, 아제르바이잔에 나가고 토지공사도 마찬가지로 알제리, 아제르바이잔에 나가고 있는데, 사람들은 그 사업을, 말하자면 모두 정부 지원만으로 하는 것이 아니고 자기들이 기채(起債)를 합니다. 국내에서도 기채를 하고 국제시장에서도 기채를 합니다. 투자하고 투자한 수익으로 이제 갚아 나가는데….

정부가 당장 국민의 세금으로 대북 협력자금을 조성, 1년 만에 못한다고 할지라도 공기업이 일을 하게 하고, 공기업이 부담하는 이자와 실제 생기는 이자 사이에 발생하는 차액 같은 것을 정부가 뒷받침하면서 그렇게 해서 투자를, 민간투자를, 땡겨 가지고 정부가 주도해서 집행하는 방법도 있습니다. 남측에서 주택, 임대주택 건설에 이 방법을 쓰고 있습니다. 민자(民資)를 동원해서 집을 지어서, 임대를 놓고, 그 임대료를 갚는데, 그것이

금리장사보다는 못하니까 그 차액을 정부가 보전해 주는 방식으로…. 이렇게 해서 앞으로 10년간 들어갈 돈을 초기에 땡겨 가지고 쓰고 10년, 15년짜리도 있고 20년짜리도 있습니다.

(16)

● 노무현 : 우리가 특구를 이야기하는 것이 북측을 개혁개방으로 끌어내기 위한 하나의… (청취불가)…으로서 그렇게 말씀드리는 것이 결코 아닙니다. 오전에도 말씀드렸습니다만, 합자법(合資法)과 합영법(合營法)에 근거한 경제협력이 너무 어렵고 성공이 되질 않아서, 그래서 성공이 안 되는 데 반해 특구에서는 빠른 속도로 투자가 이루어지고 있습니다. 지금은 개성공단에서 아무것도 안 나오고 있지만, 조금 가면 지금 인제 1단계 1차분 사업에서는 여러 종류의 기업이 참여하고 상당히 높은 수준의 기술 인력을 가지고 있는 기업이 들어오면 어떤 기업이든 협력업체가 생기고, 납품 하청 이런 거래들이 생기고, 여기서 지금 이미 개성공단의 26개 시범사업 중에서도 공장장을 북측 사람이 맡아야 할 경우가 있습니다.

기술력이 확보되면 곧 이 사람들이 여기서 월급 받고 있는 것보다는 나가서, 개성시내에 가서 공단 밖에서, 공단 안에서도 할 수도 있고, 시내 가서도 할 수 있고, 곧 스스로의 기업들을 창업하게 되는 과정이 생기리라 생각합니다. 또는 같은 기업을 창업할 수도 있고, 또 거기에 납품하고 부속거래를 하는 이런 거래를 하는 기업들도 확산될 겁니다. 가장 중요한 것은 결국 기술 이전, 전수라는 것이죠. 연구소의 기술 수준은 북측의 기술 수준이 높다고 듣고 있습니다.

그러나 상업적 시장에서 상품을 만들어내는 것은 연구소 수준을 생산현장에 적응시키는 기술은 저희가 높습니다. 어쩔 수 없는 현실입니다. 근데 지금 개성공단의 일부 기업들은 이미 중국에서도 높은 수요를 내고 있습니다. 노동자들의 생산력이 보다 높단 말이죠. 불량률도 훨씬 낮구요. 아주 큰 가능성을 발견하고 있습니다. 그래서 개성공단이 아무것도 남는 것이 없는 게 아니라 지금 우리가 가고 있는 것이죠. 그 씨앗들이 뿌려지고 있잖습니까?

(17)

● 노무현 : 단지 그 오늘 내 점심 먹으면서 남측 수행원들 보고 우리가 말을 조심하자, 우리식으로 이런 말을 한 것이 사실 불신을 야기하고 오히려 우리에게 방해가 된다. 개혁개방을 유도하기 위해 온 것이 결코 아닙니다. 경제의 성과를 생각하는 것이죠.…

(중략)

우린 북측 체제를 존중하는 것이 약속일 뿐만 아니라, 도리일 뿐만 아니라, 우리에게 이익이 된다. 독일식의 급자스런 통일은 독일이 엄청난 비용을 부담했기 때문에 우리는 그런 능력도 없고 독일은 유럽을 주도하고 있는 국가이지만 우리는 그렇지도 않고…. 때문에 거기에 따른 비용과 혼란을 감당할 수 없고, 그럴 리도, 있을 리도 없겠지만, 어느 것이 이익이냐고 가정했을 때 우리는 북측이 굳건하게 체제를 유지하고 안정을 유지한 토대 위에서 경제적으로 발전하는 것이 우리에게 이익이라고 다들 생각하고 있습니다.

(18)

● 노무현 : NLL 문제가 남북문제에 있어서 나는 제일 큰 문제로 생각하고 있습니다. 지난번에 장관급 회담을 여느냐 안 여느냐 했을 때, 장성급회담을 열어서 서해 평화문제 얘기 진전이 안 되면 우리는 장관급 회담도 안 할란다, 이렇게 한 석도 있습니다. 서해에서 1차적으로 상호 교신하고 상호 알려주고 했는데, 이행은 좀 잘 안 되고 있지만, 문제는 인제 북측에서 NLL이란 본질적인 문제를 장성급회담에 들고 나온 것입니다. 다시 말해서 의제로 다뤄라 지시를 했는데, 반대를 합니다. 우선 회담에 나갈 장소부터 만들어야죠. 단호하게 다뤄라 했는데 그 뒤에 그러한 기회가 무시되고 말았지만….

이 문제에 대해서 나는 위원장하고 인식을 같이 하고 있습니다. NLL은 바꿔야 합니다. 그러나 이게 현실적으로 자세한 내용도 모르는 사람들이 민감하게, 시끄럽긴 되게 시끄러워요, 그래서 우리가 제안하고 싶은 것이 안보군사 지도 위에다가 평화 경제지도를 크게 위에다 덮어서 그려보자는 것입니다. 그래서 서해평화협력지대라는 큰 그림을 하나 그려놓고, 어로협력 공동으로 하고, 한강하구 공동개발하고, 또 자유로운 동산?, 특히 인제 대충 지역이 개발이 되면 해주를 비켜서라도 개성공단 연장선상에 계획이 서고…. 그리되면 그 길을 위한 통로, 통로를 좁게 만들 게 아니라 전체를 평화체제로 만들어 쌍방의 경찰들만이 관

제1장 두 차례의 남북정상회담 대화록 165

리하자는 겁니다.

- 김정일 : 그래서 그거는 그런데 조건이 하나 있는 거는, 군부에
서 내가 결심 하겠다 하니까 결심하시는 그 근거에는 담보가 하
나 있어야 한다. 뭐야 그러니까, 이승만 대통령 시대 51년도에
북방한계선 있지 않습니까? 그때 원래 선 긋는 38선 위주로 해
가지구, 그거 역사적 그건데, 그걸 다 양측이 포기하는, 정전협
정을 평화협정으로 하는 첫 단계 기초단계로서는 서해를 남측에
서 구상하는, 또 우리가 동조하는 경우에는, 제 일차적으로 서해
북방군사분계선 경계선을 쌍방이 다 포기하는 법률적인 이런 거
하면 해상에서는 군대는 다 철수하고 그 담에 경찰이 하자고 하
는 경찰순시…
- 노무현 : 평화협력체제, 앞으로 평화협력지대에 대한 구체적인
협의를 해야 합니다.
- 김정일 : 그거 해야 합니다.
- 노무현 : 그것이 기존의 모든 경계선이라든지 질서를 우선하는
것으로 그렇게 한번 정리할 수 있지 않는가 ….
- 김정일 : 해주 문제 같은 것은 그런 원칙에서 앞으로 협상하기로
했다. 앞으로 그런 문제는 군사를 포함해서, 평하지대를…
- 노무현 : 군사문제 이 모든 것들을 군사적 질서, 그렇죠. 평화…
- 김정일 : 그래서 내가 다시 한 번 지도를 봤는데, 그때 그 양반이
생각을 잘 했다고 생각합니다. 해주항에서 강령군 쪽으로 오게
되면 개성하고 연결되는 철교가 있습니다. 그 철길만 조금 손질
하면 그저 개성에서부터도 해주로 기차로 오고, 해주항에서 기

차로 개성으로 가고….

- 노무현 : 이것이 중요한 것이 평화문제와…

- 김정일 : 그 양반이 그걸 많이 생각했는데, 그때는 이런 법률적인 문제가 많이 구속받을 때니까, 그때는 그저 자꾸 결심해 달라, 결심해 달라, 부탁을 했는데, 지금 서해 문제가 복잡하게 제기되어 있는 이상에는 양측이 용단을 내려서 그 옛날 선들 다 포기한다. 평화지대를 선포, 선언한다. 그러고 해주까지 포함되고 서해까지 포함된, 육지는 제외하고, 육지는 내놓고, 이렇게 하게 되면 이건 우리 구상이고, 어디까지나 이걸 해당 관계부처들에서 연구하고 협상하기로 한다.

- 노무현 : 서해 평화협력지대를 설치하기로 하고, 그것을 가지고 평화 문제, 공동번영의 문제를 다 일거에 해결하기로 합의하고, 거기 필요한 실무 협의 계속해 나가면 내가 임기 동안에 NLL 문제는 다 치유가 됩니다.

- 김정일 : 그건…

- 노무현 : NLL보다 더 강력한 것입니다.

- 김정일 : 이걸로 결정된 게 아니라 구상이라서 가까운 시일 내 협의하기로 한다. 그러면 남쪽 사람들은 좋아할 것 같습니까?

- 노무현 : 그건 뭐 그런 평화협력지대가 만들어지면 그 부분은 다 좋아할 것입니다. 또 뭐 시끄러우면 우리가 설명해서 평화문제와 경제문제를 일거에 해결하는 포괄적 해결을 일괄 타결하는 포괄적 해결 방식인데, 얼마나 이게 좋은 것입니까? 나는 뭐 자신감을 갖습니다. 헌법 문제라고 자꾸 나오고 있는데 헌법 문제 절대 아닙니다. 얼마든지 내가 맞서 나갈 수 있습니다. 더 큰 비

전이 있는데, 큰 비전이 없으면 작은 시련을 못 이겨 내지만, 큰 비전을 가지고 하면 나갈 수 있습니다. 아주 내가 가장 핵심적으로, 가장 큰 목표로 삼았던 문제를 위원장께서 지금 승인해 주신 거죠.

● 김정일 : 평화지대로 하는 건 반대 없습니다. 난 반대없고…

● 노무현 : 평화협력지대로…

● 김정일 : 협력지대로, 평화협력지대로 하니까 서부지대인데, 서부지대는 바다 문제가 해결되지 않고서는 그건 해결되지 않습니다. 그래 바다 문제까지 포함해서 그카면 이제 실무적인 협상에 들어가서는 쌍방이 다 법을 포기한다. 과거에 정해져 있는 것, 그것은 그때 가서 할 문제이고, 그러나 이 구상적인 문제에 대해서는 이렇게 발표해도 되지 않겠습니까?

● 노무현 : 예 좋습니다.

(19)

● 노무현 : 특구로 보십시다. 그래서 전체를 서해 평화협력지대로 선포를 하고, 그 안에 한강하구 개발. 해주공단. 공단이라고 해도 좋고 특구라도 해도 좋고…, 다 좋습니다. 그 안에 공동어로 구역 만들고, 북쪽에 생태 평화공원까지 되면.

● 김정일 : 그건 아니… 정전협정 문제가 우선… 그게 풀어진 조건에서 평화협정을, 중간에 시범적으로 하고, 그렇게 되야지 지금은 아마…, 아직 그 전 단계로서 하면 좋지 않겠는가. 그래서 두 부장이 문서화 하십시오.

● 김만복 : 예, 알겠습니다.

- 김정일 : 남측의 반응은 어떻게 예상됩니까? 반대하는 사람들도 있지요?
- 노무현 : 없습니다. 서해 평화협력지대를 만든다는 데에서 아무도 (반대) 없습니다. 반대를 하면 하루아침에 인터넷에서 반대하는 사람은 바보 되는 겁니다. 실제로 뭐가 달라졌나 하면은, 이전하고 달라진 것이, 그때는 기업하는 사람들이 북측에 대해서, 반대에 앞장서 왔습니다. 이제는 기업하는 사람들이 북측과 같이 손잡고 가야 이 위기를 극복해 나갈 수 있다.…(중략)

  항상 남쪽에서도 군부가 뭘 자꾸 안 할라구 합니다. 이번에 군부가 개편이 돼서 사고방식이 달라지고, 평화협력에 대해 전향적인 태도를 갖고 있습니다만, 그러나 군부라는 것은 항상… 북측에서도 우리가 얘기 듣기로는 마찬가지 아닙니까?

(20)

- 이재정 : 대통령께서 이제 서해안 경제협력, 평화지대 이런 말씀을 쭉 해주셔서 좋은 제안으로 위원장께서도 받아 주셨는데, 우리가 개성공단 해 보니까요, 어려운 점이 딱 하나입니다. 중국의 심천지구가 특구로 성장했던 가장 중요한 이유는 통행의 자유…. 근데 여기 개성공단에는 실지로 통행의 자유가 없습니다. 거기 기업하는 사람들도 저녁 5시면 CIQ로 나와야 하고, 들어가려면 3일 전에 신청해야 되고, 그래서 제일 필요한 문제가 통행과 통신, 이 두 가지 문제가 해결되어야 개성공단이 경쟁력을 가지고 빨리 성장해 나갈 수 있습니다. 이렇게 돼야…, 여러 가지에 대한 기업인들의 기대가 있으리라 생각이 돼서…, 위원장께

서 이 두 가지 문제는 꼭 해결해 주시면….

- 노무현 : 말씀을 한 번 드리려고 했는데요. 총리급 회담을 말씀 하셨기 때문에 내가 그거, 말씀드리지 않았습니다.

- 김정일 : 개성공단 할 바에는 똑똑히 해주어야…. 국방위원회 원래 생각도 그렇고…. 민족경제협력위원회 거기서도 역시 통신이라든가 모든 게 개성지구가…, 단말이 돼야 합니다. 이게 북반부와 연결이 안 돼야…. 단말이 되는 것이 기술적으로 담보되면 개성지구 통행, 통신 개방시키고 활성화시켜 나가겠다. 저번에 시멘트도 부려 봤지요. 우리가 부려 봤습니다. 거기까지 기차가 마음대로 왔다 갔다 합니다. 실무적으로 토론할 필요도 없습니다.

(21)

- 노무현 : 의원장께 청을 하나 드리겠습니다. 내가 이제 뭐 임기 전에 또 올 일이 있으면 와야겠습니다만, 이제 다음 대통령 곧 뽑힐 것이니까 제대로 못할 것 같고…. 임기 마치고 난 다음에 의원장께 꼭 와서 뵙자는 소리는 못하겠습니다만, 평양 좀 자주 들락날락 할 수 있게 좀… 특별한 대접은 안 받아도… 해마다 10만 명씩 가는데, 우선 나부터 좀…

- 김정일 : 대통령께서 오시겠다고 하면 우리야 언제든지 문 열어 놓고 있고, 언제든지 침구는 항상 준비해 놓고 있겠습니다.

- 노무현 : 특별한 대접은 안 받아도…

- 김정일 : 대통령께서 시간 되시면 앞으로 금강산에도 아무 때나 오시고… 그리고 평양에도 아무 때나 오시고… (중략)… 김대중 대통령께서는 6·15선언, 큰 선언을 하나 만드시고 돌아가셨는

데… 이번 노 대통령께서는 실무적으로 선언보다, 선언도 중요하지만, 보다 해야 될 짐을 많이 지고 가는 것이 됐습니다.

- 노무현 : 내가 원하는 것은 시간을 늦추지 말자는 것이고, 또 다음 대통령이 누가 될지 모르니까 뒷걸음치지 않게 쐐기를 좀 박아 놓자…

- 김정일 : 잘 됐다고 생각합니다. 하여튼 오늘 만남이 대단히 유익하고 좋은 결실을 맺었다고 나는 이렇게 대만족하고 있습니다.

- 노무현 : 다음 여행권까지 따 놨으니까. … (모두 웃음)

- 김정일 : 여행권인데 하나 보충하겠습니다. 무료 여행권입니다.(모두 웃음) 미리 약속합시다. 감사합니다.

- 노무현 : 그리고 참…. 내가 말씀드리려고 한 것 중에 구체적으로 세세하게 말씀을 못 드렸습니다. 내가 받은 보고서인데 위원장께서 심심할 때 보시도록 드리고 가면 안 되겠습니까?

- 김양건 : 예, 저한테 주십시오.

- 이재정 : 위원장님 어떻게 좀 적당히 좋을 때 한번 이산가족 고향방문하도록 허락해 주시면 안 되겠습니까? 이산가족들이 참 아주 애달프게….

- 노무현 : 이제 다음에 합시다. 오늘은 보따리가 넘쳐서 안 돼요.(모두 웃음)

제2장 NLL을 포기한 노무현

수학에서 어떤 명제(命題)가 참이라는 것을 보일 때에는 매우 연역
적이고 논리적으로 증명한다. 그런데 증명을 해나가는 데 있어서 듣는
사람의 수학 실력에 따라서 증명의 길이가 길어질 수도 있고 매우 짧
아질 수도 있다. 수학적 기초가 부족하면 부족할수록 그 기본적인 배
경 지식을 설명을 해야 하기 때문에 당연히 증명이 길어질 수밖에 없
다. 반면에, 수학실력이 매우 뛰어나고 훈련이 잘 되어 있는 사람들이
라면 디테일을 생략하더라도 증명을 쉽게 해나갈 수 있을 것이다.

우리는 노무현이 실제로 NLL을 포기했다는 것을 논리적으로 자
세히 증명하려고 한다. 그 증명은 결코 짧을 수 없을 것이다. 전문을
읽을 의지가 없는 사람들과, 전문 혹은 핵심 부분을 읽어도 별로 관심
이 없고, 대한민국의 친북세력의 존재에 별 위협을 느끼지 않는 대한
민국 국민들이 매우 많기 때문이다. 그리고 이 대화록에 대해서 거짓
된 정보를 유포하는 친북세력들이 대한민국 곳곳에 만연해 있는 것이
현실이므로, 우리의 증명은 결코 짧지 않을 것이다. 그 누구도 반박하
지 못할 정도로 치밀하고 자세하게, 노무현이 NLL을 포기할 뿐 아니

라 더 나아가 서해바다 전체를 무력화시키려고 했다는 것을 증명하려
고 한다.

수학에서 나오는 정리(定理)를 사람들에게 이해시키기 위해서는
철저하고 엄밀한 증명을 사람들에게 보여주는 것도 중요하지만, 그것
보다 더 중요한 것은 사람들에게 그 정리가 왜 중요한 것인지 알리는
것이다. 그 다음으로 중요한 것은, 그 정리를 이해시키기 위해서 필요
한 기본적인 수학적 지식을 알리는 것이다. 대한민국의 보수 우파라
칭해지는 정치인들과 지식인들은 처참한 사실을 보여주는 2007남북
정상회담 대화록을 철저하고 엄밀하게 분석하지도 않았고, 이것이 왜
중요한 것인지 사람들에게 설명하지도 않았으며, 노무현과 친북세력
들의 기본 멘탈리티가 어떠한지 체계적으로 설명하려는 노력을 하지
않았다. 우리의 글이 그 시작이 되기를 간절히 소망할 뿐이다.

노무현·김정일의 2007 남북정상회담 대화록은 충격적이지 않은
부분을 찾기 힘들 정도이다. 그 대화록은 노무현으로 대표되는 친북세
력들의 참담한 역사관, 안보관, 정치관을 보여주고 있다. 특히 김정일
과 노무현은 NLL문제에 대해서 상당부분 얘기를 했는데, 핵심부분만
제대로 읽어봐도 노무현이 NLL을 포기하고 더 나아가 서해 전체의
해상 안보를 무력화시키려고 했던 확실한 정황을 파악할 수 있다. 그
러나 대부분의 한국인들은 이 문제에 대하여 첫째, 관심이 없고, 둘째,
이 문제의 심각성을 제대로 알리는 사람이 별로 없으며, 셋째, 친북세
력들이 언론과 정치권을 장악하여 국민들에게 거짓된 정보를 알려주
고 있는 것이 현실이다.

노무현과 김정일의 2007년 남북정상회담 대화록의 전문이 공개되었을 때에도 마찬가지였다. 전문을 한 번 정독을 해보면 노무현과 김정일의 남북정상회담이 매우 치욕적이고 굴욕적인 회담이었다는 것을 금방 알 수 있다. 너무도 명확한 부분이어서 세세한 설명이 필요 없는 것이다. 그러나 대다수의 한국인들은 이 대화록의 전문을 제대로 읽어보지 않았을 것이다. 이 충격적인 대화록의 전문이 공개되었을 때, 사실상 전문을 수록한 언론들은 그렇게 많지 않았다. 오히려 이 대화록이 공개가 되었음에도 불구하고 노무현을 옹호하는 친북세력들은 NLL포기라는 말은 거짓이며 정치적인 공세라고 역으로 비난을 했던 기억이 난다. 언론에서도 남북정상회담 대화록의 본질적이고 실체적인 진실을 보도하지 않았고, 그저 정치권에서 싸움하고 있는 모습을 중심으로 보도했다.

결국 국민들이 스스로 이 대화록 전문을 찾아봐서 무엇이 진실인지를 제대로 파악했어야 했다. 그러나 대다수의 국민들은 그렇게 하지 않았다. 대한민국에서 아마 스스로 전문을 찾아서 읽어볼 사람이라면 이 대화록의 진실을 알아내고 싶은 열망이 있었을 것이다. 그러나 전문을 읽은 사람들조차도(그 사람이 정말로 전문을 다 읽었는지, 아니면 독해력이 부족한지, 아니면 사상의 회로에 문제가 있는지는 모르겠지만) 남북정상회담 대화록에 아무런 문제의식을 느끼지 못하고, NLL포기는 없었다고 얘기하는 경우도 있다.

노무현이 대통령 임기 동안에 해 왔던 발언들과 남북정상회담 대화록의 전문만 봐도 노무현은 NLL을 충분히 포기하고도 남을 사람이었다는 것을 쉽게 알 수 있을 것이다. 그러나 대다수의 국민들은 이 문제에 대해서 관심이 없다. 대다수의 국민들은 NLL이 구체적으로 무엇인지, 역사적으로 어떻게 형성되었는지, 이것이 왜 중요한지에 대해서 관심이 없었다. 그렇기 때문에, 남북정상회담 대화록이 공개가 되었을 때에도 대다수의 국민들은 크게 관심을 갖지 않았다. 대다수의 국민들은 그저 정치인들의 정치 싸움이겠거니 생각하고 말았던 것 같다.

사실 정작 당황했던 것은 노무현을 지지하는 친노세력, 친북세력 정치인들이었을 것이다. 그들은 가급적 자신들의 친북적 발언을 매우 삼가는 편이고, 구체적으로 2007 남북정상회담에 대한 처참한 진실이 드러나는 것 자체가 매우 불편할 것이기 때문이다. 그러나 그들은 노무현의 남북정상회담 대화록을 정말 열심히 방어하는 논리(?)를 만들었고, 나름대로 최선을 다해서 방어했던 것 같다.

문제는 보수우파를 자처하는 정치권의 모습이었다. 전문으로 공개된 노무현과 김정일의 2007년 남북정상회담 대화록에 대해서 온 힘을 다해서 국민들에게 홍보하는 모습을 보여주지 않았다. 기껏해야 NLL을 포기했다는 것으로만 집중해서 몇몇 종편방송들에 나왔는데, 반대편 친북세력의 정치인·언론인들도 패널로 나와서 반박하는 구조였다.
물론 노무현을 옹호하는 친북세력들의 반박은 대부분 비논리적이고 사실에 근거하지 않았지만, NLL문제에 그렇게 별 관심이 없는 국민들의 입장에서는 나름의 반박인 것처럼 느껴졌을 것이다. 그렇게 노무현이 NLL과 서해바다 전체를 포기하고 무장해제 하려고 했던 정황들, 북한에 그 어떠한 변화도 촉구하지 않고 굴종적이고 굴욕적인 회담을 했던 정황들, 대한민국 헌법 정신에 위배되는 처참한 발언들에 대해서 언론과 정치권들은 국민들에게 제대로 알려주지 않았다. 그저 NLL을 포기했느냐 말았느냐의 소모적인 싸움에 주력했을 뿐이었다.

대한민국은 선거제도가 매우 발달되어 있다. 대통령과 국회의원, 각종 지방자치단체장, 시·구 의원 등을 선거로 선출한다. 그러나 대다수의 국민들은 정치에 관심이 없고, 정치인들도 이념에 기반하여 정책을 만들지도 않고, 국민 개개인들에게 진실을 알리려고도 하지 않는다. 그렇기 때문에 대한민국 국민들은 대북정책, 통일문제와 같은 국가 존립을 결정하는 문제에 대해서도 그저 정치인들의 논리라고만 생각한다. 이는 소위 보수 우파 정치권에서 그러한 경향이 심하게 나타난다.

소위 보수 우파라고 불리는 정치세력들이 국민들에게 대북정책과 국가안보, 통일문제에 대해서 국민들에게 충분히 설명하고 홍보하는 노력 자체가 별로 없었다. 남북정상회담 대화록도 마찬가지다. 그렇게 정치인들끼리 몇몇 TV, 종편 프로에 나와서 토론하면서 그저 노무현이 NLL을 포기했는지 안 했는지, 지극히 자명한 사실에 대해서 소모적인 논쟁만 했을 뿐이다.

우리는 그런 암담했던 상황을 생각하며 비록 늦었지만 지금이라도 우리들이 이 남북정상회담 대화록의 실체와, 스스로를 북한의 변호인, 대변인이라고 정의하면서 자행했던 굴욕적이고 처참한 남북정상회담의 진실을 파헤치고, NLL을 포기하고 더 나아가 대한민국의 서해안보를 무력화시키려 했음을 증명하려고 한다.

- 노무현 : NLL 문제 의제로 넣어라. 넣어서 타협해야 될 것 아니냐. 그것이 국제법적인 근거도 없고 논리적 근거도 분명치 않은 것인데 …. 그러나 현실로서 강력한 힘을 가지고 있습니다. 북측 인민으로서도 아마 자존심이 걸릴 것이고, 남측에서는 이걸 영토라고 주장하는 사람들이 있습니다. 이 혼동이라는 것을 풀어가면서 풀어야 되는 것인데, 이 풀자는 의지를 군사회담에 (의제로) 넣어놓으니까 싸움질만 하고요… 풀자는 의지를 … 두 가지 … 의지가 부족하고 자기들 안보만 생각했지 풀자는 의지가 부족하고. 뭐 아무리 설명을 해도 자꾸 딴소리를 하는 겁니다. 그거 안 됩니다 하고… 그 다음에 이런 여러 가지 위원장께서 제기하신 서해 공동어로 평화의 바다 …내가 봐도 숨통이 막히는데 그거 남쪽에다 그냥 확 해서 해결해버리면 좋겠는데…

정상적인 한국어 독해력을 가진 사람이 2007년 김정일·노무현의 남북정상회담 대화록을 읽었다면, 앞에서 제시한 대화록의 핵심적인 부분을 요약한 것만 읽었다면, 노무현이 NLL을 포기했다는 것을 쉽게 파악할 수 있다. 노무현이 직접 "NLL을 포기하겠다"라는 얘기가 없었으므로 포기한 것이 아니라고 생각한다면, 그 사람은 한국어 독해 능력이 심각하게 부족한 사람이라고 생각한다. 그런 사람이 없기를 바라지만(안타깝게도 한국에는 매우 많은 것 같다), 현재도 NLL이 그대로 지켜졌으므로 노무현이 NLL을 포기한 것이 아니라고 생각하는 사람이 있다면, 뭐라고 설득해야 할지 모르겠다. 이는 마치 휴전선 이남의 대한민국 영토가 그대로 존재하므로, 북한이 대한민국을 침범한 적도 없고 침범할 계획도 없을 거라고 얘기하는 것의 논리와 정확히 일치한다. 지능의 문제이거나 매우 사악하거나 둘 중의 하나일 것이다.

> ● 김정일 : 내 생각 같아서는 군사 경계, 우리가 주장하는 군사경계선, 또 남측이 주장하는 북방한계선, 이것 사이에 있는 수역을 공동어로구역, 아니면 평화수역으로 설정하면 어떻겠는가 … 공동수역 만들면 되지 않나, 앞으로 법 하는데 가서는 이론적으로, 서로 역사적인 고찰로부터 시작해서, 법률적으로 앞으로 해결하자, 쌍방이, 전쟁의 산물이니까. 좌우간 이건 앞으로 평화협정 체결할 때도 문제가, 안건이, 서야 할 거고, 앞으로 법률적으로 한계선을 통일의 견지에서 볼 때는 한계선도 좁히던가 넓히던가 이렇게 돼야지 유물로 남겨놓을 순 없다 … 당면하게는 쌍방이 앞으로 해결한다는 전제하에 북방한계선과 우리 군사경계선 안에 있는 수역을 평화수역으로 선포한다. 그리고 공동어로 한다. 분배 몫은 어떻게 되든지 간에 공동어로, 군대가 그걸 보호해 준다.
>
> ● 노무현 : "예, 아주 나도 관심이 많은…"

북한이 말하는 군사경계선이란 다음 그림과 같이 백령도 연평도를 포함한 서해5도 하단에 위치하고, 궁극적으로 강화도와 한강하구 바로 위에까지 도달하는, 북한이 인위적으로 설정한 해상 경계선이다. 김정일은 NLL과 본인들이 주장하는 군사경계선 사이를 공동어로구

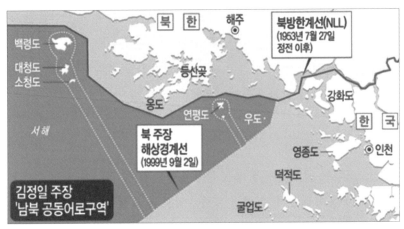

이미지 출처 : http://m.blog.naver.com/vanpos/190315249

역으로 하자고 얘기했는데, 참으로 황당한 말이다. 사실상 북한이 주
장하는 공동어로구역은 엄연히 대한민국의 영해이고 한강하구와 인
천 앞바다를 포함한, 대한민국 해군 병력이 밀집해 있는 곳이다. 또한
많은 한국 어선들이 그곳에서 고기를 잡고 있다. 김정일의 주장이 만
약 현실이 되었다면 대한민국의 해군병력은 서해5도 해역에서 철수
하고, 엄연히 대한민국의 어선들이 출입하는 지역에 북한 어선이 출
입하게 되는 일이 벌어진다. 그러나 북한 어선의 선원들은 북한 노동
당 소속으로, 군에서 10년 이상 복무한 인민군 출신들이고, 북한의 어
선들은 기본적인 무장이 가능한 사실상의 전투선박이라고 해도 무방
하다.

　김정일의 말대로, 공동어로구역을 북한 해군과 대한민국 해군이
공동으로 관리하자는 것은 대한민국의 안보에 심각한 위협이 되는 결
과를 초래한다. 체제가 완전히 다른, 자유민주주의 국가와 인류최악의

전체주의 집단의 해군이 대한민국의 영토를 공동으로 관리한다면 그야말로 공포스러운 긴장상태가 조성될 것이다. 대한민국의 영토에 지휘체계가 완전히 다른 두 개의 군사조직을 두는 것도 매우 큰 불안감을 조성하는데, 상대는 인류 최악의 전체주의 집단이다. 우발적이든, 계획적이든 북한 해군은 엽기적인 군사도발을 자행할 것이 명백하고, 이에 대한민국은 속수무책으로 당할 수밖에 없을 것이다.

엄연히 대한민국의 영토인 NLL 남쪽에 공동어로구역을 만드는 것 자체가 영토를 포기하는 것이다. 마치 북한이 휴전선의 부당함을 지적하자, 대한민국 휴전선 아래의 경기도 파주, 강원도 철원, 인제, 화천, 양구 지역을 공동농장지역으로 만들어 대한민국 농민들과 북한 노동당 소속의 농부들이 같이 농사를 짓게 한 후, 대한민국과 북한 군대가 공동으로 보호한다는 것과 사실상 같은 것이다. 이는 휴전선을 포기하는 것은 물론이고 대한민국의 영토를 적들에게, 즉 북한에게 내주는 것이다. 단지 육지가 아닌 바다에서 그런 짓을 했다는 것만이 다를 뿐이다.

노무현은 그런 김정일의 주장에 단 한 마디도 반박하지 않고, "예, 나도 관심이 많은…"으로 호응한다. 그리고 얼마 후 노무현은 매우 황낭한 얘기를 한다.

- 노무현 : "NLL 문제 의제로 넣어라. 넣어서 타협해야 될 것 아니냐. 그것이 국제법적인 근거도 없고 논리적 근거도 분명치 않은 것인데…. 그러나 현실로서 강력한 힘을 가지고 있습니다.

북측 인민으로서도 아마 자존심이 걸릴 것이고…. 남측에서는 이걸 영토라고 주장하는 사람들이 있습니다. 이 혼동이라는 것을 풀어가면서 풀어야 되는 것인데, 이 풀자는 의지를 군사회담 넣어놓으니까 싸움질만 하고요. 풀자는 의지를… 두 가지… 의지가 부족하고 자기들 안보만 생각했지 풀자는 의지가 부족하고. 뭐 아무리 설명을 해도 자꾸 딴소리를 하는 겁니다. 그거 안 됩니다 하고…. 그 다음에 이런 여러 가지 위원장께서 제기하신 서해 공동어로 평화의 바다…, 내가 봐도 숨통이 막히는데, 그거 남쪽에다 그냥 확 해서 해결해버리면 좋겠는데…"라고 말한다.

노무현이 NLL에 대해서 "국제법적인 근거도 없고 논리적인 근거도 분명하지 않다"고 얘기한 부분은 너무도 참담하게 느껴진다. 이는 노무현이 기본적인 국제정치학적인 개념도 없음을 보여주는 것이며, 이 NLL을 지키기 위해 목숨 바친 수많은 국군장병들을 모독하는 것이다. 한 나라의 국가원수이자 국군통수권자로서 결코 해서는 안 되는 말을 한 것이다.

이 NLL을 지키기 위해 대한민국 해군은 북한과 제1연평해전(1999. 6. 15.), 제2연평해전(2002. 6. 29.), 대청해전(2009. 1. 1.)을 치렀다. 제1연평해전에서는 7명의 해군장병들이 부상당했고, 제2연평해전에서 대한민국 해군 장병 6명이 전사하고 19명이 부상당했다. 노무현은 대한민국 해군이 국제법적, 논리적인 근거도 없는 NLL을 지키다가 전사하게 된 것으로 생각하는 모양이다.

NLL의 역사를 한 번 살펴보자. 1953년 7월 27일에 체결된 정전협정 제13항에 의거하면 백령도, 대청도, 소청도, 연평도, 우도 등 서해5도에 대한 관할권을 대한민국이 갖는다는 점을 분명히 확인했다. 6·25전쟁에서 지상전과 달리 해전의 경우는 대한민국, UN군의 해군이 북한을 압도했고, 사실상 북한 해군은 전멸상태에 있었다. 그 결과 사실상 압록강 하구의 신도군과 비단섬 등 극히 일부를 제외한 한반도 연해의 모든 섬들은 대한민국, UN군의 관할하에 있게 되었다. 그러나 정전협정을 통해 서해5도 위에 존재하는 수많은 섬들을 북한에 반환하였기 때문에 북한의 입장에서는 서해의 경계선에 대해서 그 어떠한 발언권도 낼 수 없었던 것이다. 그 후 1953년 8월 30일에 당시 유엔군 사령관 클라크 장군은 지금의 NLL을 선포했고, 결국 NLL이 실효적인 영토선이 된 것이다.

노무현을 비롯한 수많은 친북세력들은 NLL은 클라크 장군이 북한과의 협의 없이 임의로 설정한 것이기 때문에 국제법적인 근거가 없다고 얘기한다. 과연 그럴까? 앞서 얘기했다시피, 정전협정이 채결되기 직전에 압록강 하구의 신도군과 비단섬 등을 제외하고 한반도의 부속도서들은 대한민국, UN군의 관할하에 있었다. 이를 정전협정에서 대한민국, UN군이 상당 부분을 양보해서 지금의 서해5도만을 차지하게 되었기 때문에, 사실 서해의 경계선의 문제는 추후에 대한민국과 UN군의 주도로 이루어질 수밖에 없는 것이었다.

그래서 클라크 장군은 대한민국과 UN군을 대표하여 NLL을 선포한 것이고, 북한은 그 어떠한 반박도 하지 않았다. 사실 서해5도를 대한민국의 영토로 확정지었기 때문에 그것을 중심으로 자연스럽게 연결한 NLL은 매우 상식적이고 합리적인 경계선이 된 것이다. 정전협정 당시 북한의 해군은 대부분 궤멸되었기 때문에, 북한은 사실상 해군을 유지할 수가 없었다. 클라크 장군이 선언한 NLL에 만약 북한이 반발하게 되면, 정전협정으로 획득한 북한의 부속도서를 다시 빼앗길 위험이 높았기 때문에 북한도 NLL에 반박하지 않고 인정한 것이다.

북한은 해군력이 어느 정도 회복된 1972년이 되어서야 이 NLL에 대해서 처음으로 이의를 제기했으나, 이마저도 강력하게 NLL의 무효화를 주장한 것은 아니었다. 1984년에 북한이 요식 행위로 대한민국에 수해물자를 보냈을 때에도 NLL에서 만나서 보냈다. 이는 북한 역시 NLL을 실질적인 해상경계선으로 설정하였음을 의미한다.

그 후 사실상 북한은 NLL을 완전히 인정하는 공식적인 선언을 하는데, 바로 1991년 12월 31일에 선언된 남북기본합의서가 그것이다. 남북합의서 제11조에 "남과 북의 불가침 경계선과 구역은 1953년 7월 27일자 군사정전에 관한 협정에 규정된 군사분계선과 지금까지 쌍방이 관할해온 구역으로 한다"고 합의하였다. 그 후 1992년 9월 17일 남북기본합의서의 부속합의서인 '남북불가침의 이행과 준수를 위한 부속합의서' 제11조에서 "남과 북의 공중불가침 경계선과 구역은 지상 및 해상 불가침경계선과 관할구역의 상공으로 한다."라고 합의함으로써 이를 다시 한 번 확인한 것이다.

이렇게 논리적으로도 명확하며, 국제법적으로 완벽하게 성립된 NLL에 대해서 노무현은 김정일 앞에서 NLL은 국제법적인 근거도 없으며 논리적인 근거도 없다고 얘기했던 것이다.

　노무현이 김정일에게 다시 충격적인 말을 한다.

- 노무현 : "그런데 NLL이라는 것이 이상하게 생겨 가지고, 무슨 괴물처럼 함부로 못 건드리는 물건이 돼 있거든요. 그래서 거기에 대해 말하자면 서해 평화지대를 만들어서 공동어로로도 하고, 한강하구에 공동개발도 하고, 나아가서는 인천, 해주 전체를 엮어서 공동경제구역도 만들어서 통항도 맘대로 하게 하고, 그렇게 되면 그 통항을 위해서 말하자면 그림을 새로 그려야 하거든요. 여기는 자유통항구역이고, 여기는 공동어로구역이고, 그럼 거기에는 군대를 못 들어가게 하고, 양측이 경찰이 관리를 하는 평화지대를 하나 만드는, 그런 개념들을 설정하는 것이 가장 시급한 문제이지요.."

　우선 대한민국의 국가원수이자 국군 최고통수권자인 대통령이 적국의 수괴에게 대한민국의 영토선인 NLL에 대해 괴물이라고 말하는 것이야말로 대한민국에 대한 모독이고, 국민에 대한 모독이며, 대한민국의 영토를 지켰던 선배 세대들과 대한민국 국군과 6·25전쟁에서 대한민국을 도와줬던 UN군에 대한 극심한 모독인 것이다.

　정말로 끔찍한 것은, 노무현은 김정일이 얘기했던, 북한이 주장하는 군사경계선과 대한민국의 NLL 사이의 지역을 공동어로구역으로 하는 것에서 더 나아가 인천을 공동경제구역으로 만들고, 한강하구를 공동개발하자고 김정일에게 얘기했다. 다시 말해 적국의 수괴에게 대한민국의 영토를 공동개발하자고 하는 것이다.

김정일이 공동어로구역을 쌍방의 군대가 관리하자는 얘기와는 달리 노무현은 서해평화지대를 쌍방의 경찰이 관리하자고 얘기했다. 그러나 북한에서는 인민군이 경찰의 역할을 대신하며, 북한에서 매우 강한 공권력을 행사한다. 탈북자들이 압록강과 두만강을 넘을 때 북한 인민군에 적발되면 즉각적으로 총격을 실시한다.

반면에 대한민국의 해양 경찰, 즉 해경은 매우 약한 공권력을 행사한다. 중국 어선이 대한민국의 서해에서 불법으로 수산물들을 갈취해 갈 때 대한민국의 해경은 사실 강력한 대응을 하지 못하는 현실이다. 총은커녕 직접적인 물리력을 행사할 수 없을 정도로 대한민국의 해경은 공권력에 있어서만큼은 북한의 경찰에 비해 현저히 낮은 수준이다.

자유민주주의 체제의 대한민국 경찰과 인류최악의 전체주의 체제인 북한의 경찰, 서로 너무나도 차이나는 공권력을 보여주는 두 경찰이 대한민국의 서해를 공동으로 관리할 수 있다고 생각하는 것 자체가, NLL 포기는 물론이고, 서해의 안보를 포기한 것이라고 볼 수 있다. 더 나아가 대한민국 국토 전체를 포기하려고 했던 것은 아닐까 하는 강한 의구심이 든다.

그 후 다시 노무현은 김정일에게 말한다.

- 노무현 : "NLL 문제가 남북문제에 있어서 나는 제일 큰 문제로 생각하고 있습니다. 이 문제에 대해서 나는 위원장하고 인식을 같이하고 있습니다. NLL은 바꿔야 합니다. 그러나 이게 현실적으로 자세한 내용도 모르는 사람들이 민감하게, 시끄럽긴 되게 시끄러워요. 그래서 우리가 제안하고 싶은 것이 안보군사지도 위에다가 평화 경제지도를 크게 위에다 덮어서 그려보자

는 것입니다.”

　김정일과 NLL에 대한 문제인식을 같이하고 있고, NLL은 바꿔야 한다고 김정일에게 얘기한 노무현은 국민들 앞에서도 이 얘기를 당당하게 얘기할 수 있을까? 노무현은 대다수의 국민들이 NLL에 대해 현실적으로 자세한 내용도 모르는데 굉장히 민감하고 시끄럽다고 김정일에게 얘기했다. 즉, NLL을 무력화시키려는 북한 정권과 그것에 동조하는 친북 종북 세력들의 주장을 비판하고 NLL을 대한민국의 영토선이라고 진실을 얘기하는 대한민국의 국민들은, 노무현의 말에 따르면, 그저 자세한 내용도 모르면서 굉장히 민감하고 시끄러운 사람들이 된단 말인가?

　이것이 국민의 대표자로서 국민의 명예를 지키고 국가를 수호해야 할 국가원수가 적국의 수괴에게 할 수 있는 얘기란 말인가? 대한민국 국군최고통수권자로서 국군의 명예를 지키고 국토를 수호해야 할 의무를 가진 대통령이 할 수 있는 얘기란 말인가? 인류 최악의 전체주의 왕조 집단의 수괴와 생각을 같이하고 있다면 그런 사람이 대한민국의 대통령인가? 아니면 북한 김정일의 수석 대변인인가? 그러고 보니 노무현은 김정일에게 본인 스스로 국제사회에서 북한의 대변인의 노릇을 해왔다고 얘기했으니, 노무현 스스로 부정하지 않은 셈이겠다. 노무현은 김정일에게 말했다.

- 노무현 : “그래서 서해평화협력지대라는 큰 그림을 하나 그려놓고, 어로협력 공동으로 하고, 한강 하구 공동개발하고, 또 자유로운 동산(?) 특히 인제 대충 지역이 개발이 되면 해주를 비켜

서라도 개성공단 연장선상에 계획이 서고(?) 그리되면 그 길을 위한 통로, 통로를 좁게 만들 게 아니라 전체를 평화체제로 만들어 쌍방의 경찰들만이 관리하자는 겁니다."

노무현은 대한민국의 서해 전체를 평화협력지대란 이름으로 대한민국 해군을 철수시켜 쌍방의 경찰들만이 관리하자고 얘기했다. 대화록을 살펴보면, 노무현이 말하는 서해평화협력지대란 한강 하구를 포함하는 서해평화협력지대임을 확인할 수 있다. 대한민국의 수도권과 매우 가까운 한강하구에 북한의 인민군들이 들어오게 만든다는 것이 도대체 상식적으로 말이 된단 말인가? 북한 정권의 핵과 미사일 포기, 체제변화, 개혁개방, 인권문제 개선 등의 그 어떠한 것도 이루어지지 않은 상황에서 대한민국의 수도와 밀접한 지역의 한강 하구를 북한과 공동개발하자는 것이 상식적으로 말이 되는 것인가?

앞서 얘기했다시피, 북한의 경찰은 사실상 인민군이다. 전체주의 국가의 경찰은 그 공권력의 집행이 일반적인 자유민주주의 국가의 공권력과는 비교도 안 될 정도로 막강하다. 원래 전체주의 국가는 그 체제를 유지하기 위해서 강력한 공권력을 유지해야 하는데, 그 중에서 첫 번째가 군대를 강화시키는 것이고, 두 번째가 경찰력을 강화시키는 것이다. 일제의 헌병 경찰과 악랄한 고등계 형사들이 그러했고, 나치의 게슈타포가 그러했고, 소련의 KGB가 그랬다. 중공과 베트남의 공안경찰 역시 그 공권력의 강도는 지금도 매우 강하다.

나치 독일, 일제, 소련, 중공, 베트남, 캄보디아 그 어떠한 전체주의 국가보다도 악랄한 북한의, 경찰을 가장한 인민군들의 무장력과 공권력은 얼마나 무시무시할지 생각만 해도 공포스럽다. 그런데도 노무현은 태연하게 북한의 경찰이 대한민국의 한강 하구까지 관리하게끔 만들도록 김정일에게 요구하고 있다. 이런 말도 안 되는 국토 참절행위에 준하는 것들을 국민들 몰래 자행했다는 사실이 너무나도 끔찍한 것이다.

김정일은 그런 노무현이 아주 충실한 수석 대변인처럼 느껴졌을 것 같다. NLL을 무력화시키는 조치를 대한민국의 국가원수가 직접 김정일에게 얘기하고 있는 현실이니 말이다.

그러나 김정일은 아주 간악한 전체주의 집단의 수괴이다. 노무현이 말로만 NLL을 무력화시키는 것으로는 만족하지 못한 것 같다. 그래서 그는 노무현에게 담보를 요구했다. 바로, 기존의 NLL과 관련된 법을 쌍방이 다 포기할 것을 요구했다.

- 김정일 : "그래서 그거는, 그런데 조건이 하나 있는 거는, 군부에서 내가 결심하겠다 하니까 결심하시는 그 근저에는 담보가 하나 있어야 한다. 뭐야? 그러니까, 이승만 대통령 시대 51년도에 북방한계선 있지 않습니까? 그때 원래 선 긋는 38선 위주로 해 가지고, 그거 역사적 그건데, 그걸 다 양측이 포기하는, 정전협정을 평화협정으로 하는 첫 단계 기초단계로서는 서해를 남측에서 구상하는, 또 우리가 동조하는 경우에는, 제일차적으로 서해 북방 군사분계선 경계선을 쌍방이 다 포기하는 법률적인 이런 거 하면, 해상에서는 군대는 다 철수하고, 그담에 경찰이 하

자고 하는 경찰순시…

지금 서해문제가 복잡하게 제기되어 있는 이상에는 양측이 용단을 내려서 그 옛날 선들 다 포기한다, 평화지대를 선포, 선언한다. 그리고 해주까지 포함되고 서해까지 포함된, 육지는 제외하고, 육지는 내놓고, 이렇게 하게 되면 이건 우리 구상이고 어디까지나, 이걸 해당 관계부처들에서 연구하고 협상하기로 한다.”

노무현은 이에 반대하지 않고, 다시 한 번 더욱 충격적인 얘기로 화답한다.

- 노무현 : “그건 뭐 그런 평화협력지대가 만들어지면 그 부분은 다 좋아할 것입니다. 또 뭐 시끄러우면 우리가 설명해서 평화문제와 경제문제를 일거에 해결하는 포괄적 해결을 일괄 타결하는 포괄적 해결 방식인데, 얼마나 이게 좋은 것입니까? 나는 뭐 자신감을 갖습니다. 헌법 문제라고 자꾸 나오고 있는데 헌법 문제 절대 아닙니다. 얼마든지 내가 맞서 나갈 수 있습니다. 더 큰 비전이 있는데, 큰 비전이 없으면 작은 시련을 못 이겨 내지만, 큰 비전을 가지고 하면 나갈 수 있습니다. 아주 내가 가장 핵심적으로 가장 큰 목표로 삼았던 문제를 위원장께서 지금 승인해 주신 거죠.”

노무현은 김정일 앞에서 “평화협력지대가 만들어지면 그 부분은 (국민들이) 다 좋아할 것입니다.”라고 얘기했다. 노무현은 김정일을 만

나러 가기 전에, 서해평화협력지대를 만든다는 얘기를 국민들에게 공
개적으로 했었던가? 노무현은 국민들에게 NLL 남단의 서해5도를 포
함하는 서해 바다와, 한강 하구와 인천을 포함하는 지역에 서해 평화
협력지대를 만들 것이라고 얘기했던가? 또한 한강하구와 인천앞바다
를 북한의 인민군들이 감독하게끔 만들 거라고 국민들에게 얘기했던
가? 국민들에게 그 어떠한 의사도 물어보지 않고 적국의 수괴에게 저
렇게 단언하면서 얘기하는 것이 상식적으로 말이 된단 말인가?

노무현은 국민들이 서해평화협력지대에 대해 부정적인 입장이 강
한 경우, 이를 '시끄러운 것'이라 규정한 후, 우리(김정일, 노무현)가 설
명할 것이라고 얘기한다. 도대체 대한민국의 국민들이 왜 인류최악의
전체주의 집단의 수괴인 김정일의 설명을 들어야 한단 말인가? 다시
느끼지만, 김정일이 국가 원수이고 노무현이 대변인의 역할을 한 것
같다는 느낌이 강하게 든다.

노무현은 김정일 앞에서 NLL을 무력화시키고, 서해평화협력지대
를 만드는 것이 헌법 문제가 절대 아니라고 김정일에게 얘기한다. 그
렇지 않다. NLL을 지키는 문제는 엄연히 헌법을 수호하는 문제이며,
노무현이 인류 최악의 전체주의 왕조 집단의 수괴와 이러한 굴욕적인
정상회담을 했다는 것 자체가 이미 헌법을 심각하게 파괴한 것이다.

내한민국 헌법 제66조 2항에 의하면, "대통령은 국가의 독립, 영토
의 보전, 국가의 계속성과 헌법을 수호할 책무를 진다."라고 명시되어
있다. 앞서 설명했다시피, NLL은 엄연히 대한민국의 실질적인 영토선
이며 이를 보존하는 것은 대통령이 반드시 지켜야 할 헌법적 의무이
다. 그러나 노무현은 김정일을 만나서 NLL을 무력화시키는 김정일의

말에 적극적으로 호응했고, 국민들의 의사를 확인해 보지도 않고 자의적으로 서해평화협력지대라는 말도 안 되는 것을 설정하자고 김정일에게 얘기했다.

　대한민국의 헌법적 해석 역시 북한을 합법적 국가로 인정하지 않는다. 그러나 휴전선 이북에는 인류 최악의 전체주의 왕조 집단이 존재하는 현실을 부정할 수는 없기 때문에, 대한민국의 실효적인 영토는 한반도의 휴전선 이남지역인 것이다. 노무현은 아마도 헌법에 의해 대한민국의 영토는 한반도와 부속도서로 하기 때문에 북한 지역 역시 대한민국의 영토라는 논리로 NLL이 영토선이 아니라고 얘기하는 것 같다. 그 논리가 성립하려면 북한 역시 국가가 아니고, 북한정권은 불법적으로 휴전선 이북을 점령하고 있는 전체주의 왕조 집단이란 사실을 인정해야 한다. 그러나 노무현은 그러한 부분은 전혀 인정하지 않고 오히려 북한정권의 변호인, 대변인 역할을 해나간 것이다.

　만약 북한이 그렇게 평화적으로 교류협력을 해서 변화하고, 자유민주적 기본질서를 받아들이고 개혁개방을 이루어 낸다면, 노무현의 저런 행동도 조금은 일리가 있을 수 있다. 그러나 북한은 지금도 전혀 변화하고 있지 않다. 북한은 애초부터 변화할 생각이 없었다. 체제를 변화시킬 생각도 없었다. 북한 주민들의 인권유린은 날로 심해져 가고, 핵과 미사일을 나날이 발전시켜 나가고 있다. 결과적으로 북한은 6·25이후 단 한 번도 대한민국을 적화시켜 통일을 이루겠다는 그 꿈을 포기한 적이 없다. 그러므로 노무현이 김정일과 만나서 저런 황당한 말들을 하는 것 자체가 대통령으로서 국가의 독립과 영토의 보전,

대한민국의 자유민주적 기본질서의 계속성을 수호할 책무를 느끼지 않고 있었다는 것을 의미한다.

다시 말해 노무현이 김정일을 만나는 것 자체가 이미 헌법을 심각하게 위배한 행동이며, 노무현이 NLL을 무력화시키고, 서해평화협력지대를 만들어 대한민국의 안보에 심각한 위협을 가했다는 것 자체가 이미 헌법 수호의지가 없었다는 것을 뜻한다.

그 후 노무현이 NLL을 완벽하게 포기하는 장면이 나온다.

- 김정일 : 평화지대로 하는 건 반대 없습니다. 난 반대 없고…
- 노무현 : 평화협력지대로…
- 김정일 : 협력지대로 평화협력지대로 하니까 서부지대인데, 서부지대는 바다 문제가 해결되지 않고서는 그건 해결되지 않습니다. 그래 바다문제까지 포함해서 그카면 이제 실무적인 협상에 들어가서는 쌍방이 다 법을 포기한다. 과거에 정해져 있는 것, 그것은 그때 가서 할 문제이고, 그러나 이 구상적인 문제에 대해서는 이렇게 발표해도 되지 않겠습니까?
- 노무현 : 예, 좋습니다.

국정원에 의해 남북정상회담 대화록이 공개되었을 때, 노무현을 변호하는 친북세력들은 각종 방송에 출연하여 NLL포기라는 말이 없기 때문에 NLL을 포기한 것이 아니라고 얘기했던 기억이 난다. 그들은 얼굴 표정 하나 바뀌지 않고 정말 사실까지 왜곡해 버렸다. 대다수의 국민들이 대화록을 읽지 않았다는 사실을 알고 그런 거짓말을 했을 것 같다. 쌍방이 NLL과 관련된 법을 포기하자는 김정일의 물음에 노무현은 "예, 좋습니다"라고 답했다면, 그것이 포기가 아니면 뭐란 말인가? 초등학생 1학년 수준의 국어 능력도 없단 말인가?

앞서 얘기했다시피, 이번 남북정상회담 대화록이 충격적이었던 것은 단순히 노무현이 NLL만을 포기 또는 무력화시켰다는 것에만 있지 않고, 대한민국의 안보를 무력화시키려 했던 정황이 여실히 들어난 것에 있다. 또한 그 과정에서 인류 최악의 전체주의 집단의 수괴에게 굴욕적이고 굴종적인 자세로 회담에 임한 것 역시 대한민국의 국가원수로서 너무도 치욕적이었다. 가장 절망적이었던 부분은, 노무현이 김정일과의 굴종적인 회담을 했다는 것이 모두 드러난 대화록 전문이 모두 공개되었는데도 대부분의 언론들은 NLL을 포기했느냐 안 했느냐에 대한 논란만을 이어 나갔던 것이다. 국민 개개인들이 대화록 전문을 읽어보거나, 시간이 안 되면 핵심적인 부분만 읽어봐도, 노무현은 NLL을 무력화시킨 것을 넘어서 서해 전체뿐만 아니라 대한민국을 북한에 내줄 수 있는 그런 위험천만한 회담을 했다는 것을 알 수 있을 것이다.

그렇게 김정일의 NLL관련 법을 포기하자는 대답에 노무현은 "예, 알겠습니다."라고 대답하여 NLL을 완벽하게 포기하고 서해바다 전체를 무력화시키는 발언을 한 이후에도, 노무현은 김정일에게 더욱 충격적인 말을 이어 나간다.

• 김정일 : 남측의 반응은 어떻게 예상됩니까? 반대하는 사람들도

있지요?

● 노무현 : 없습니다. 서해 평화협력지대를 만든다는 데에서 아무도 없습니다. 반대를 하면 하루아침에 인터넷에서 반대하는 사람은 바보 되는 겁니다. 실제로 뭐가 달라졌나 하면은, 이전하고 달라진 것이, 이전에는 기업하는 사람들이 북측에 대해서 반대에 앞장서 왔습니다. 이제는 기업하는 사람들이 북측과 같이 손잡고 가야 이 위기를 극복해 나갈 수 있다고….(중략)

항상 남쪽에서도 군부가 뭘 자꾸 안 할라구 합니다. 이번에 군부가 개편이 되어서 사고방식이 달라지고, 평화협력에 대해 전향적인 태도를 갖고 있습니다만, 그러나 군부라는 것은 항상…. 북측에서도 우리가 얘기 듣기로는 마찬가지 아닙니까?"

국민들에게 권력을 위임받은 대한민국의 국가원수이자 국군통수권자로서 NLL을 포기하고 서해 평화협력지대를 만들어 서해 전체의 안보를 무력화시키는 것 자체도 충격적인데, 노무현은 더 나아가서 이러한 'NLL 포기'와 '서해평화협력지대'를 만드는 것에 반대하는 사람들이 없다고 김정일에게 얘기한다. 서해평화협력지대에 반대하는 국민들이 없다는 노무현의 주장은 당연히 사실이 아니다. 당시 노무현의 NLL과 관련된 어처구니없는 발언들을 비판하는 정치권의 목소리가 강했고, 무수히 많은 국민들이 있었고, 몇몇 언론들이 이 문제의 심각성을 지적하고 계속해서 문제 제기를 했다. 그러나 노무현은 전체주의 집단의 수괴인 김정일에게 이 NLL을 포기하고 서해평화협력지대를 만드는 것에 반대하는 사람이 없다고 거짓말을 했다. 더 나아가 서해평화협력지대에 반대하는 국민들은 "바보 되는 겁니다"라고 얘기했다.

마지막으로 노무현은 김정일에게 얘기한다.

- 김정일 : 대통령께서 시간되시면 앞으로 금강산에도 아무 때나 오
  시고, 그리고 평양에도 아무 때나 오시고… (중략)…김대중 대
  통령께서는 6·15선언, 큰 선언을 하나 만드시고 돌아가셨는데,
  이번 노대통령께서는 실무적으로, 선언보다, 선언도 중요하지
  만, 보다 해야 될 짐을 많이 지고 가는 것이 됐습니다.
- 노무현 : 내가 원하는 것은 시간을 늦추지 말자는 것이고(?) 또 다
  음 대통령이 누가 될지 모르니까 뒷걸음치지 않게 쐐기를 좀
  박아 놓자…
- 김정일 : 잘 됐다고 생각합니다. 하여튼 오늘 만남이 대단히 유익
  하고 좋은 결실을 맺었다고 나는 이렇게 대만족하고 있습니다.

1차 회담 때 매우 쌀쌀맞았던 김정일이 2차회담 때 노무현이 NLL
을 포기하려는 적극적인 모습을 보고 김정일은 매우 만족한 것 같다.
김정일은 노무현에게 "보다 해야 될 짐을 많이 지고 가는 것이 됐습니
다"라고 얘기했다. '보다 해야 될 짐'이란 무엇인가? 노무현이 답한다.

- 노무현 : "내가 원하는 것은 시간을 늦추지 말자는 것이고(?) 또 다
  음 대통령이 누가 될지 모르니까 뒷걸음치지 않게 쐐기를 좀
  박아 놓자…"

노무현은 다음 대통령이 탄생하기 전에 NLL을 포기하고 서해안보
를 무력화시키는 것을 재빨리 진행시키려 했던 것일까? 물론 노무현은

그렇게 할 수 없었다. 그렇게 하는 것 자체가 대한민국의 헌법을 파괴하고 국가를 해체하는 것이라는 걸 스스로 알았던 것인지는 모르겠다.

노무현은 남북정상회담 직후에 10월 5일, 자신의 방북 성과에 크게 만족하며 국민들에게 "가져간 보자기가 작을 만큼, 짐을 다 싸지 못할 만큼 성과가 좋았다고 생각한다."라고 얘기했다.

그리고 10월 11일에 청와대에서 다음과 같이 발표한다.

> "서해북방한계선(NLL)은 어릴 적 땅 따먹기 할 때 땅에 그어 놓은 줄이다. 이것은 쌍방이 합의하지 않고 일방적으로 그은 선이다. 그 선이 처음에는 작전금지선이었다. 이것을 오늘에 와서 영토라고 얘기하는 사람이 많은데 남북 간에 합의한 분계선이 아니란 점을 인정해야 한다. 헌법상 북쪽 땅도 우리 영토인데 그 안에 줄을 그어놓고 영토선이라고 주장하면 헷갈린다. 국민을 오도하면 풀 수 없는 문제다."

이처럼 노무현은 NLL을 포기하고 서해안보를 무력화시킬 수도 있는 계획들을 은폐하며 변호하고 있다.

김정일과의 굴욕적인 남북정상회담을 하고 난 뒤 4개월 후에 노무현은 대통령직에서 퇴임했고, 그 후 1년 후에는 바위에 몸을 던져 자살했다. 죽은 사람은 말이 없다. 노무현의 증언을 들어볼 기회조차 없어졌다. 그러나 그가 한 말과 그가 남긴 대화록은 없어지지 않았다. 남북정상회담 대화록을 포함한 그의 언행과 글들은 철저하게 기록하고 보관하고 분석해서 후대 사람들이 경각심을 갖고 살펴봐야 한다. 노무현 김정일의 2007 남북정상회담 대화록은 노무현과 친북세력들의 멘탈리티를 파악할 수 있는 매우 중요한 증거자료로 남게 될 것이다.

제3장 너무나 참담하다는
생각이 든다

[1] 노무현의 역사관

노무현이 보여주었던 친북 반미적 행보의 근본적인 원인은 결국 노무현이 갖고 있는 역사 해석과 관점의 문제로부터 온다. 역사 해석은 결국 그 사람의 정치철학, 도덕철학, 미학에 대한 입맛을 구체적으로 보여준다. 뒤틀린 역사 해석을 하는 그의 철학과 세계관이 문제라는 것이다.

노무현은 대통령 취임사와 그해 3·1운동 기념사에서 대한민국은 정의가 패배하고 기회주의가 득세했다고 얘기했다. 대한민국이 정의가 패배하고 기회주의가 득세했다는 것을 대통령 취임사와 3·1운동 기념사에서 공개적으로 얘기했을 정도이니, 그가 갖고 있는 대한민국에 대한 부정적 감정이 얼마나 강한지 절실히 느낄 수 있다. 노무현이 보여주는 대한민국 현대사와 이승만 대통령, 박정희 대통령에 대한 평가는 매우 참담한 수준이다.

노무현은 2001년 11월 18일 안동시민학교 특강에서 다음과 같이 얘기했다.

"대한민국은 미국을 등에 업은 자본주의 분열 세력이 세웠습니다. 그 당시 소련을 등에 업고 공산주의 국가를 세우려는 세력과 미국을 등에 업고 자본주의 국가를 세우려는 세력이 극한적 대립하는 사이에서 공산주의나 자본주의가 중요한 것이 아니라 민족의 통일과 자주독립이 중요하다고 주장하던 중도통합 세력들은 모조리 죽임을 당했습니다. 김구, 여운형, 김규식… 통합세력은 모조리 패배해 버리고 분열세력들이 각기 득세를 했습니다.

그 뒤 미국을 등에 업은 남한의 정부는 반공을 자기 존립의 근거로 삼았습니다. 빨갱이 대충 잡고 나서는 독재정권에 항거하는 사람들을 탄압하는 수단으로 반공이념을 사용했습니다. 그 틈에 가장 솜씨가 좋은 사람들이 일제 때 독립운동가 잡던 친일파들이었지요. 직접 칼 들고 잡으러 다녔던 순사 출신들뿐 아니라 일제 관료로서 식민지에 복무했던 사람들이 나라의 주도권을 쥐고 역사를 왜곡해 나간 것이 한국의 현대사였습니다."

노무현은 대통령으로서뿐만 아니라, 대한민국 국민으로서 가져서는 안 될 잘못된 역사관을 갖고 있음을 확인할 수 있다. 김구는 독립운동가로서의 업적은 인정해줄 수 있으나 자유민주공화국 대한민국의 건국에는 반대한 사람이다. 대한민국이 건국되기 전에는 김일성에게 이용당해 북한을 방문하여 북한정권에 정당성을 부여하는 행동을 하였다.

　대한민국의 자유민주주의 체제와 북한의 공산전체주의 체제는 서로 양립할 수 없는 체제이다. 만약 양립이 된다면 필연적으로 공산전체주의 체제의 지배를 당하는 적화통일로 이어질 수밖에 없다. 단순히 남북통일을 위해 대한민국의 건국에 반대했다고 얘기하는 것은 당시 상황을 제대로 알지 못하고 하는 말이다.

　해방공간에서 38선 이북 지역은 소련 군정하에 있었지만, 1946년 2월에 만들어진 '북조선임시인민위원회'라는 사실상의 정부에 의해 무자비한 토지개혁이 실시되고 있었다. 흔히 좌익 역사업자들은 북한이 '무상몰수, 무상분배'의 토지개혁을 했다고 주장하지만, 이는 틀린 주장이다. 정확히 말하면, 북한의 토지를 무상으로 몰수한 후에 '집단화'하여서 그 어떠한 소유권이나 재산권도 인정하지 않았으며, 거주이전, 직업 선택의 자유까지 몰살시켜 버린 것이었다. 사실상 할당된 토지에 귀속된 농노(農奴)로 만들어 버리는 시스템이었다.

　이러한 무자비한 토지개혁에 반대하면 친일파, 자본가라는 딱지를 붙여 무자비한 인민재판을 시행했는데, 그 과정에서 무수히 많은 북한 주민들이 몰살당했다. 이러한 극악하고 반인륜적인 북한 공산주의 시스템에서 벗어나기 위해 100만이 넘는 북한 지역 주민들이 남한으로 월남했다는 것이 모두 사실로 밝혀졌다.

　그 중에서도 공산주의에 반대하는 지식인들이 대부분 남한으로 월남했다. 기독교를 믿는 사람들 역시 북한 공산주의 세력들에 의해 무자비하게 탄압 당했기 때문에 생존을 위해 월남할 수밖에 없었던 게 사실이었다. 그렇게 해방공간의 38선 이북 지역에서 무자비한 공산화 과정이 진행되고 있는 동안, 38선 이남지역에서 자유민주공화국을 건국하려는 단결된 움직임은 미비했고 사회주의, 공산주의 정부를 수립하려는 움직임이 매우 강한 현실이었다.

좌익 공산주의 세력들이 일으킨 '조선정판사 위조지폐 사건', 조선공산당이 일으킨 '1946년 총파업', 그리고 남로당이 일으킨 '10·1 대구 무장봉기' 등을 통해 남한 지역은 극심한 혼란이 계속 이어지고 있었다. 특히 UN을 통하여 한국인들의 총선거에 의해 한반도에 유일 합법 정부를 수립하려는 계획을 북한이 의도적으로 거부하였고, 오히려 남로당을 이용하여 제주도에서 무장폭동을 일으켰고,('제주 4·3사건') 여수와 순천에 소재한 군부대의 장교들과 합세하여 '여순반란 사건'을 일으켰다. 대한민국의 건국을 방해하기 위한 좌익 공산주의 세력들의 폭력적 선동과 폭동이 극심했음을 알 수 있다. 이러한 모든 것들은 북한의 김일성과 박헌영이 중심이 되어 치밀하게 계획된 좌익 공산주의 폭동이었다. 따라서 당시 대한민국 국민들이 반공을 외쳤던 것은 극악하고 잔인한 좌익 공산주의 세력으로부터 자유와 생존을 지키기 위해 본능적으로 외칠 수밖에 없었던 것이다.

노무현은 연설에서 여운형을 '통합세력'이라고 얘기한다. 좌익 역사업자들은 여운형이라는 존재를 매우 높게 평가하는 경향이 있다. 그들은 여운형을 중도, 중도좌파라고 얘기한다. 사실 정확히 말하면 여운형은 공산주의자라고 얘기해야 맞다. 단지, 남한의 우익세력들을 회유하기 위해 전략적으로 중도라는 탈을 쓴 것뿐이었다. 여운형은 비록 임시정부에서 활동했지만, 임시정부를 소련 공산당과 연계시키기 위해 노력하였다. 여운형은 고려공산당에 가입하여 활동하였고, 소련의 레닌과 트로츠키를 만나 볼셰비키당에 참여하였으며, 민족주의를 바탕으로 한 공산주의, 소위 민족공산주의 노선을 주장한 사람이다. 여운형은 그의 두 딸과 아들을 김일성에게 맡길 정도로 북한의 공산주의 체제에 순응한 사람이다. 그런 좌익 공산주의자 여운형을 통합주의자라고 인식하는 노무현의 역사 인식은 기존의 좌익 역사업자들의 역사 인식과 동일하다.

사실 북한이야말로 정의가 패배하고 불의가 승리하며 기회주의가 득세하는 역사를 갖고 있지 않은가. 북한의 역사는 배신의 역사였고, 피바다 숙청의 역사였으며, 주변국들에 온갖 테러를 일삼고, 특히 대한민국에 막대한 피해를 끼친 집단 아닌가. 20세기 말에 공산주의 국가들이 모두 붕괴하거나 개혁개방의 길로 나아갔는데, 2017년인 지금까지도 북한은 극악한 전체주의 왕조 체제를 이어나가고 있다. 북한 주민들의 처참한 인권실태는 나날이 악화되어 가고 있다. 북한 전체주의 왕조 체제에 조금이라도 불만을 갖거나 잘못 보이면 공개총살을 당하거나, 정치범수용소로 끌려가서 극심한 고문을 받고 처참한 노예로 살아가야 하지 않는가. 노무현은 그런 인류 역사상 유래를 찾아볼 수 없는 북한 전체주의 왕조 체제에 대한 비판은커녕, 북한 체제를 유지시키고, 교류협력을 해야 하다고 주장한다. 노무현은 북한 정권을 자극하는 말을 하지 않으려고 노력하였다.

노무현의 사상을 살펴보면, 역사에서는 '민중사관', 국제정치적 관점으로는 극심한 '이상주의자'다. 대한민국의 주적이자 인류 최악, 인류 최후의 평양 전체주의의 집단의 수괴에게 북한의 대변인, 변호인 노릇을 했다고 얘기하는 것이 한 나라의 국가원수로서 할 수 있는 발언이란 말인가. 핵과 미사일을 포기하지 않고, 북한 주민들의 참담한 인권 문제를 개선하지도 않고, 개혁개방에는 전혀 생각이 없는 북한에 대해 무조건적인 교류협력과 평화협력이라니, 말이 되는 소리인가?

대한민국의 친북좌익세력들은 민주, 민주주의라는 말을 매우 자주 사용하며, 스스로를 '민주화' 세력이라고 얘기한다. 그러나 의심할 여지없이 대한민국의 친북좌익세력들의 민주주의는 영미로부터 내려오는 서구의 자유민주주의를 지칭하는 것이 아니다. 자유민주주의의 핵심가치는 개인주의와 법치주의를 바탕으로 하여, 다수의 압제로부터 개인의 자유와 권리를 헌법과 법률로 보호하는 것이 그 핵심이다. 그러나 대한민국의 민주주의를 주장하고 스스로를 민주화 세력이라고 칭하는 사람들은 인민 다수, 떼의 의지에 의해서 개인의 자유와 권리를 박탈하고 훼손할 수 있다고 당연하게 생각한다.

친북좌익세력들이 주장하는 민주주의는 소련 공산주의자들과 중공, 베트남의 민족공산주의자들이 주장했던 '인민민주주의'에 가깝다고 생각한다. 공산주의 체제아래 있었던 전 세계의 많은 나라들이 대부분 국호에 '민주주의', '민주공화국'이라는 말을 많이 달았다. 대한민국과 국경을 마주한, 인류최악의 평양 전체주의 집단 역시 그들의 정식 국호는 '조선민주주의인민공화국'이다.

친북좌익세력들이 말하는 '인민'이란 그들의 이념과 사상에 반대하는 사람들을 철저하게 제외하고, 자신들의 이념에 동조하는 사람들

을 지칭한다. 기존의 마르크스와 레닌을 계승한 공산주의자들은 노동
자, 농민들을 중심으로 한 세력뿐만 아니라, 공산주의 혁명에 동조하
는 중산층과 지식인 계급도 인민에 포함시켰다. 그래서 인민 다수의
의지에 의해서 개인의 자유와 권리를 박탈하여 점진적으로 공산주의
혁명을 일으키는 것이 그들이 말하는 '인민민주주의 혁명 노선'이다.
실제로 러시아를 제외한 대부분의 공산주의 국가들이 이러한 '인민민
주주의 혁명 노선'을 따랐다.

　노무현은 2007년 북한을 방문 중, 방명록에 "인민의 행복이 나오는
인민주권의 전당"이라고 썼다. 그리고 북한 김영남 최고회의 상임위
원장이 주최한 만찬에서는 "인민의 행복이 나오는 인민주권의 전당",
"인민은 위대하다"라고 말하며 건배를 제의했다.

　사실 노무현이 이런 말을 한 것이 별 큰 문제라고 인식하지 못하는
대한민국 국민들이 대다수이겠지만, 북한에서 "인민은 위대하다", "인
민주권의 전당"과 같은 얘기를 한다는 것은, 북한 전체주의 정권의 입
장에서는 매우 충격적인 발언이다. 왜냐하면, 북한 전체주의 집단의
주권자는 인민이 아니라, 3대 세습 전체주의 왕조 집단의 수괴인 김일
성, 김정일, 김정은이다. 따라서 북한 주민들이 공개적으로 북한을 '인
민주권의 전당'이라고 얘기한다면 공개처형을 당할 것이 분명하다. 또
한 북한에서는 '위대하다'라는 말은 인민 앞에 붙이지 않는다. 북한에
서 위대한 존재, 다시 말해 그들이 말하는 최고 존엄은 김일성, 김정
일, 김정은이기 때문이다. 역시 북한 주민들이 "인민은 위대하다"라고
얘기한다면 사상범, 불순분자로 의심받아 공개총살을 당할 가능성이
높다. 노무현은 인민민주주의 사상에 친화적인 것처럼 보이지만, 북한
의 주체사상을 바탕으로 한 인류최악의 전체주의의 본질이 무엇인지

제대로 파악하지 못한 것 같다. 친북좌익세력들은 그들이 80년대 학생운동을 통해 말했던 인민민주주의에 대한 극심한 향수를 바탕으로 북한이 인민민주주의를 실현하고 있는, 혹은 실현할 수 있는 국가로 인식하고 있는 것 같다. 그러나 북한은 인민민주주의를 바탕으로 하는 것이 아니라, 주체사상을 바탕으로 한 세계최악, 인류최악의 전체주의 왕조 집단일 뿐이다. '조선민주주의인민공화국'이라는 북한 전체주의 집단의 국호야말로 인류 최악의 거짓말인 것이다.

　노무현은 북한을 자주적인 국가라고 얘기하며, 대한민국을 친미국가라고 폄훼했다. 미국은 6·25전쟁에서 5만 명의 미군이 희생되면서도 대한민국의 생존을 지켜줬고, 대한민국과의 긴밀한 군사동맹으로 북한의 위협을 막아내고, 동북아의 안보를 지켜내고 있다. 미국은 역사적·외교적으로 가장 중요한 나라이며, 현대과학문명·자유민주주의·자유시장경제·개방된 세계시장과 글로벌 지식소통 문명을 확립한 나라이다. 노무현은 과거 공산주의 운동권 세력이 미국을 일컫는 말인 '제국주의'라는 말을 사용하며, 제국주의 역사가 세계 인민들에게 반성하지 않았으며, 미국이 제일 큰 문제라고 김정일에게 얘기했다.

　노무현의 이런 황당한 발언은 임기 중에도 멈추질 않았는데, 2005년 9월 14일 뉴욕의 유엔총회 연설에서 그는 "지금 세계 여러 분야에 남아 있는 제국주의적 사고와 잔재를 완전히 청산해야 하고 일부에서 나타나고 있는 강대국 중심의 경향을 경계해야 한다."라고 말했다.
　미국은 50만 명의 자국민을 희생하여 2차 세계대전을 승리로 이끌었고, 영국과 프랑스를 중심으로 한 식민지 질서를 정리하여 GATT체제를 통한 개방된 글로벌 세계시장의 초석을 만들어 낸 나라이다. 2차 세계대전이 끝난 후 미국을 중심으로 한 강력한 국제연합(UN)이 만들어짐으로써 19세기에서 20세기까지 이어졌던 제국주의는 사실상 끝난 것이다. 그 후 세계무역기구(WTO)가 출범하여 개방된 글로벌 세계시장이 확립되었고, 전 세계인들이 자유시장경제 체제 아래에서 경제적인 번영을 누리고 있는 사실을 노무현은 망각했던 것 같다.

노무현은 임기 중이던 2004년 3월 1일 삼일절 기념사에서 "간섭과 침략과 의존의 상징이던 주한미군 기지가 우리 국민의 손에 돌아온다"라고 말하여 주한미군을 침략자로 극악하게 폄훼했다. 미군은 대한민국의 자유와 독립을 위해 6·25전쟁에서 공산전체주의 세력의 침략을 막아주고, 인류 최악의 북한 전체주의 집단으로부터 방패막이 되어주었다. 한미동맹은 한미 간의 군사동맹뿐만 아니라 외교, 경제, 문화 영역을 포함한 모든 분야에서의 동맹을 의미하고, 이러한 한미동맹이 있었기 때문에 지금의 대한민국의 경제적 번영이 있을 수 있었다. 그런 매우 소중하고 고마운 한미동맹과 주한미군에 대해 노무현은 '간섭과 침략과 의존의 상징'이라고 말하고 있는 것이다.

노무현을 포함한 친북세력들은 '전시작전통제권 환수'라는 표현을 사용함으로써 마치 현재 전시작전통제권을 한국이 행사하지 않는 것처럼 암시하는 잘못된 용어를 사용해왔다. 노무현은 지금의 한미 연합군이 공동으로 행사하게 되어 있는 전시작전통제권을 대한민국이 단독으로 행사하게 만드는 것에 있어서도 그 어떤 사람보다도 적극적으로 행동했다.

노무현은 2002년 2월 13일 한국노총과의 간담회에서 "막상 전쟁이 나면 국군에 대한 지휘권도 한국 대통령이 갖고 있지 않다"라고 말했다. 그러나 실제로 한국에서 전쟁이 나면 한국과 미국은 한미연합사를 통해 공동으로 작전을 지휘할 수 있다.

전시에 중요한 작전 사항 등은 한미 양국의 대통령, 국방장관 등으로 구성된 '국가통수 및 군사지휘기구(NCMA)'의 협의를 거쳐 전시작전을 수행하게 된다. 그 외에도 한미 양국에서 번갈아가며 연례적으로 개최하는 회의인, '한미 안보협의회의(SCM)'를 통해 한미 양국의 안보 문제 전반에 관한 정책 등을 협의하고 동북아 안보를 위해 긴밀한 군사협력 계획을 수립한다. 또한 '한미군사위원회회의(MCM)'을 통해 한미 안보 협의회의에서 합의한 양국 간 주요 군사정책과 작전지침을 구체적으로 발전시켜 한미연합사령부에 하달한다. 한미군사위원회회의(MCM)의 구성원을 보면, 한국측에서 합참의장, 합참 전략기획본부장이 참석하고, 미국측에서 합참의장 태평양사령관 그리고 양국의 통합된 방위 노력을 대표하는 한미 연합군사령관 등 양국 군수뇌부들이 참석한다. 한미군사위원회회의(MCM)을 통해서 볼 수 있듯이, 한미 양국의 국군수뇌부들이 한미연합사를 통솔하고 전시작전권을 공동으로 행사하고 있음을 확인할 수 있다.

이렇듯 전시작전통제권은 미국이 단독으로 행사할 수 있는 것이 아니라 한국과 미국이 공동으로 행사하는 것이다. 주한미군이 대한민국에서 계속 주둔하면서, 미국의 최첨단 전략무기와 항모전단, 정찰기, 폭격기, 미사일 등을 이용하기 위해서는 한국과 미국이 공동으로 전시작전권을 행사해야 하는 것이 필수적인 것이다.

노무현은 전시작전통제권의 환수야말로 자주국방의 핵심이라고 말했다. 그는 2005년 7월 7일 한 언론사와의 간담회에서 "우리가 안보를 너무 남의 나라에 의존해서는 안 된다. 우리 안보는 1차적으로 한국이 자력으로 지켜나갈 수 있어야 된다. 역할의 비중에 있어서 한국의 역할이 강화돼야 된다. 그리고 작전통제권도 환수돼야 한다. 한미동맹에 관한 관계도 보다 더 균형적인 관계로 가야 한다, 등의 몇 가지 변화를 시도하고 있다."라고 말했다.

또한 2006년 8월 15일 경축사에서 "작통권 환수는 국군통수권에 관한 헌법 정신에도 맞지 않는 비정상적인 상태를 바로잡는 일"이라고 말했다.

얼핏 보면, 전시작전통제권을 한국군이 단독으로 행사하는 것은 자주국방을 위한 것이라는 노무현의 주장에 어느 정도 일리가 있어 보일 수 있다. 그러나 대한민국은 인류 최악의 전체주의 집단인 북한과 군사적으로 첨예하게 대치중이고, 전 세계 최대 규모의, 100만에 달하는 양측 육군 병력이 휴전선 부근에 밀집해 있다.

북한은 세계적 수준의 미사일과 잠수함, 생화학무기를 보유하고 있다. 북한은 이미 5차례에 걸쳐 핵실험에 성공하였고, 수차례에 걸쳐 미사일 실험을 강행했으며, 핵무기의 소형화 경량화가 완성되어 언제든지 미국과 대한민국을 향해 핵미사일을 날릴 준비가 되어 있다. 이러한 심각한 안보 현실에 대해 대한민국 국민들은 깊이 생각해야 한다.

북한은 정규군 120만, 예비군 770만을 보유하고 있으므로, 이를 한미동맹 없이 대한민국 홀로 상대했을 때 북한을 압도하는 힘의 우위

를 선점할 수 없다는 사실에 대해 노무현은 국민들에게 얘기했어야
했다. 그런 막대한 규모의 비대칭 전력과 많은 수의 북한군을 감당하
기 위해서는 미국의 최첨단 전략무기와 전투기, 폭격기, 항모전단이
필요하다는 사실 역시 노무현은 국민들에게 설명했어야 한다. 미국의
전 세계 최고수준의 정보망을 통해 북한의 정보를 수집하고, 최첨단
전략무기를 통한 북한 지역의 예방적 선제 정밀타격을 실시하기 위해
서는 미군의 전력과 한미연합군에 의한 작전통제권을 공동으로 행사
하는 것이 필수적이라는 사실을 얘기했어야 했다.

　전시작전통제권을 한미 양국이 공동으로 행사한다는 것 자체가 이
미 대한민국이 북한과의 전력에서 힘의 우위를 차지할 수 있음을 의
미한다. 전시작전통제권을 한국군이 단독으로 행사하는 것은 곧 한미
연합사 해체와 주한미군 철수를 의미한다는 사실을 노무현은 국민들
에게 은폐하고는 그저 전작권을 환수하는 것이 자주국방이라고 거짓
된 주장을 국민들에게 얘기했던 것이다.

　노무현이 전시작전통제권 환수를 위해 발언한 가장 참담한 부분은
2006년 12월 21일 민주평통자문회의 상임위원회 연설이라고 생각한
다. 너무나도 참담한 연설이라 일일이 논평해 주고 싶지도 않다. 이 발
언에 문제의식을 느끼지 못한다면 너무나도 많은 설명이 필요하고, 자
세히 설명을 해도 제대로 이해하지 못할 거라고 확신한다.

　　"우리가 전시작전통제권을 할 만한 실력이 없느냐. 대한민국
　　군대들 지금까지 뭐 했나. 나도 군대 갔다 왔고 예비군 훈련까지
　　받았는데 … 심심하면 사람들한테 세금 내라 하고, 불러다가 '빵

뺑이' 돌리고, 훈련시키고 했는데… 그 위의 사람들은 다 뭐했나, 자기 나라, 자기 군대의 작전 통제권도 제대로 할 수 없는 군대를 만들어 놓고 나 국방장관이오, 나 참모총장이요, 그렇게 별 달고 거들먹거리고 말았다는 그런 것이냐. 그래서 회수하면 안 된다고 줄줄이 몰려가고 성명 내고, 자기들이 직무유기한 것 아닌가. 부끄러운 줄 알아야지! … 전시작전권 돌려받으면 우리 한국군들 잘한다. 경제도 잘하고, 문화도 잘하고, 한국 사람들이 외국 나가 보니까 못하는 게 없는데 왜 전시작전권만 못한다는 건가.

미국에만 매달려, 바짓가랑이에 매달려, 응디, 미국 응디 뒤에 숨어서 형님, 형님, 형님 빽만 믿겠다.… 이게 자주국가 국민들의 안보의식일 수 있는가. 줄줄이 전작권 반대 성명 … 부끄러운 줄 알아야지. 난 나가요 하면 다 까무러치는 판인데, 대통령 혼자서 어떻게 미국하고 대등한 대결을 할 수 있겠나. 다 죽는다고 국민들이 와들와들 사시나무처럼 떠는 나라에서 무슨 대통령이…"

하나는 확실하게 얘기할 수 있겠다. 대한민국 국민들이 노무현이 말한 대로 사시나무처럼 떠는 이유는, 한미연합사가 해체되고 주한미군이 철수해서가 아니라, 한 나라의 대통령이 인류 최악의 전체주의 왕조 집단인 북한의 변호인, 대변인 역할을 너무도 열심히 수행해서가 아닐까 싶다.

[2] NLL 사수 문제를 시끄러운 걸로 여긴 노무현

한국의 친북세력들은 북한을 개혁개방하겠다는 말조차 하지 않는다. 북한의 체제를 유지시켜 주는 것이 그들의 소명인 것처럼 행동한다. 인류 최악의 전체주의 왕조 집단이어도, 인류 최악의 인권유린을 자행해도, 인류 최악의 노예노동을 자행하는 집단이어도, 핵을 만들어 인류를 위협하고 있어도, 평화와 교류협력만이 최고의 선이라고 하면서 북한의 체제에 위협을 가하는 모든 행동을 반대하고 있다. 북한 정권의 입장에서는 한국의 친북세력들이 북한의 관료들과 장성들보다도 더 소중하게 느껴질 것 같다.

노무현은 김정일에게 말하기를, 개혁개방이란 말을 사용하지 말 것을 지시했음을 얘기했다. 다시 말해, 북한의 체제를 유지시키는 것을 제1의 원칙으로 노력했다고 김정일에게 말하는 것 같다. 노무현 정권은 북한정권을 붕괴시키거나 그 붕괴를 관리할 의지가 없는 것을 떠나 북한정권의 붕괴를 맹렬하게 반대하고, 그 전체주의 왕조 체제 유지를 위해 혼신의 노력을 다했다. 대한민국이 주도하여 북한을 흡수하는 자유통일은 노무현 정권과 친북세력이 우선적으로 막아야 할 부분이었던 것이다.

북한 김정일의 입장에서는 노무현이 정말 충직한 대변인처럼 느껴졌을지도 모르겠다. 국제사회에 북한의 대변인과 변호인 노릇을 하고,

북한의 핵개발에 대해 어떠한 비판도 하지 않고 용인하고, 국제사회에서도 북한정권의 체제 유지를 위해 미국과 싸웠다니 김정일의 입장에서 노무현은 북한에게 얼마나 소중한 존재였을지 짐작할 수 있다.

　NLL은 북한의 입장에서는 굉장히 부담스럽게 느껴질 것이다. NLL을 기점으로 대한민국은 연평도와 백령도에 대규모 해병대, 해군 병력을 유지하고 있고, 바로 앞에 북한의 영토와 마주하고 있다. 탈북했던 전직 북한 고위 외교관이었던 사람이 NLL에 대해서 말하기를, '북한의 목을 향하고 있는 단검'이라고 얘기했다. 그만큼 NLL은 대한민국에게는 군사적으로 매우 유리한 전략적 입지를 갖고 있는 부분이다. 대한민국의 입장에서는 결코 포기해서는 안 되는 대한민국의 영토와 영해이고, 반드시 수호해야 할 중요한 군사적 요충지임에도 불구하고, 노무현은 NLL을 사실상 해체시키려 하고 있다.

　노무현은 남북정상회담에서 NLL 문제가 남북문제에서 가장 큰 문제라고 생각하고 있다고 김정일에게 얘기한다. NLL이 북한의 큰 문제일 수는 있다. 그러나 NLL이 왜 대한민국의 큰 문제란 말인가? 제1차 연평해전에서는 대한민국이 큰 승리를 거두었다. 제2차 연평해전에서는 김대중 정부의 황당한 교전수칙 때문에 북한 함정이 대한민국의 군함의 코앞까지 다가와도 대한민국의 해군은 아무런 대응하지 못했다. 그렇게 어처구니없는 김대중 정부의 교전수칙과 야비하고 기습적인 북한의 공격으로 수많은 해군 장정들이 순국했다. NLL이 문제가 아니라 김대중 정부가 만들어 놓은 황당한 교전수칙이 문제였던 것이다. 제2차 연평해전 이후에 아무런 문제가 없이 열심히 지켜온 NLL인데, 노무현은 뭐가 큰 문제라고 생각한 것인가?

　대한민국의 북한 문제를 다루는 수많은 관료들이 북한과 NLL 문제를 협상하는 것 자체를 굉장히 황당하고 부담스러운 일이라고 생각하였을 것이다. 그래서 NLL을 의제로 놓는 것을 굉장히 꺼리고 있는데 노무현이 직접 나서서 NLL 문제를 다루라고 지시하고 있다. 사실 가장 황당한 부분은 노무현이 NLL 문제에 대해서 김정일과 인식을 같이하고 있다고 얘기하는 부분이다. 대한민국의 국가 원수가 인류 최악의 전체주의 왕조 집단의 최고수장과 안보·국방·영토 문제에 있어서 인식을 같이 하고 있다면, 이미 대한민국의 존립은 상당히 위태로운 수준인 것이다.

　또 한 가지 충격적인 부분은 노무현이 "그러나 이게(NLL 문제가) 현실적으로 자세한 내용도 모르는 사람들이 민감하게, 시끄럽긴 되게 시끄러워요."라고 말하는 부분이다. 노무현이 원래 심한 막말을 한다는 사실을 익히 잘 알고 있었지만, 김정일 앞에서도 저런 식의 말을 했다는 것에 다시 놀랍다.

　'NLL의 현실적으로 자세한 내용'이라는 것이 도대체 무슨 말인가? NLL이 헌법 문제가 아니라고 얘기하는 노무현은 도대체 어느 나라의 국가원수인가? 한반도와 부속도서가 대한민국의 영토이니 NLL이 영토선이 아니라는 것은 굉장히 위험한 발상이다. 헌법에서 북한지역을 대한민국의 영토라고 하는 것은 자유통일이 이루어졌을 때, 북한의 영토 역시 대한민국의 영토로 편입될 수밖에 없다는 것을 헌법에 명시한 것이고, 자유통일이 이루어질 때 북한 주민들이 자동적으로 대한민국 국민이 되는 것을 보장하는 것이다. 북한의 지독한 압제에서 벗어나기 위해 대한민국으로 탈북한 탈북자들이 귀화나 망명 절차를 밟지 않고 자동적으로 대한민국 국적을 갖게 되는 것도 이 헌법조항에 의한 것이다.

대한민국의 국가원수는 국민의 생명과 안전, 그리고 국토를 수호할 헌법상의 의무를 갖고 있다. 그런데 NLL이 헌법문제가 아니다? 대한민국의 국가 원수가 NLL을 사수하는 것을 그저 시끄럽게만 느끼는 것이 정상이란 말인가? 국토를 보존하고 국민의 생명과 안전을 보존하라는 국민의 바람을 시끄럽게 인식하는 사람이 대한민국의 대통령이 된 것은 대한민국 현대사의 참담한 현실 중의 하나라고 생각한다.

북한의
변호인
노무현

제 5 부
자유민주주의의 적들,
한국의 친북세력

이 해 성

제1장 철저하게 꼬여버린
친북세력들의 사고방식

한국의 많은 젊은 사람들이 유시민을 좋아하는 것 같다. 유시민은 종편 방송프로에도 자주 나오고 그가 쓴 책을 많은 젊은 사람들이 읽는 것 같다. JTBC에서 방송했던 '밤샘토론'이라는 토론 프로에서 유시민이 한 얘기를 듣고 매우 황당했던 기억이 난다.

■ 유시민 : 조전혁 의원님 말씀이나 권희영 교수님 말씀을 듣다보면 전체주의가 끝난 것이 아니다, 그런 생각이 자꾸 들어요. 왜냐하면, 역사교육의 목표가 국민 만들기다? 무슨 교육목표에 그런 것이 있습니까? 교육이 뭐에요? 교육은 제 생각에는 우리 모두는 국민이기 이전에요. 인간이에요. 국민으로서 생각하기 전에 인간으로서 생각해야 되요. 저는 그렇게 믿습니다. 그러니까 국가가 교과서로 어떤 사람들을 국민으로 만든다? 이거는 전체주의에요, 이게. 이게 전체주의고, 우리가 교육을 생각할 때 아이들 한 사람 한 사람이 주체적인 인격체로서, 자기가 가진 본성과 자기가 가진 소망에 따라서 뻗어나갈 수 있는 기회

를 제공해 주는 것이 교육이지, 목표를 정해 놓고 어떤 상태로
맞추는 것은 분재하는 거예요. 소나무 분재하듯이요. 이거는
소위 피히테 류의 '독일국민에게 고함'에 나왔던, 국가가 강제
적인 권력을 이용해서 특정한 가치 기준에 입각해서 볼 때 바
람직한 인간상을 만들려는 시도거든요. 이게 아주 나쁜 방향으
로 간 것이 히틀러고요. 또 다른 방향으로 간 것이 스탈린이에
요. 이런 말씀들 속에 아직도 우리가 완전히 극복하지 못한, 자
유 사회에서라면 완전히 극복했어야 될 전체주의적 사고방식
의 잔재가 여전히 남아 있다고 보고, 그 때문에 우리의 미래가
불안하게 느껴져요, 저한테는…

■ 권희영 교수 : 국민 만들기가 전체주의라고 하셨는데, 사실 그것
은 올바른 해석이 아니라고 봅니다. 왜냐하면 전체주의라고 하
는 것이 가지고 있는 특징은 특정한 지도자를 우상화 하는 것
이죠. 그리고 국민들을 그 우상화된 그 지도자에게 정신적으로
나 육체적으로나 복속시키는 거죠. 그것이 전체주의의 특징 아
니겠습니까? 자유민주주의체제 하에서의 국민이라고 하는 것
은요. 어떤 특정한 사람에게 특정한 지도자에게 국민들을 복속
시키는 것이 아닙니다. 지금 방금 유시민 의원께서 잘 말씀하
셨듯이. 각 개인이 인격을 가지고 개인적인 가치를 충분히 발
휘할 수 있도록 그렇게 형성하는 것이 자유민주주의 체제 하에
서의 국민 만들기입니다. 건강한 시민으로 만들어나가는 것이
에요. 그것이 어떻게 해서 잘못된 것일 수 있겠습니까? 그러니
까 그런 점에 있어서 우리나라에 있어서의 국민 만들기라고 하
는 것은 건강한 시민 만들기다. 즉, 어떤 특정한 전체주의적 지

도자에게 복속하는 인간을 만드는 것이 아니라, 각 시민이 개인적인 자각을 가지고 자발적으로 국가를 위해서 살아나갈 수 있는 그러한 시민 만들기라는 것이죠.

■ 유시민 : 제가 한 마디만 물어볼게요. 저는 국가를 위해서 살려고 이 세상에 온 게 아닙니다. 저한테 국가를 위해서 살라고 하지 마세요.

■ 권희영 교수 : 저는 그런 얘기 안 해요. 근데 저한테는 개인적인 삶도 중요하고 국가 공동체를 위한 삶도 역시 중요하다는 거예요.

■ 유시민 : 그것은 권희영 교수님의 생각이시고요. 국가를 생각하고 사는 것도 중요하다고 봐요. 제가 민족중흥의 역사적 사명 따위를 위해 이 세상에 태어난 사람이 아니에요. 저는 그냥 세상에 왔고요. 세상에 왔기 때문에 많은 것을 운명으로 받았고, 대한민국의 국적이라는 것도 운명으로 받은 거예요. 이것이 내 운명이니까 이 운명을 받아왔고, 이 안에서 인간으로서 최선을 다해서 살아야겠다, 이렇게 생각하는 거지, 제가 뭐 때문에 국가를 위해서 삽니까? 왜 국가를 위해서 살도록 저를 누가 만들려고 하세요?

■ 권희영 교수 : 아니요. 자유롭게 살면 됩니다. 저는 상관 안 해요.

■ 유시민 : 아니 지금 말씀하신 것 중에 국가를 위해서 살도록 만들어야 된다고 얘기했는데…

■ 권희영 교수 : 나는 국가를 위해 살도록 만들어야 된다고 얘기를 안 했어요. 건강하게 시민으로서 살아나갈 수 있도록 만들어야 된다는 것이죠.

- ■ 유시민 : 오케이, 그건 좋습니다. 그런데 좀 전에는요, 국가를 위해 살도록 만들어야 한다고 하셨는데…
- ■ 권희영 교수 : 그런 말은 한 적이 없습니다.
- ■ 유시민 : 한 말씀만 더 붙이면요, 그런 거예요. 내 인생에 간섭하지 말라는 거예요. 내가 한 인간으로서 올바르게 의미 있게 살려고 노력하고, 그렇게 하기 위해 나의 자유를 행사하는데, 내가 부당한 방법으로 타인의 자유를 침해할 때 나를 제재해라. 그러나 어떻게 살 것이며, 내 인생의 목표가 뭔지, 건강한 시민이 어떤 존재인지에 대해서 그 누구도 나를 만들려고 하지 마라. 이것이 저의 생각입니다.

(*출처: 과거 JTBC 36회 밤샘토론)

유시민의 얘기를 대충 들어보면 그는 자유주의(Liberalism)를 얘기하는 것처럼 보이지만 매우 편파적인 자유주의라고 나는 얘기하고 싶다. 우선 그는 전체주의(Totalitarianism)의 뜻을 제대로 알지 못하고 있다. 그는 전체주의를 국가가 교과서를 통해서 국민으로 만들어 나가는 것이라고 얘기했다. 유시민의 정의에 따르면, 미리 계획된 교육과정에 따라 정해진 교과서로 학생들에게 지식을 전달하고 자유롭고 책임감 있는 시민으로 만들려는 현행 대한민국의 공교육 시스템이야 말로 전체주의가 되는 것이다.

사실 전체주의는 그런 것이 아니다. 전체주의의 실제 정의는 그렇게 단순히 정부 주도로 이루어지는 계획적인 시스템과 같은 형태로 정의되지 않는다.

전체주의란 강제와 억압을 통하여 〈개인의 자유, 인권, 재산, 생명,

진실〉을 비롯한 개인의 '전체(Total)'를 통제하고 말살시켜서 개개인들을 집단 혹은 절대자에게 복속시키는 체제를 뜻한다. 다시 말해, 인간의 개인성을 말살한 채, 오직 인간을 사회적이기만 한 존재, 나무나 벽돌과 같은 물질적인 존재로만 인식하고, 사회를 엔지니어링 하여 피바다(Sea of Blood)를 건너면 천국을 만들 수 있다고 믿는 종교적 광기인 것이다. 전체주의의 가장 큰 특징은 절대자를 우상화한다는 점, 전체 집단의 주장에 반하는 소수의 의견을 완전히 말살시켜 버리는 것이다.

〈스탈린의 공산전체주의〉, 〈히틀러의 나치즘〉, 〈일제의 천황군국주의〉, 〈모택동의 공산전체주의〉, 〈폴 포트의 공산전체주의〉가 이에 해당할 것이고, 〈북한의 김가-신정(金家-神政) 공산전체주의〉가 지구상에 마지막 남은 전체주의 체제일 것이다.

우남 이승만 박사, 프리드리히 하이에크, 칼 포퍼, 한나 아렌트, 레이몬드 아론, 피터 드러커 등 무수히 많은 학자들에 의해 전체주의 개념에 대한 연구가 이미 상당히 많이 진행되었고, 평양의 김정은 정권이야말로 많은 학자들이 정의한 전체주의의 정의에 가장 잘 들어맞는다.

나는 단 한 번도 유시민이 북한의 전체주의 왕조체제의 참혹한 실상에 대해 제대로 비판한 걸 본적이 없다. 그는 토론 중에 "국가가 강제적인 권력을 이용해서 특정한 가치 기준을 입각해서 볼 때 바람직한 인간상을 만들려는 시도거든요."라고 말했다. 바로 국가가 극악한 강제적인 권력을 이용해서 2천5백만 북한 주민들 전체를 김씨 왕조의 노예로 만드는 체제가 바로 인류 최악, 인류 최후의 〈북한 김가-신정 전체주의〉일 것이다. 현행 검인정 한국사 7종 검정 교과서들은 인류 최악의 북한 전체주의 정권의 실상에 대해서 제대로 서술하지 않고 오히려 맹목적으로 평화와 교류 협력의 잘못된 당위성을 암묵적으로 주입한다. 이러한 암담한 상황을 극복하고 진실에 입각한 교과서를 학생들에게 제공하기 위해 박근혜 대통령은 국정 한국사 교과서를 추진 했지만, 유시민은 국정 한국사 교과서를 전체주의라고 얘기하고 있는 것이다.

현행 검인정 한국사 교과서의 심각한 문제에 대해서 얘기를 시작 하면 지면을 매우 많이 할애해야 한다. 확실한 것은, 국정교과서를 맹 렬히 비난하는 사고방식 안에는 친북세력들의 심각하게 편향된 사고 방식이 매우 강하게 녹아 들어가 있음을 알 수 있다.

대다수의 친북세력들은 '정치적 자유'를 매우 강력하게 외친다. '정 치적 자유'는 다시 말해서 '사상의 자유'로 연결이 되는 부분인데, 사 상의 자유는 곧 공산전체주의, 김일성 주체사상을 자유롭게 주장하고 전파하는 자유를 포함해야 한다고 친북세력들은 주장한다. 그러나 '정 치적 자유'의 근본에는 개인의 자유, 개인의 권리를 지키는 것에 있다. 그러므로 대한민국의 자유민주주의 체제를 부정하여 개인의 자유와 권리를 훼손하려는 그런 정치적 자유는 존재하지 않는 것이다. 친북세 력들은 공산주의, 김일성 사교 전체주의를 추종할 수 있는 자유를 주 장하지만, 북한 주민들의 자유는 이에 고려 대상이 아니다. 북한 주민 들의 자유와 인권은 친북세력들에게 있어 중대한 고려 대상이 아니다.

북한 전체주의 정권의 적화통일 야욕으로부터 개인의 자유와 개인의 권리를 지켜내기 위해 지금도 수많은 국군들이 대한민국을 지키고 있다. 또한 대한민국 내에 현존하는 간첩들과 종북세력들을 색출하고 수사하고 처벌하기 위해 반드시 필요한 것이 국가보안법인 것이다. 안보는 정치와 이념의 문제가 아니다. 개인의 자유, 개인의 권리, 더 나아가 국민들의 생명이 걸려 있는 문제이기 때문에 안보에 있어서는 한 치의 양보도 있어서는 안 된다. 그러나 친북세력들은 북한에 대해서는 맹목적인 평화주의자로 돌변한다. 그들은 북한의 핵과 미사일을 변호하고, 주한미군 철수를 주장하여 대한민국의 안보에 심각한 위협을 가하고 있다. 그들은 맹목적으로 국가보안법의 즉각적인 폐기를 요구한다.

나는 친북세력들이 '경제적 자유'를 주장한 것을 본적이 없다. 자유민주주의 체제의 근본은 사유재산권을 개인의 생명과 같이 존중해 주는 것에 있다. 더 나아가 기업의 재산권과 경제적 자유를 보장하여 기업들이 세계시장에서 자유롭게 경쟁하는 것을 방해하지 말아야 한다. 그러나 친북세력들은 자유시장경제체제를 매우 불편한 것으로 생각한다. 그들은 국가가 시장에 적극적으로 개입해야 한다고 주장한다. 그들은 대기업, 부자 증세를 외치며, 무차별적 복지를 확대해야 한다고 주장한다. 그들 중 극단적인 세력들은 대기업의 해체를 주장한다.

물론 공산주의, 전체주의, 평양의 주체사상을 학술적인 차원에서 분석하고 연구하는 것은 매우 중요할 것이며, 누군가가 그 사상에 개인적으로 매력을 느끼고 있다면, 이를 제재하기란 쉽지 않을 거라 생각한다. 그러나 친북세력들은 그러한 수준을 넘어서 대한민국의 자유민주적 기본 질서 그 자체를 부정하고 폄훼한다. 또한 건국 대통령인 이승만 대통령과 부국 대통령인 박정희 대통령이 만든 위대한 대한민국의 역사에 대해서도 끊임없이 왜곡하고 폄훼한다. 그들에게 있어서 대한민국은 친일파가 세운 나라, 태어나지 말았어야 할 나라이다. 노무현은 대통령 취임사와 그 해 3·1절 기념사에서, 대한민국은 정의가 패배하고 기회주의가 득세했다고 얘기했다.

친북세력들이 사실과 진실을 왜곡하는 것 자체도 문제이지만, 관점의 잣대를 적용하는 데 있어서도 전혀 일관적이지 않다. 예를 들면, 그들은 이승만·박정희 대통령의 권위주의적 통치 방식을 '독재'라고 얘기를 하지만, 평양의 극악한 전체주의 왕조 체제에 대해서는 '독재'라는 말을 잘 사용하지 않는다. 6·25 남침전쟁 중에 혹은 전후로 대한민국에 일어났던 불가피한 희생에 대해서 대다수의 역사업자들은 '학살'이라고 규정하지만, 북한 정권이 자행했던 수많은 인민재판과 전쟁 중에 자행했던 학살에 대해서는 제대로 얘기하지 않는다. 현재 북한 주민들의 극도로 열악한 인권 실태와, 공개처형, 정치범 수용소의 참담한 상황에 대해서 입을 다문다. 90년대 중반 이른바 '고난의 행군' 때 최소 200만 명의 북한 주민들이 아사했던 사건에 대해서도 입을 다문다.

그뿐만이 아니다. 그들은 6·25전쟁의 극심한 혼란 속에서 무고하게 희생된 사람들에 대한 책임을 김일성, 스탈린, 모택동에 돌리는 것이 아니라 이승만 대통령에게 돌린다. 박정희 대통령 시절 국가전복 활동을 한 혐의가 확실하게 드러나서 사형을 빠르게 진행한 것에 대해서는 지금도 사법(司法) 살인이라고 얘기하지만, 북한의 잔혹한 공개처형에 대해서는 제대로 비판하지 않는다.

그들은 노동자와 농민의 인권을 신장해야 한다고 늘 주장하지만, 막상 북한 주민들의 인권 문제의 심각한 상황에 대해서는 전혀 관심이 없다. 정치범 수용소로 끌려가 노예와 같은 삶을 살고 있는 북한 주민들 역시 그들의 관심사가 아니다. 심지어 노무현 정부 시절, UN의 북한 인권 결의안에 적극적으로 찬성하기는커녕, 찬반 여부를 결정하기 위해 북한정권에 물어봤다는 '송민순 전 외교부 장관'의 증언이 매우 큰 충격으로 다가온다. 사실이 어찌되었던 간에, 결과적으로는 노무현 정권이 UN의 북한 인권 결의안에 최종적으로 기권했던 사실들을 볼 때, 그들에게 있어서 북한정권의 극악한 인권 탄압은 관심 밖의 일인 것이다.

나는 유시민이 토론 마지막에 한 말을 보고 정말 큰 의문을 갖게 되었다.

> "한 말씀만 더 붙이면요, 그런 거예요. 내 인생에 간섭하지 말라는 거예요. 내가 한 인간으로서 올바르게 의미 있게 살려고 노력하고, 그렇게 하기 위해 나의 자유를 행사하는데, 내가 부당한 방법으로 타인의 자유를 침해할 때 나를 제재해라. 그러나 어떻게 살 것이냐, 내 인생의 목표가 뭔지, 건강한 시민이 어떤 존재인지에 대해서 그 누구도 나를 만들려고 하지 마라."

유시민에게 묻고 싶다. 본인은 자신의 인생을 간섭하고, 자유를 침해받는 것을 극렬하게 반대하면서, 왜 타인의 자유, 특히 개인과 기업의 경제적 자유를 국가의 계획으로 침해하려는 것에는 강한 문제의식을 느끼지 않는가? 사회주의 계획경제에 따라 개인과 기업의 재산권을 존중하지 않는 것들에 대해 왜 적극적인 문제의식을 갖지 않는가? 무엇보다도 바로 그 개인의 자유를 포함한 인간 개개인의 모든 측면을 말살시키는 북한의 전체주의 체제에 대해서는 왜 문제의식을 갖고 제대로 비판하지 않는단 말인가?

친북세력들은 북한정권의 체제를 유지시키기 위해서, 북한과의 충돌을 막기 위해서, 북한에서 자행되는 아주 끔찍하고 불편한 진실에 대해서 얘기하면 안 된다고 생각한다. 북한정권의 체제를 유지시키기 위해서는 북한정권이 대한민국에 가하는 군사적 도발에 대해서 강하게 비판하면 안 된다고 주장한다. 평화라는 구호를 외치면서 전쟁은 절대 안 되며, 조금의 제재나 반격도 해서는 안 된다고 주장한다. 친북세력들은 한미동맹이 해체되어야 한다고 주장한다. 북한이 핵미사일을 완성시키는 것을 제재해서는 안 된다고 주장한다. 결과적으로 북한의 체제유지를 넘어 대한민국의 생존이 위협당한다는 사실을 그들은 얘기하지 않는다. 그들에겐 거짓으로 개인의 자유, 정치적 자유를 외치지만 북한정권의 체제를 유지시키는 것이 훨씬 더 중요하다. 친북세력들 중 일부 세력들은 대한민국이 해체되고 북한 전체주의 정권과의 연방제 통일 혹은 적화통일을 이룩하는 것을 궁극적인 목표로 삼는다.

이러한 무수히 많은 친북세력들이 대한민국의 상류 제도권, 언론, 학교, 국회, 검찰, 법원 등 수많은 곳에 침투해서 대한민국을 해체하는 작업이 이루어지고 있지만, 대다수의 국민들은 관심이 없다. 대다수의 국민들은 아무런 위기의식을 느끼지 못한다. 지금 당장은 직접적인 피해가 전혀 느껴지지 않고, 이 문제의 심각성을 제대로 얘기해 주는 사람 자체가 극소수이기 때문이다.

잠자는 국민들을 깨워야 한다. 대한민국의 자유민주주의와 자유통일을 염원하는 우리 모두는 정신의 기사가 되어 책임감을 갖고 이 문제를 많은 국민들에게 알려야 한다.

주위에 큰 불이 나, 사방이 불에 둘러싸여 있다. 아직 그 불이 가까이에 있지 않아 별로 염려하지 않는 것 같다. 그러나 불은 끄려는 노력을 하지 않으면 더욱 더 거센 불이 되어 마침내는 감당이 안 될 정도로 커지게 된다. 멀리서 연기만 보이던 불이 주위에 거센 불로 퍼졌다면, 이미 그 불을 끄기에는 많이 늦은 것일 수 있다는 것이다.

방화범들이 의도적으로 불을 지르고 있는데도 사람들은 관심이 없는 현실이다. 바로 대한민국의 자유민주적 기본질서에 심각한 위협을 가하는 친북세력들이 대한민국의 사회 각계각층에 포진해 있는데도 대다수 국민들은 관심이 없고 그저 바라만 보고 있다.

우리가 나서야 한다. 사람들을 깨워 힘을 다해 불을 끄고, 불을 지른 방화범들을 잡아야 한다. 이는 생존의 문제와 연결되어 있다. 혼자만이 할 수 있는 일이 아니다. 국민들이 각성해서 화재를 진압하고 방화범을 응징해야 한다.

제2장 사이비 평화주의자들

노무현이 얘기하는 서해 평화협력지대라는 단어에는 겉으로 느껴지는 무언가 따뜻한 느낌이 풍겨온다. '평화'와 '협력'이니 얼마나 좋은가. 그야말로 남북평화와 남북협력의 상징이라 생각하는 사람들이 많을 것 같다.

노무현·김정일의 남북정상회담은 NLL을 무력화시키고 서해평화협력지대라는 목적을 달성하기 위해 철저히 준비된 것 같은 확신이 든다. 노무현의 말대로 NLL을 어떤 식으로든 건드리는 것은 대한민국 국민들의 많은 반발을 살 수 있으므로, 서해평화협력지대라는 정체불명의 구역을 만들면 대한민국 국민들이 평화라는 이름으로 추진되는 계획에 반대하지 않을 것이라고 생각했던 것 같다.

사실 이것이 현실화된다면 대한민국 안보에 굉장히 큰 위협이 되는데, 그 이유는 첫째, 서해평화협력지대란 이름의 구역에 살게 될 서해5도의 대한민국 국민들은 사실상 북한군의 인질로 전락하게 된다. 이미 대한민국은 서해에 백령도·연평도를 중심으로 NLL이 북한 지역에 매우 인접해 있어서 지리적으로 군사적 우위를 점하고 있다. 그러나 노무현이 주장한 서해평화협력지대가 만들어진다면 NLL 인근에 있는 대한민국 해군의 규모 또한 대폭 축소되거나 전원 철수하게 될 것이다. 그렇게 축소된 해군력을 경찰병력이 충원한다고 해도, 대한민국 해경은 무장 규모가 매우 빈약한 게 현실이다. 그러나 북한의 경찰들은 사실상 북한 인민군이기 때문에 북한 해군에 준하는 무장 규모를 가질 수 있다.

결국 서해5도에 거주하는 대한민국 국민들은 북한의 인질상태에 놓여 있게 되는 것이다. 급작스러운 전시상황에서는 북한군에 의한 대규모 인질극이 벌어질 수 있다.

둘째, 설사 서해평화협력지대에 대한민국과 북한의 해군을 철수하고 서해에 있는 남북의 해군력을 동시에 대폭 축소시킨다고 해도, 이는 북한이 핵미사일을 고도화시킬 때까지만 유효할 것이다. 전체주의 국가는 자신들의 힘의 균형이 상대를 압도할 때까지만 협상의 효력을 유지시킨다. 다시 말해, 전체주의 국가는 협상을 통해 시간을 충분히 확보하여 그때까지 압도할 만한 군사력을 준비하고, 군사력의 우위를 확신하게 될 때에는 바로 조약과 협상을 휴지 조각으로 만들어 버린다.

독일의 나치와 소련도 2차 세계대전을 일으키기 전까지 차근차근 군사력을 늘려나가면서 주위 국가와 평화 협정을 맺고 한순간에 전쟁을 일으켜 유럽전역이 전체주의의 지배 아래 놓이게 만들었다. 일제 역시 태평양 전쟁을 일으키기 전까지는 협상을 통해 시간을 벌었고, 해군력과 공군력을 키워서 마침내 한순간에 진주만을 공습해버린 것이다.

북한의 경우에는 경제상황이 극도로 좋지 않고 국제사회로부터 고립되어 있는 상태이기 때문에 단순히 군사력을 늘리는 것에는 현실적인 어려움이 있을 것이다. 그래서 북한은 비대칭 전력을 강화시켜 나가고 있는데, 대표적으로 핵과 미사일, 잠수함, 생화학 무기 개발에 치중하고 있다. 그 중에서도 북한이 핵과 미사일을 완성시키고 대한민국의 한미동맹이 철폐되면, 북한은 대한민국에 대해서 과거 나치가 유럽을 압도하던 수준 혹은, 2차세계대전 당시 일제가 중국을 압도하고 미국을 선제공격 할 수 있을 정도의 수준이 된다. 북한이 핵과 미사일의 규모를 늘리고 고도화시킬수록, 잠수함과 생화학 무기 규모가 커질수록, 한반도의 힘의 균형은 북한에게 기울어지게 될 것이다. 그 다음 북한 정권은 대한민국을 향해 외칠 것이다.

"서해 평화협력지대는 이제 끝났다."라고.

대한민국에서 지식인이라고 불리는 사람들, 정치권·언론계·학계에 종사하는 사람들 중에 사이비 평화주의자들이 매우 많다. 전쟁은 무조건 나쁜 것이요, 평화는 무조건 좋은 것이라고 국민들에게 설파한다. 남북문제를 해결하는 유일한 방법은 북한과 평화롭게, 교류협력을 하면 된다고 주장한다. 휴전선이든 NLL이든 결국 평화롭게 교류협력하면 남북관계는 개선될 것이며, 전쟁을 피할 수 있다고 믿는 것이다. 많은 한국인들이 이러한 주장에 별 문제의식을 갖지 않고 오히려 친화감을 갖고 있는 현실이다.

대한민국의 친북세력들은 '전쟁이냐 평화냐' 하는 도식을 즐겨 사용한다. 북한과의 교류협력을 원하지 않고, 북한과의 무의미한 대화를 원하지 않으며, 북한의 심각한 인권문제를 지적하는 사람들을 향해 평화를 깨는 세력이라는 프레임을 씌운다. 바로 앞의 남북정상회담 대화록에 나오는 노무현의 발언들이 대표적일 것이다. 북한을 자극하는 일체의 얘기도 하지 말라고 한다. 심지어 '개혁개방'이라고 하는 북한정권에 지극히 필요한 사항에 대해서도 노무현은 이 단어를 사용하지 말라고 대한민국의 외교담당 수행원들에게 얘기했다.

북핵 문제도 마찬가지다. 많은 사람들은 핵무기라는 것이 얼마나 막강한 무기인지 모른다. 정확히 말하면, 핵무기가 있음으로 인해 당사국간의 힘의 균형을 철저하게 붕괴시킬 수 있다는 사실을 알지 못한다.

핵이라는 무기는 한 번의 폭발만으로도 엄청난 파괴력과 살상력을 갖는다. 예를 들면, 1945년에 미국이 일본 히로시마에 투하했던 핵무기를 서울 한복판에 터뜨린다고 가정하면, 서울의 대부분이 파괴되며 1천만 명 가까이 사망하게 될 것이다. 핵폭발 이후에 생기는 방사능 피폭으로 인한 2차 피해로 추가 사상자가 나오는 것은 말할 나위 없다.

정확히 70년 전 핵무기의 규모가 그러했다. 그러나 지금의 북한은 과거 히로시마에 투하했던 핵무기보다 5~10배는 더 강한 핵무기를 갖고 있다. 서울 도심 한복판에 터뜨리면 사실상 수도권 전체기 폭빌하는 것은 물론이고 경기도의 대부분이 파괴되며 대한민국 전 국토에 걸쳐 방사능 피폭으로 인한 엄청난 사상자가 발생한다. 정말로 핵이라는 무기는 상상만 해도 무시무시한 무기라는 사실을 많은 한국인들은 인지하지 못하는 것 같다.

　　북한정권이 핵을 소형화 경량화에 완벽하게 성공하고 미사일을 고도로 완성시켰다고 가정해보자. 많은 한국인들은 그 핵미사일을 한국에 사용하는 것이 아니라 미국을 겨냥한 것이며, 북한의 체제유지를 위한 것이라고 얘기한다. 사실 북한의 핵미사일이 미국을 겨냥하기 위한 것도 맞는 얘기고, 이로써 북한의 체제유지를 위한 것이라는 것도 맞는 얘기다. 안타깝게도 대다수 한국인들의 생각은 거기까지 뿐이다. 북한이 전체주의 체제를 유지하는 것에 성공하면 북한은 이에 만족하고 더 이상의 위협을 하지 않을 것이라고 대다수 한국인들은 생각하는 것 같다. 그러나 북한은 자신들의 체제가 확고히 유지되고 미국의 군사 개입이 없다는 확신이 들었을 때부터, 북한의 핵미사일은 한국을 향하게 되고, 대한민국에게 엄청난 공갈과 협박을 할 수 있게 된다.

　　서울이나 다른 대도시에 핵폭탄이 한 기만 폭발했다고 가정해 보자. 사실상 대한민국은 전쟁을 할 수 없는 상태가 되며, 더 이상의 피해를 막고자 자연스럽게 항복의 길을 가게 된다.

　　대한민국이 결사항전을 하여 북한에 대항한다고 해도 소용이 없다. 북한은 세계적인 수준의 미사일 기술을 보유하고 있다. 다시 말해, 미사일을 정확하게 원하는 지점에 투하할 수 있는 기술이 세계적인 수준이라는 것이다. 핵폭탄을 소형화, 경량화만 할 수 있으면 이를 미사일에 장착하여 대한민국 영토 어디든 공격할 수 있다. 핵폭탄의 파괴력 자체가 이미 상상을 초월하기 때문에 북한은 꼭 미사일을 정밀하게 투하시킬 필요도 없다. 핵은 그 자체로 살상 반경이 엄청난 규모이기 때문에 충분한 오차범위를 갖고서도 원하는 군사시설과 민간시설을 초토화시킬 수 있는 것이다.

게다가 더욱 참담한 사실은 북한정권의 잠수함 기술 역시 세계적인 수준이라는 것이다. 천안함 폭침에서도 보았듯이, 북한의 잠수함은 아주 은밀히 NLL을 넘어와서 해군의 레이더와 소나 탐지를 피해 재빨리 천안함을 폭침시키고 사라졌다. 최대한 증거를 안 남기고, 북한의 소행임을 은폐하기 위해, 북한은 어뢰를 직접 선체에 발사하지 않고 선체 바로 밑에서 수중 폭발시켜 강한 수압과 물기둥으로 배를 두 동강 내어 천안함을 침몰시켰다. 북한의 잠수함과 어뢰 기술은 이미 세계적인 수준이라는 것이다.

북한은 현재 핵잠수함을 보유하고 있다. 핵잠수함을 통해 연료문제 없이 장시간 잠수를 할 수 있고, SLBM을 통해 핵미사일을 장착하여 대한민국 전 국토를 향해 핵미사일을 날릴 수 있는 기술을 갖게 된다. 잠수함 자체가 워낙 은폐성이 좋아 그 위치를 탐지하는 것이 매우 힘들다. 잠수함에서 발사하는 장거리 미사일이 무서운 이유는 미사일의 발사지점을 파악하기가 힘들다는 것이다. 미사일 발사 지점을 미리 포착히면 신제공격을 통하여 적 미사일 발사대를 폭파시키거나, THADD로 적 미사일을 요격할 수 있다. 그러나 북한이 잠수함을 통해 발사하는 SLBM을 선제공격이나, THADD로 막기에는 매우 힘들 것이다.

그러나 북한은 대한민국에 있는 막대한 경제적 부를 파괴하기보다 이를 북한 정권이 차지하고 싶은 마음이 더 클 것이다. 따라서 북한은 핵미사일을 대한민국에 날리지 않고 대한민국을 서서히 잠식해 나갈 것이다. 우선 북한은 가장 먼저 주한미군을 철수시키려고 할 것이다.

주한미군이 철수하면 북한의 계획이 본격적으로 시작된다. 핵미사일을 배치하고, 대한민국에 국지도발을 일으킬 것이다. 서해나 휴전선 부근에서 군사적 도발을 일으킬 수 있다. 그러나 대한민국 국군은 강력하게 대응하지 못한다. 이미 핵을 완성시킨 북한과는 전면전 자체를 할 수 없기 때문이다.

북한은 협상을 요구할 것이다. 대한민국 정부는 이에 응하지 않을 수 없다. 결국 협상은 매우 불평등하게 이루어질 것이며, 또 가짜 평화를 담보로 북한정권은 대한민국의 막대한 이권을 갈취해 나갈 것이다. 이런 식의 이권 침탈이 끊임없이 이루어질 것이다. 대한민국의 막대한 경제적 자원을 북한이 가져가고, 또 북한정권은 이를 핵미사일, 잠수함, 생화학무기와 같은 비대칭 전력에 투자하고, 군비를 더욱 확장시켜 나갈 것이다. 반면에 북한은 대한민국이 군대 규모를 축소하도록 종용할 것이고, 마침내는 대한민국 군대가 제대로 된 전쟁을 수행할 수 없게 만들 것이다. 그때가 되면 북한은 전군을 남하시켜 대한민국의 수도 서울을 함락시킬 수 있다. 아주 조금씩 혹은 급격히 대한민국은 북한에 흡수되어 가는 것이다.

힘의 불균형이 이루어지면 이런 비극적인 현상이 현실이 된다. 많은 역사가 이러한 사실을 증명한다. 일제가 조선을 매우 쉽게 합병할 수 있었던 것도 마찬가지다. 사실 조선의 군사력은 사실상 전무했고, 일제의 군사력에 압도당했다. 전쟁을 해도 단 며칠 만에 조선반도 전체가 함락당했을 것이다. 그러나 일제는 전쟁하지 않았다. 전쟁은 결국 수많은 사람들을 사살하므로 국제사회의 부정적 시선이 존재한다.

일제는 전쟁을 하지 않고 조선을 함락하는 길을 차분하게 걸어 나갔다.

　강화도 조약을 통해 일제가 조선의 경제적인 이권을 침탈하였고, 각종 이권에 개입하여 경제적 이득을 취했다. 조선의 경제는 더욱 나빠져 가고, 정치는 계속해서 혼란스러워지고 있었다. 일제는 조선의 상황을 철저하게 분석하며 합병할 준비를 하고 있었다. 당시 조선에서는 임오군란이 일어나고, 갑신정변이 일어나는 정치적인 혼란기에 있었다. 때마침 동학란이 일어났고, 조선의 관군들은 동학군들을 상대할 여력이 되지 못했다. 조선은 청나라에 원군을 청했고, 청나라 군대가 조선에 들어오자, 텐진 조약에 의해, 일제 역시 조선에 군대를 파견했다. 사실상 조선은 근대국가의 군사력을 유지하지 못했을 뿐만 아니라, 농민 반란군조차도 스스로 진압할 수 없는 수준으로 전락했던 것이다. 동학란은 조선정부에 대한 동학군들의 분노에 의해서 일어났지만, 막상 동학군들은 일제의 기관총에 의해 몰살당했다.

　일제가 조선을 합병하려 할 때의 가장 큰 장애물은 바로 청나라였다. 한반도에서 마주한 청나라 군대와 일제의 군대는 결국 청일전쟁으로 충돌할 수밖에 없었고, 일제의 완벽한 압승으로 끝이 났다. 이로써 일제는 조선을 합병할 수 있을 줄 알았지만 아직 장애물이 더 남아있었다. 바로 러시아였다. 일제는 러시아와의 전쟁을 위해 더욱 힘을 키워 나갔고, 러일전쟁에서도 큰 승리를 거두었다. 이제 더 이상 조선을 합병하는 것을 방해하는 나라는 아무도 없었다.

236 제5부 자유민주주의의 적들, 한국의 친북세력

일제는 서두르지 않았다. 천천히, 일제는 조선의 군대를 해산시켰다. 국가의 가장 중요한 권한인 '외교권'을 을사조약을 통해 박탈했다. 그 과정에서도 일제는 조선왕실을 무자비하게 다루지 않았다. 조선왕실을 존속시키고, 왕실 관계자들에게 귀족의 작위를 줌으로써 그 반발을 최소화했다. 1905년 외교권을 박탈당하고, 1907년 군대까지 해산당하여 사실상 일제의 식민지로 전락한 조선은 마침내 1910년 한일합방을 통해 세계지도에서 사라지게 되었다. 그 후 35년간 조선인들이 어떠한 노예상태로 살아갔는지는 많은 사람들이 잘 알 것이다.

현재 대한민국의 정신상태가 조선후기의 정신 상태와 크게 달라 보이지 않는다. 비록 조선시대보다 월등한 경제력을 갖고, 상당한 경제적 풍요를 누리고 있는 대한민국이지만, 안보의식만큼은 정말 참담하기 그지없다. 인류최악의 전체주의 집단이 서울에서 차로 1시간 거리에 있는데도 한국인들은 위기의식을 느끼고 있지 않다. 북한 정권이 핵미사일을 완성하고, 주한미군이 철수하고, 한미연합사가 해체된다는 것이 대한민국에 무엇을 의미하는지 한국인들은 관심이 없다. 마침내 대한민국은 북한에 공갈협박을 당하고, 조공을 바치는 신세로 전락하여 결국은 북한과의 연방제 통일, 더 나아가 적화통일로 이어진다는 사실에 대해 한국인들은 별 관심이 없다.

우리는 과거 을사조약과 한일합방을 통해 일제의 식민지로 전락하여 너무도 큰 시련을 겪었다. 그러나 대다수의 한국인들은 그렇게 된 근본적인 원인이 무엇이었는지 치열하게 반성하고 있는 것 같지 않다. 한미연합사 해체와 주한미군의 철수야말로 을사조약과 한일합방보다 더욱 끔찍한 결과를 초래한다는 사실을 대다수의 한국인들은 모르고 있다. 적국의 노예로 전락하게 되면 그 노예 상태로부터 해방되기까지 너무나도 큰 시련과 고난을 겪어야 한다. 한국인들은 일제의 식민지로 전락했던 뼈아픈 역사를 갖고 있음에도 아무런 위기의식조차 갖고 있지 않다. 인류 최악의 북한 전체주의 정권을 마주하고 있는 상황에서 전쟁이냐 평화냐의 도식을 사용하며 가짜 평화를 외치는 너무나도 많은 사람들이 한국에 만연해 있다.

전쟁이냐 평화냐가 아니라, 전쟁이냐 노예냐가 정확한 표현일 것이다.

제3장 자유민주주의 대 전체주의

　많은 사람들이 '전체주의(Totalitarianism)'란 단어를 여러 번 들어봤을 것이다. 그러나 많은 한국인들은 전체주의를 그저 '집단적인 사상', '전체를 강조하는 사상' 이런 정도로만 이해한다. 사실 이 단어를 영미권에서 책을 통해 최초로 사용한 사람은 대한민국의 건국대통령인 우남 이승만 박사다. 1941년 8월, 이승만 박사는 미국과 일본의 전쟁을 예언하고, 일본의 천황군국주의(Mikadoism)의 멘탈리티와 평화주의에 안주한 미국인들을 향해 경고한 희대의 역작, 『*JAPAN INSIDE OUT*』(번역서: 일본의 가면을 벗긴다. 2015. 비봉출판사)을 집필하였다. 우남 이승만 박사는 이 책에서 Totalitarianism, Totalitarian이라는 단어를 책 전체에 걸쳐서 자주 사용한다.

　특히 이 책의 마지막 장인 15장의 제목이 '민주주의 대 전체주의(Democracy vs Totalitarianism)'이다. 여기서 말하는 '민주주의(Democracy)'란 영미식 자유민주주의 체제를 뜻하는 것이고, '전체주의(Totalitarianism)'는 자유민주주의 체제에 대척점에 있는, 개인을 절대자 혹은 집단에 복속시켜 개인의 자유와 권리를 말살하고 통제하는 시스템을 말한다.

즉, 일제의 천황군국주의, 이탈리아의 파시즘, 독일의 나치즘, 소련의 공산주의의 속성을 통칭해서 'Totalitarianism'이라고 명명했다. 이승만 박사는 이미 1941년에 공산주의와 일제의 천황군국주의, 독일의 나치즘에 존재하는 공통적 속성을 인지하고 이 단어를 사용한 것이다. 『*JAPAN INSIDE OUT*』이 출판된 이후, 칼 포퍼, 하이에크, 한나 아렌트, 레이몽 아론과 같은 뛰어난 학자들이 이 'Totalitarianism'이라는 단어를 사용해서 전체주의를 연구하고 정의했다.

우리는 평화주의자들의 멘탈리티와 북한 전체주의 정권의 속성을 이해하기 위해서 건국대통령 이승만 박사가 말씀하신 구절을 주의 깊게 들어 봐야 한다.

"평화주의자들은 '전쟁은 결코 문제를 해결할 수 없다'고 하면서, 전쟁은 기독교 교리에도 위배된다고 주장하고 있다. 그들은 평화주의와 기독교 정신을 동일시하고 있는데, 그것은 마치 '자유방임 정책'을 '행동의 자유 원칙'과 동일시하는 것과 같다. 원수를 사랑하라는 계명이 곧 원수의 범죄를 용서해야 하고 옳지 못한 것에도 무기력하게 따라야만 한다는 뜻일까?

기독교인들이 깊이 인식해야 할 것은, 평화주의는 현실 도피에 불과하며, 양심적 병역 기피자는 그 동기가 아무리 순수하더라도, 정의(right)와 부정(wrong)의 문제를 회피하고 있는데, 그들은 자신의 굴종으로써 침략자들을 사실상 고무 격려하고 있는 것이다. 경찰관은 살인을 마음먹고 있는 악당을 설득하려고 하기에 앞서 먼저 진압부터 해야 하는 것과 마찬가지로, 기독교인들도 깡패국가에 대해 결연히 대항하면서 하나님이 부여해 준 고귀한 소유물을 수호하기 위해 칼을 뽑아야 한다."(이승만 저, 류광현 역: 『일본의 가면을 벗긴다』(비봉출판사, 2015년) p. 273. 제14장 평화주의자는 간첩과 같다.)

"일본이 태평양 지역에서 제국을 확장할 모든 가능한 기회를 노리고 있는 동안, 그리고 독일과 이태리가 대서양쪽에서 미국을 향하여 그들의 정복 전선을 밀어붙여 오고 있는 동안, 미국의 어떤 지도급 인사들은 아직도 영국을 적극적으로 도와주는 것에 반대했다. 그들은 적극적으로 원조해 주어야 한다는 여론이 압도적임에도 불구하고 순전히 소극적인 방어 계획 이상의 지원을 거부했다. 이러한 방어준비조차 순 방어목적일 뿐이라는 것을 세계에 알려야 한다고 주장하는 그들의 입장은 요지부동이었다. 다시 말해서, 미국인들은 적이 자기들의 문턱까지 쳐들어와서 전쟁을 걸 때까지 아무것도 하지 말아야 한다는 것이었다.

민주주의 국가들은 너무 늦어서 소용이 없어질 때까지 방어 자세로만 있어야 한다는 사고방식은 참으로 이상하게 보인다. 북유럽의 나라들에서와 마찬가지로 벨기에, 불란서 등지에서 연합국과 나치스가 전투를 벌이고 있을 때, 연합국은 적의 공격을 막아낼 수 있을 정도로 무장되어 있지 않다는 것을 발견했다. 마지노선(Maginot Line)도 방어용이지 공격 목적으로 요새화한 것이 아니므로 속수무책이라고 보도되었다. 만약 잠재적인 적국이 미국 영토에 상륙하여 선전포고를 할 때까지는 미국은 자기들을 공격하지 않을 것임을 안다면, 그들은 미국이 태평양과 대서양의 절반을 덮을 수 있을 정도의 군함과 하늘을 새까맣게 덮을 수 있는 폭격기를 갖고 있다고 하더라도, 미국은 그것을 사용할 의사도 없고 사용할 수도 없다는 것을 적이 알고 있는 한, 그런 것들은 아무 소용이 없다."(이승만 저, 류광현 역:『일본의 가면을 벗긴다』(비봉출판사, 2015년) 제15장 민주주의 대 전체주의)

"만약 미국이, 자기들은 미주(美洲) 대륙을 절대 침범하지 않겠다는 비적(匪賊) 국가들의 약속을 믿고서 나머지 세계를 비적 국가들끼리 나누어 먹도록 내버려둔다면, 그것은 미국으로서는 큰 실책을 범하는 것이 된다. 공포에 질려서 맹목(盲目)이 된 사람이 아니고선 누가 저들의 말을 믿겠는가? 약속을 통해서 그들이 원하는 것을 얻을 수 있는 한, 즉 도둑질한 물건의 합법적 소유자가 될 수 있는 한, 일인들은 무슨 약속이든지 할 것이다. 일본과 독일이 지금 탈취하고 있는 물적 인적 자원을 다 합치면 불원간 미국보다 훨씬 더 막강해질 것인데, 그때 가서 그들은 호언(豪言)할 것이다. '먼로 독트린 또한 사문서(死文書)'라고.

저들(일제를 비롯한 전체주의 국가)을 다루는 최선의 방법은 저들과는 약속도 하지 말고 저들로부터 약속도 받지 않는 것이다. 만약 미국이 저들이 이웃 국가들로부터 무력으로 탈취한 것을 모조리 토해낼 때까지 경제적 제재, 금수조치, 전국적 불매운동 등을 실시할 수 없다면, 미국은 저들을 적어도 공적(公敵)으로 낙인찍힌 자들을 다루는 것과 같은 방식으로 다루어야 할 것이다. 미국으로 하여금 행동을 취하도록 하자.— 그것도 지금 바로 행동을 취하도록."(이승만 저, 류광현 역:『일본의 가면을 벗긴다』(비봉출판사, 2015년) p. 290~291.)

"우리는 소련의 약속을 신뢰할 수 없다는 사실을 잘 알고 있습니다. 36년간의 경험을 통해서 우리가 배운 것이 있습니다. 공산주의자들은 조약을 파기하는 것이 자기들에게 이익이 된다고 생각하면 조약을 결코 존중하지 않는다는 사실입니다. 그들은 그 어떤 양심의 가책, 인도적 원칙 또는 종교적 제재에도 억제되지 않습니다. 그들은 세계 정복의 야욕을 달성하기 위해서는 그 어떤 수단, 심지어 고문과 집단학살과 같은 가장 잔인한 수단까지도 사용해 왔습니다. 소련은 이런 행위를 스스로 중지하시 않을 것입니다. 그러므로 우리가 막아야만 합니다. 그렇다면 미국과 그 우방들이 소련의 공장들에 대해서 지금 폭탄을 투하해야만 합니까? 아니면 도살장에서 죽음을 기다리는 거세된 소처럼 그저 서 있어야만 합니까?

전 세계의 자유 국민들이 생존할 수 있는 길, 우리 한국인들이 알고 있는 오직 하나의 길이 있습니다. 그것은 평화가 없을 때에 소망스런 눈빛으로 평화를 기다리기만 하는 길이 아닙니다. 어떻게든 소련 정부로 하여금 그 극악무도한 세계정복 노력을 포기하도록 설득시킬 수 있다고 믿는 길도 아닙니다. 유일한 방법은 악의 힘에 유화적이거나 굽히지 말고 세계의 세력균형을 공산주의자들에게 불리하게 움직여서 설사 그들이 전멸 무기를 소유하더라도 감히 그것을 사용하지 못하도록 하는 것입니다."[1954년 7월 28일 미 의회 연설내용 중: 이승만 대통령 방미일기, 코러스, 이현포 옮김]

"우리는 강해져야 합니다. 우리가 약해짐으로써 스스로를 적절하게 방어할 수 없는 순간에 이르렀을 때 어떤 일이 벌어질지 너무 뻔합니다. 이 나라의 어떤 국민들과 또 유럽의 많은 사람들은 우리가 공산주의자들에게 무엇을 양보해서라도 어떻게 전쟁을 피해야만 한다고 말하고 있습니다. 이러한 사람들은 전쟁보다 더 나쁜 것은 없다고 하면서 우리가 공산주의자들을 구슬려서 결국에는 우리와 평화적으로 공존의 장으로 인도할 수 있을 것이라고 말합니다.

나는 이러한 주장을 믿지 않습니다. 그리고 여러분도 나와 마찬가지라고 생각합니다. 분명 평화는 바람직한 것입니다. 그러나 공산주의자들이 요구하는 대로 대가를 치루는 것은 평화가 아닙니다. 그 대가란 세계정복인 것입니다.

그것은 모든 자유와 모든 해방의 종말입니다. 그것은 크렘린의 전체주의 지배입니다. 그것은 반대하는 사람들을 세뇌시키는 것이며, 모든 이들의 사상을 통제하는 것입니다. 그것은 인류가 수천 년간 쌓아올린 문명사회 내의 모든 가치들을 쓸어버리는 것입니다. 그것은 정의 자비, 동정심 그리고 자신보다 더 위대한 힘을 믿는 인간 신앙의 종말을 의미합니다.

내게 그러한 운명은 죽음보다 나쁜 것이며, 전쟁보다 나쁜 것이며, 내가 상상할 수 있는 그 어떤 것보다도 나쁜 것입니다. 그러한 평화는 인간의 멸종을 의미하는 것입니다. 그래서 나는 철저히 반대하는 것입니다.

나는 압니다. 여러분은 어떤 희생을 치르더라도 그저 평화만을 사랑하는 분들이 아니라는 것을! 여러분에게 말하고자 합니다.

미국이 위험에 직면해 있다고 경고해 주십시오. 공산주의의 위험뿐 아니라 평화를 그릇되게 바라는 나머지 그것을 위해서 모든 것을 심지어 개인의 인격까지도 희생하기를 바라는 사람들의 위험에 대해서 말입니다.

미국이 정의와 자유의 편에 서서 두 번씩이나 세계를 구원했던 바로 그 정신을 다시 점화시켜 주십시오. 그리고 그 이전에 위대한 공화국의 창업과 이후 그 보전을 이끌었던 정신을 다시 점화시켜 주십시오.

대의(大義)가 옳고 달리 방법이 없을 때 여러분은 항상 싸웠고 또 승리를 거두었습니다. 오늘 우리의 대의는 옳고 달리 방법이 없습니다. 우리는 여러분과 같은 대열에 서 있습니다. 수백만의 다른 국민들도 그렇습니다. 이들 중 어떤 사람들은 그들의 잔혹한 압제자들에 대항해서 행동으로 옮길 기회를 고대하고 있습니다. 우리는 함께 공산주의의 물결을 몰아내고, 우리와 우리 자식들을 위해 안전하고 평화로운 세계를 만들 수 있습니다. 더 이상 기다리지 맙시다. 우리가 지향하는 대의의 정당성에 대한 확신과 완전한 승리를 위한 확고한 결심을 가지고 이제 전투 준비를 합시다!"
[1954년 8월 1일 외국 참전용사회에서 연설내용 중]

"여러분은 평화를 사랑하지만, 싸워야 할 때에는 두려워하지 않습니다. 여러분의 대의는 언제나 정당하였고, 여러분은 항상 자유와 정의의 편이었습니다. 또한 그것은 희생이 아무리 크더라도 여러분이 항상 승리한 이유입니다.… 어떤 사람들은 전쟁은 아무것도 해결하지 못하며, 전쟁이 전쟁을 낳는다고 말하고 있다는 것을 압니다. 그러나 나는 동의할 수 없습니다. 미국의 독립전쟁은 중대한 일을 해결했습니다. 그것은 압제로부터 여러분들에게 자유를 가져다 주었으며, 여러분이 세계 최강의 국가를 건설할 수 있도록 해주었습니다. 남북전쟁 또한 중대한 일을 해결했습니다. 그것은 미국연방을 보전하게 했고, 노예제도를 일소했으며, 또한 민주주의의 기초를 더욱 확고히 하는 데 엄청난 자극을 주었습니다. 미국인들은 민주주의의 원칙이라는 대의를 수호하기 위해 유럽과 아시아에서 두 번의 세계대전을 치렀습니다. 그리하여 실제로 그들은 민주주의를 수호하고, 보전해 냈습니다.…

제1차 세계대전과 2차 세계대전의 지도자들이 자유와 민주주의에 관해서 그들이 말한 것을 모두 수행하려고 했는지 나는 모릅니다. 그러나 나는 확실히 압니다. 이들 전쟁에서 싸운 수백만 명의 여러분의 자녀들은 무엇이 최고의 가치인지를 이해하고 있었다는 사실을 말입니다.

한국에서 싸운 용사들 역시 그러했습니다. 그들은 여러분의 생활방식을 보존하고, 미국의 아름다운 해안으로 전쟁이 번지지 않게 하기 위해 싸웠던 것입니다. 그들은 매우 용감하게 싸웠으며, 한국은 여러분처럼 그들을 자랑으로 생각합니다. 생존한 사람이나 영웅적으로 죽어간 사람이나 모두가 우리의 가슴속에 영원히 남아 있을 것입니다."[1954년 8월 6일, 세계정세협회 주최 오찬회 연설내용 중]

전체주의에 반대되는 개념인 자유민주주의는 개인주의를 바탕으로 개인의 자유와 개인의 권리를 최우선으로 하여 국민으로부터 양도

받은 권력을 입법·사법·행정의 형태로 나누고, 그 가운데서도 무수히 많은 견제와 균형의 장치를 만들어낸다. 그래서 쉽게 전쟁을 먼저 일으킬 수 없고, 실제 역사적으로 보더라도 자유민주주의 국가끼리 큰 전쟁이 일어난 경우는 존재하지 않는다. 대규모의 전쟁을 준비하고 일으키는 경우는 대부분 전체주의 국가들이었다.

중일전쟁에서 일제가 중국을 침공할 때도, 나치 독일과 소련 스탈린이 2차 세계대전을 일으켰을 때도, 일제가 태평양 전쟁을 일으켰을 때도, 소련과 중공과 북한이 철저히 계획하고 합작하여 일으킨 6·25전쟁을 보더라도, 전체주의 국가들은 오랫동안 전쟁을 준비하고 계획하였고, 힘의 균형이 깨진 상태에서 대규모의 병력을 대동하여 침공하였다.

물론 북한은 일제, 나치, 소련의 악마성을 교잡종한 인류 최악의 전체주의 집단이지만, 현재 북한이 처한 국제정세는 과거 일제, 나치, 소련이 마주했던 국제정세와는 많이 다르다. 과거 2차 세계대전 당시나 6·25전쟁 당시에는 전 세계 국가가 자유민주주의와 전체주의 국가로 양분이 되어 전체주의 국가들의 경제력과 군사력이 막강했다. 현재 전 세계 국가들의 정치적 체제와 정치적 자유의 정도는 다소간 차이가 있지만, 개인성을 말살시키는 '전체주의'라는 관점에서 보면 현재의 북한은 전 세계에서 마지막 남은 전체주의 집단이다.

소련도 이미 해체되어 개혁개방을 이루었고, 비록 완전한 서구의 자유민주주의 체제는 아니지만, 현재의 러시아는 과거 소련의 공산전체주의 체제에서 완벽하게 벗어났다. 중공의 경우도 정치적으로는 공산당 일당 독재지만 경제적으로 개혁개방을 이루어내어 중국인들 대부분은 경제적인 자유를 누리고 있다. 중국인들의 생활방식이 정치적 자유를 제외하고는, 자유민주주의 국가의 국민들과 같고, 과거 모택동 시절의 철저한 전체주의 시스템에서는 상당 부분 벗어난 상태이다.

90년대 소련이 해체되고 공산주의 블록이 완벽하게 무너져서 지구상에 사실상 마지막 남은 유사 공산주의를 부르짖는 나라가 바로 북한 체제인 것이다. 북한은 경제적으로 철저하게 망가지고, 파괴되고, 지구상에서 가장 가난한 나라가 되었다.

이런 상태에서는 북한이 주도하는 대규모 전쟁은 사실상 불가능할 것이다. 과거 2차 세계대전 당시에는 전 세계가 자유민주주의 국가와 전체주의 국가로 양분되어 있었다. 유럽의 경우 독일 인접 국가의 국방력이 현저하게 낮았기 때문에 독일의 압도적인 화력으로 유럽대륙을 나치의 지배하에 둘 수 있었다. 일제도 마찬가지였다. 당시 일본의 해군력은 전 세계 2위였으며, 미국은 유럽 대륙이 독일과 소련의 지배에 있는데도 군사적인 개입을 하려는 움직임을 보이지 않았다. 일본은 진주만 기습을 통한 선제공격을 가하면 미국이 더 이상 위축되어 태평양 전선에 개입하지 않을 것이라고 생각했던 것이다. 6·25전쟁 역시 소련의 스탈린과 김일성이 대규모 기습 남침을 통해 대한민국을 한 번에 적화시킬 수 있다고 믿었던 것이다.

북한은 현재, 지구상에 마지막 남은 극도로 가난한 전체주의 집단이기 때문에 힘의 균형이 지금 당장은 북한에 유리하게 작용하지 않는다. 따라서 북한은 무리하게 전면전을 실시하지 않을 것이다. 하지만 북한은 전면전이 아닌 핵미사일과 같은 방식으로 힘의 균형을 무너뜨리고 대한민국 내의 친북세력들의 평화주의 공세를 통해 대한민국을 적화시켜나가려고 할 것이다.

이를 위한 첫 번째 단계는 바로 연방제 통일일 것이다.

'평화주의자는 간첩과 같다'라는 말이 있다. 바로 건국대통령 우남 이승만 박사께서 1941년에 미국에서 출판한 베스트셀러 『*JAPAN INSIDE OUT*』(번역서: 일본의 가면을 벗긴다, 2015, 비봉출판사)에서 반복해서 한 말이다.

나는 전쟁이라면 목적과 상관없이 무조건 반대하는 평화주의자들은 "간첩(fifth columnist: 第五列)"처럼 위험하고 파괴적이라고 말하는데, 내가 이렇게 말하는 데에는 나름의 이유가 있다. 여기서 그 이유를 몇 가지 설명하고자 한다.

나치스, 파시스트, 공산당과 기타 사회를 파괴하려는 분자들은 미국식 정부 형태를 전복하고 그 자리에 이들 중에서 가장 강력한 파당의 강령을 따라서 새로운 정치체제를 수립하려고 한다. 물론 평화주의자들의 목적은 이것이 아니다. 이들은 말하자면 모두들 합중국의 공화체제에 충성을 바치고 있다. 이런 관점에서는 평화주의자들을 나치, 파시스트, 공산당과 비교해서는 안 된다. 하나는 미국편이고 다른 하나는 미국의 반대편이기 때문이다.

그러나 전쟁 문제가 나오면 그들의 의견은 모두 하나로 일치된다. 미국이 전쟁 준비를 해서는 안 된다고 주장하는 점에 있어서는 그들은 하나가 되어 있다. 사실상 그들은 "우리는 전쟁을 원하지 않는다. 우리는 평화를 원한다. 무슨 대가를 치르더라도 평화를 원한다"고 말하고 있다. 그러나 만약 미국이 이 단체들의 요구를 들어주어 국방계획을 없앤다면 무슨 일이 일어날 것인가? 미국의 적들은 미국의 무방비 상태를 최대한 이용하여 미국의 정부형태를 전복하려고 수단방법을 가리지 않을 것이다.『*JAPAN INSIDE OUT*』(번역서: 일본의 가면을 벗긴다, 2015, 비봉출판사 p.262~263)

태평양 전쟁이 일어나기 직전의 당시 대다수의 미국인들도 이상하게 평화주의를 절대적으로 지켜야 할 신념인 것처럼 여기고 있었다. 당시 1937년에는 일본이 무단으로 중국을 침공해서 중일전쟁을 일으켜 수많은 중국인들을 학살하고, 선교사들과 외국인들, 그리고 기자들을 폭행하고 추방시키고 위협을 가하는 극단적인 비정상적 상황이었다. 그러나 당시 미국의 국방정책은 먼로 독트린(Monore Doctrine)이라는 것으로, 이는 아메리카 대륙 외에서 일어나는 다른 상황에 대하여 전혀 간섭하지 않겠다는 정책이었다. 아시아나 유럽에서 끔찍한 전쟁이 일어나더라도 미국은 이에 개입할 필요가 없으며, 평화적인 해결만이 유일한 해결책이라는 식의 마인드가 미국인들의 머릿속에 만연해 있었다.

북한 역시 대한민국에 무수히 많은 테러와 도발을 해왔다. 북한정권이 대한민국에 대하여 감행한 치명적인 테러들, '1·21 사태', '푸에블로호 피랍사건', '울진-삼척 무장공비 침투사건', '육영수 여사 시해사건', '판문점 도끼만행사건', '아웅산 묘소 폭탄 테러', '대한항공 858편 폭파 사건', '제1, 2 연평해전', '박왕자 씨 피살사건', '천안함 폭침',

'연평도 포격', '목함지뢰 사건' 등을 저질렀음에도 불구하고 대한민국 국민들 대다수는 별다른 위기의식을 느끼지 않아 왔다.

국민들이 평화주의의 미신에 빠져서, 북한정권에 대한 강력한 제재와 응징에 대해 부정적인 입장을 가지게 된 것이다. 친북적인 생각을 가진 사람들 전부가 대한민국에 적대적일 것이라고 생각하지는 않는다. 그들은 대한민국의 심각한 안보 위협을 제대로 생각하지 못하고 평화라는 가치가 갖고 있는 매력에 함몰되어 있을 뿐이다. 그러한 평화주의적이고 친북적인 사고가 결과적으로는 대한민국의 안보와 생존에 심각한 위협을 가할 것이라는 것을 그들은 전혀 생각하고 있지 않다. 친북 평화주의자들이 갖고 있는 동기에 있어서는 간첩과 다를 수 있지만, 그들의 행위가 만드는 결과는 본질적으로는 동일하다.

내가 참을 수 없는 분노를 느끼는 부분은, 친북세력들 중 대다수가 친북적이고 평화주의적인 것을 넘어서 목숨을 바쳐가며 대한민국을 위해 희생한 국군의 노력을 폄훼하고, 대한민국을 건국하고 건설하는 데 일조한 많은 분들의 노력을 비난한다는 사실이다.

대한민국의 친북세력들 중에 대한민국을 자유민주공화국으로 건국한 이승만 대통령을 제대로 평가하는 사람이 있는가? 그저 독재자라고 일방적인 비난을 퍼부을 뿐이다. 그들은 박정희 대통령이 이룩한 산업화와 대한민국 중화학공업화의 기적에 대해서 제대로 평가하지 않는다. 유신 독재라고 낙인찍으며 오로지 부정적으로만 평가한다. 공산전체주의의 침략을 막아내고, 그들의 위협으로부터 대한민국의 자유를 지켜낸 사실들을 폄훼한다. 오히려 평화를 위협하고, 남북의 평화통일을 방해하며, 권력을 목적으로 그런 행동을 한 것이라 얘기하며 말도 안 되는 폄훼와 왜곡을 저지른다. 반면 인류 최악의 전체주의 집단인 북한 김씨 왕조에 대해서는 제대로 된 비판을 하지 않는다.

유시민은 TV토론에서 북한의 천안함 폭침에 대해 다음과 같은 발언을 했다.

"국민의 정부 때 서해교전 했지만, 승전했지만, 참여정부 때는 문무대왕함과 구축함을 갖다 놔서 NLL 밑에, 도발할 생각을 아무도 못했습니다. 싸우지 않고 이겼죠. 병법에 안 싸우고 이기는 게 최고라죠. 이 정부 들어와서요. 지금 우리 해전사의 일찍이 없었던 치욕적인 일입니다. 무슨 큰 무공을 세운 것처럼 나와서 자랑하듯이 북이 했다고 주장을 하는데, 지금 이것은 너무나도 치욕적인 사건이고, 군형법에 따르면 그 NLL이라는 적전지역, 군형법상 적전이라는 개념입니다. 여기서는요, 경계에 실패한 지휘관은 최고 무거운 형을 받도록 되어 있습니다. 모르고 경계에 실패해서 얻어맞고 도주하는 적을 추적하지도 못했는데, 뭘 잘한 일이 있다고, 지금 나와서 그것을 무슨 무공 자랑하듯이 발표를 합니까. 정말 저는 부끄럽게 생각합니다. … (중략) …

그런 상대를 마주하고, 경비를 하라고 임무를 맡긴 것이 군인데, 그 임무 수행을 못해서, 세계 해전사에서 드물 정도의 참패를, 만약 그 모든 것이 사실이라면, 만약 정부에서 제시한 증거라든가 이런 거에 대해서는 논평을 안 하겠습니다, 정부의 모든 발표가 진실이라고 가정하고 얘기하는 겁니다. 지금 합조단에 나와 있는 그분들부터 군법회의에 넘겨야 합니다. 직무태만, 직무유기, 그

작전상황을 전시보다 더 무거운 형벌이 내리도록 돼 있습니다. 그
래서 작전에 실패한 지휘관은 용서받아도, 경계에 실패한 지휘관
은 용서 못 받습니다."

유시민의 발언을 보면, 경기도지사에 출마한 정치인이라고 보기
힘들 정도로 국군에 대해 맹렬하게 비난한다. 평소에 그가 북한을 주
적으로 삼으며 국가 안보를 위해 힘쓴 사람이라면 저 발언이 진심어
린 애국심에서 우러나온 것이라고 생각해볼 수 있다. 그러나 유시민은
북한을 주적이라 부르는 것을 맹렬하게 반대한 노무현을 매우 높게
평가한다. 또한 유시민은 노무현 김정일의 처참한 남북정상회담 대화
록을 제대로 비판하기는커녕, 오히려 노무현의 입장을 열심히 변호하
고 대변했다. 평소에 그가 해온 친북적인 발언들을 볼 때, 저러한 발언
은 대한민국 국군에 대한 진심어린 비판이 아닌 국군에 대한 폄훼와
비난으로 느껴진다.

북한이 평화를 가장한 채 대한민국에 기습적으로 벌인 극악한 테
러행위에 대해서 유시민은, 북한의 잘못을 비판하기는커녕, "해전사의
일찍이 없었던 치욕적인 일" "무슨 큰 무공을 세운 것처럼 자랑하듯
이" "무공을 자랑하듯이 발표"와 같은 아주 저속한 용어를 사용해 가
며 천안함 폭침을 마치 부끄러운 패전인 것처럼 묘사한다.

애초부터 잠수함이란 것은 소나를 이용하더라도 탐지하기 매우 어
려우며, 그렇기 때문에 잠수함을 비대칭 전력이라고 얘기하는 것이다.
천안함 폭침은 전면적 전쟁이 아닌 일종의 테러에 준하는 북한의 만

행임에도 불구하고, 유시민은 북한을 먼저 비난하고 규탄하는 것이 아니라, 대한민국의 해군을 질타하고 있다. 대한민국 정부가 국제적인 전문가들과 합동조사를 실시하여 이미 북한의 어뢰 추진체가 결정적인 증거로 발견이 되었는데도 그는 천안함 폭침을 사실이라 생각하는 것이 아니라, 사실이라고 가정한 경우의 본인의 입장을 얘기하고 있다.

"법에 따르면 그 NLL이라는 적전지역, 군형법상 적전이라는 개념입니다. 여기서는요, 경계에 실패한 지휘관은 최고 무거운 형을 받도록 되어 있습니다... 작전에 실패한 지휘관은 용서받아도, 경계에 실패한 지휘관은 용서 못 받습니다."라는 그의 말이 매우 인상적이다.

그러한 엄격한 군법의 잣대를 이요하지 않더라도, 대한민국의 형법의 잣대로 정확하게 판단한다면, 노무현이 김정일과 남북정상회담에서 주고받은 얘기들은 형법상 내란죄와 외환죄를 범한 것에 해당된다고 생각한다.

형법 제 87조(내란)에 따르면, 국토를 참절하거나 국헌을 문란할 목적으로 폭동한 자는

1. 수괴는 사형, 무기징역 또는 무기금고에 처한다.
2. 모의에 참여하거나 지휘하거나 기타 중요한 임무에 종사한 자는 사형, 무기 또는 5년 이상의 징역이나 금고에 처한다. 살상, 파괴 또는 약탈의 행위를 실행한 자도 같다.
3. 부화 수행하거나 단순히 폭동에만 관여한 자는 5년 이하의 징역 또는 금고에 처한다.

라고 되어 있다.

바로 노무현이 김정일과 모의하여 대한민국의 실질적인 영토선인 NLL을 포기하여 서해안보를 무력화시키려 했던 것이 국토의 참절행위에 해당한다고 생각한다.

노무현은 그렇게 국토를 참절하려고 했을 뿐만 아니라 적과 공모하여 연방제 통일이 되게 만들었다는 점에서 사실상 형법 제93조(외환)의 여적죄(與敵罪)에 해당하는 행위를 했다고 생각한다. 그렇게 내란죄와 외환죄에 해당하는 행위를 한 것이 다 드러났는데도 대한민국의 친북세력은 이를 열심히 은폐하고 변호하고 있다.

보통 살인범죄자의 변호사는 살인행위 자체를 부정하기는 힘들 것이다. 살인을 한 사실은 이미 다 드러났기 때문이다. 그러나 그 살인이 의도가 있는 것이 아니라 매우 우발적으로 일어난 것이라는 식으로 증거를 수집하고 변호해 나갈 것이다. 그래야 형이 줄어들 수 있을 것이기 때문이다.

〈남북정상회담 대화록〉이라는 아주 구체적인 물증이 나왔다. 그러나 정상적인 사람들의 눈으로는 아무리 봐도 이는 북한과 합작하여 NLL뿐만 아니라 대한민국 전체를 위태롭게 만들고 결과적으로는 북한에 흡수되는 것을 초래하는 짓을 했음을 알 수 있다. 그러나 대한민국의 수많은 친북세력들과 노무현의 변호인들은 이 참담한 남북정상회담 대화록을 열심히 변호하고 있다. 사실 그들의 변호가 필요한지도 모르겠다. 대다수의 국민들은 그러한 변호를 듣지 않아도 사실 별다른 관심이 없는 현실이기 때문이다.

제4장 친북 가짜친보들의 신기한 점

1. 60년 전 멸망한 일제의 천황전체주의에 대해서는 아직도 그 반감을 갖고 있지만, 지금도 계속되고 있는 인류 최악의 평양의 신정(神政) 전체주의에 대해서는 반감이 없다.

2. 일제에 부역한 친일파들에 대해 정말로 큰 반감을 가지고 그들을 숙청하지 못한 것을 아쉬워 하지만, 북한정권에 부역한 종북, 친북세력에 대해서는 반감이 없으며, 그들의 존재조차 인정하지 않는다.

3. 일제식민지 시대에 이루어진 무장 독립운동, 암살 독립운동에 대해 높이 평가한다. 그러나 소련, 중국, 북한의 공산전체주의 침략을 온몸으로 막았던 6·25 참전용사에 대해서는 어떠한 평가도 하지 않는다.

4. 광복군이 한반도에 투입되어 일제를 몰아내지 못한 것을 늘 아쉬워한다. 그러나 북한의 급변사태 때 북한으로 국군을 투입해서 통일을 이뤄야 한다는 것에 대해서는 그런 말 자체를 하지 않는다.

5. 이미 자유민주주의 국가가 된 일본의 재무장에는 극렬히 반대하지만, 북한이 핵과 미사일을 만드는 것에는 아무런 반감이 없다. 북한의 핵미사일을 막기 위해 설치한, 탄두 안에 폭약조차 없는 사드(THADD)에 대해선 극렬히 반대한다.

6. 일본으로부터 진심어린 사죄를 받아야 되며, 그 전까지는 교류조차 하지 말아야 한다고 끊임없이 주장한다. 그러나 60년간 대한민국에 극심한 피해를 준 북한에 대해서는 사과조차 받으려 하지 않을 뿐만 아니라 교류 협력을 해야 한다고 주장한다.

7. 일제로부터 피해를 입은 사람들에 대해서는 불쌍하게 생각하고, 봉사도 하고, 성금도 걷지만, 북한으로부터 엄청난 피해를 받아 목숨을 걸고 대한민국으로 온 3만 명에 달하는 탈북자들과 대한민국으로 오지 못하고 중국에서 노예생활을 하고 있는 10만 명에 달하는 북한 주민들에 대해선 별 관심이 없다.

8. 북한의 인공기나 중국의 오성홍기(五星紅旗), 소련 국기 등 공산주의를 연상케 하는 것에는 관심이 없다. 그러나 현재 일본 해군의 정식 국기인 욱일승천기(旭日昇天旗)를 연상시키는 것에는 맹렬하게 비난한다.

9. 인류적 차원에서 전체주의냐 아니냐에는 관심이 없다. 같은 민족이냐 아니냐가 그들의 눈에는 제일 중요한 것이다. 사회주의와 극우 민족주의로 정신이 심하게 분열되어 있다.

제 6 부
친북세력과 노무현의 변호인들

이 해 성

제1장 노무현에 대한
친북세력들의 황당한 변론

　경찰이나 검찰에서 범죄자를 수사할 때, 그 범죄자가 자라온 환경과 심리상태 및 정신과적 소견은 비록 참고 사항이 될 수는 있을지라도 결정적인 증거가 될 수는 없다. 이는 경찰이나 검찰의 역할이라기보다는 프로파일러나 정신과 전문의의 역할일 것이고, 주위에서 그 범죄자를 지켜본 사람들이 제일 잘 알 것이다. 따라서 수사를 하게 될 때 범죄자의 심리상태 및 동기를 파악하는 것은 구체적인 범죄사실에 대한 입증을 한 후에 이루어져야 할 부분일 것이다.

　결국 범죄를 수사하는 사람들의 첫 번째 관심사는 범죄자가 저지른 구체적인 범죄에 대한 증거들을 수집하여 범죄행위를 입증하는 것이다. 그 다음 작업은 고소자와 피고소인, 목격자 등의 진술 등을 종합하여 진실이 무엇인지 밝히는 일이다. 그래야만 재판정에 가서 판사에게 범죄자가 적절한 처벌을 받아야 하는 이유에 대해 명확하게 설명할 수 있을 것이다.

내가 노무현의 대북관과 역사관을 비판하고 남북정상회담록의 실체를 밝히는 과정은 피의자를 수사하는 것과 같은 방법으로 이루어져야 한다고 생각했다. 나는 노무현이 어떤 환경에서 자라왔고, 과거 어떤 사람들과 어울렸으며, 어떠한 멘탈리티를 가졌는지에 대해 구체적으로 알기 힘들다고 생각한다. 그러나 노무현이 대통령 임기 중에 했던 발언들을 살펴보고, 남북정상회담록이라는 구체적인 증거들을 열심히 분석한다면, 그가 대한민국에 어떠한 해악을 끼치게 되었는지 정확히 파악할 수 있다고 생각한다.

범죄자들에게는 늘 변호인이 있다. 노무현이 북한의 변호인이었다면, 유시민은 노무현의 변호인이 아니었나 하는 생각이 든다. 유시민이 쓴 책 『노무현 김정일의 246분(부제: 남북정상회담 대화록의 진실)』이라는 책을 보면, 그가 노무현을 열렬히 변호한 흔적이 잘 나온다.

정상적인 독해력과 상식이 있는 사람이 노무현 김정일의 남북정상회담 대화록의 전문을 본다면, 매우 큰 충격을 받게 될 것이고, 언론에서 보도한 핵심적인 발언들을 중심으로 봐도 굉장히 큰 충격에 빠질 것이다. 남북정상회담 대화록의 이 처참한 내용이 모두 공개되었음에도, 대다수 국민들은 죽은 노무현과, 당시 노무현 정권의 권력자들, 친노세력들에 대한 정치적, 법적인 비판을 조직적으로 해나가지 못했다. 대다수의 국민들은 이러한 처참한 내용의 대화록에 별로 관심이 없었기 때문에 그 파장력이 생각보다 크지 못했다. 그럼에도 유시민은 무언가 언짢게 생각했던 것 같다. 유시민은 대화록이 아무런 문제가 없다는 것을 밝히고 싶었던 것 같다.

결국 노무현은 자살했기 때문에, 그를 불러놓고 피의자 조사를 할 수도 없는 노릇이다. 그렇다면 노무현의 변호인들이 어떤 생각을 갖고 있는지 한번 살펴볼 필요가 있다고 생각한다.

유시민은 노무현 정권 당시 노무현의 최측근으로서 보건복지부 장관을 역임하고, 지금도 친북좌파세력들의 정신문화에 큰 영향을 끼치고 있다. 그가 쓴 『노무현 김정일의 246분(부제: 남북정상회담 대화록의 진실)』이란 책에 나온 비논리적이고 사실적이지 않은 내용을 바탕으로, 그의 변론을 철저하게 반박해 보려고 한다. 유시민의 변론을 철저하고 논리적으로 반박하는 것은 곧 친북세력들의 멘탈리티를 파악하는데 도움이 된다고 생각한다.

우선 유시민은 책 초반에 이런 화려한 말로 글을 시작한다.

> "만약 생중계를 했다면 2007년 남북정상회담의 흐름과 내용은 크게 달라졌을 것이다. 물리학의 '불확정성의 원리'는 미시적 물질세계에서 발견되었다. 그러나 정치의 세계에서는 모든 곳에서 그 원리가 작동한다.
>
> 생중계는 정상들의 말과 행동을 바꾼다. 회담을 생중계하면 정상들은 말 한 마디, 손짓 하나도 자유롭게 하지 못한다. 모든 것이 공개되어 즉각 평가를 받기 때문이다. 정상들은 실수하지 않으려고 미리 준비한 원고 그대로만 발언했을지도 모른다. 합의를 이루기 위해서 호소하고 설득하기보다는 이기기 위해서, 또는 체면이 깎이지 않기 위해서 매우 격렬하고 공격적인 논쟁을 했을 수도 있다. 아예 회담 자체가 이루어지지 않았을지도 모른다."[p.11~12]

노무현이 김정일을 만나서 남북정상회담을 하는 것은 국가원수이자 국군통수권자, 국민의 대표자로서, 국민으로부터 권력을 위임받아 국가안보와 국익을 위해 회담에 참여한 것이다. 게다가 모든 회담의 내용들은 녹취되어 대통령 기록물로 분류되어 국가기록원에 이관되고(그러나 노무현은 국가기록원에 있는 대화록 원본의 폐기를 지시한 의혹을 받고 있다.) 공공기록물로 남아서 필요에 따라 국민들 앞에 공개될 수도 있다. 회담의 결과들은 곧바로 조약이나 공동선언서, 합의문으로 이어질 수 있다. 그만큼 국민들 앞에 공개되어도 한 치의 부끄러움이 없어야 한다는 것이다. 대한민국 국민들은 노무현이 김정일 앞에서 [북한의 변호인, 대변인 노릇을 했다느니, NLL이 괴물같이 생겼다느니, NLL을 바꿔야 한다느니, 미국이 동북아 평화를 가장 위협한다고 국민들이 생각한다느니, 서해평화협력지대를 반대하는 사람은 아무도 없으며 그걸 반대하면 인터넷에서 하루 만에 바보가 된다느니] 따위의 말을 하기를 원했던 것은 아니다.

유시민은 책 초반부에 물리학에서 나오는 '하이젠베르크의 불확정성 원리'라는 단어를 사용하여 현란하게 글을 포장해 나간다. 실제로 유시민이 하이젠베르크의 불확정성 원리를 제대로 알고 있는지도 매우 큰 의문이다. 실제로 대한민국의 친북좌파세력들은 일반 독자들이 잘 이해하지 못하는 전문적이고 현학적인 용어로 자신의 글을 포장하기를 좋아한다.

　　"그러나 정치인과 법관들에게 맡길 수 없는 과제가 있다. 공개된 대화록을 제대로 독해하는 작업이다. 이 일은 정치인과 법관이 아니라 말과 글을 다루는 사람이 하는 게 나을 것이다. 독해는 텍

스트의 의미와 맥락을 논리적으로 정확하게 이해하고 해석하는 작업이다. 북의 인민들은 아마 대화록을 보지 못하고 있을 것이다. 그러나 대한민국 국민은 누구나 마음만 먹으면 대화록 전문을 볼 수 있다. 그런데도 그것을 꼼꼼하게 읽고 정확하게 독해하려고 노력하는 사람이 그리 많지 않은 것 같다."[p.13]

노무현 김정일의 2007 남북 정상회담 대화록은 기본적인 독해력만 있으면 아주 쉽게 그 내용을 파악할 수 있다. 전문적인 지식이 필요한 것이 아니다. 다만 대부분의 국민들이 관심이 없어서 그 전문을 제대로 읽지 않고 있는 것이고, 언론에서 제대로 다뤄주지 않고, 이미 답이 확실한 부분을 억지로 쟁점을 만들어 논쟁을 해 나갔기 때문에 일반 국민들은 대화록의 문제가 얼마나 처참한지를 파악할 수 없었던 것일 뿐이다. 이 남북 정상회담 대화록의 전문을 읽고도 노무현을 옹호하거나 변호하려는 사람이 있다면, 그는 첫째로는 독해력이 현저하게 낮거나, 둘째로는 북한과 대한민국을 바라보는 세계관이 노무현과 상당히 유사할 거라 생각한다. 다시 말해, NLL을 포기하고, 굴욕적인 역사관과 안보관을 보여주고, 북한의 체제를 정당화시켜준 그 회담을 하고도 스스로 성공적인 회담을 했다고 믿고 있을 뿐이란 것이다.

"'정보 격차'는 넘기 어려운 장벽이다. 대화록의 두 주인공은 국가 최고 권력자 또는 국정 최고책임자였다. 국정 최고 책임자는 나라의 최고 전문가에게서 최고 수준의 보고를 받으며 일상적으로 최고 등급의 정보를 다룬다. 남북 정상들은 자신과 상대방이 모두 그런 사람이라는 것을 전제로 대화했다. 예를 들어 노무현

대통령은 자주론 공방전을 벌이면서 '작계 5029'를 거론했다. 김
정일 위원장은 그게 무엇인지 묻지 않았다. 만약 생중계하는 회담
이었다면 시청자와 공감을 이루는 것이 중요하기 때문에 적어도
'작계 5029'가 무엇인지 간단하게라도 설명했을 것이다. 그러나
두 정상 모두 그게 무엇인지 잘 알고 있었기 때문에 그냥 지나가
버렸다. 그런데 국민들은 '작계 5029'가 무엇인지 잘 모른다. 남북
정상과 독자들 사이에 상당한 정보 격차가 있는 것이다."[p.14]

'작계 5029'가 무엇인지는 구글이나 위키피디아에서 검색하여 확
인할 수 있고, 수많은 언론 기사에서 그 내용이 나와 있다. 위키피디아
에서 '작계 5029'가 무엇이지 검색하면, 북한에서 일어나는 "쿠데타,
혁명, 대규모 망명, 대량 탈북, 대량 살상 무기 유출, 북한 내의 한국인
인질 사태, 대규모 자연 재해 등이 발생한 경우에 대비하여 미국과 대
한민국이 책정한 군사작전 계획이다."라고 나온다. 노무현은 김정일
앞에서 '작계 5029'를 없앴으며, 대한민국은 전쟁 사실 자체를, 전쟁
상황 자체를 동의하지 않는다며, 2012년이 되면 전시작전통제권을 환
수한다고 얘기했다.[대화록(6) 참조]. 노무현은 사실상 한미동맹이 아
닌 한북동맹을 주장한 것이 아닌가 생각이 든다.

"대화록은 그들이 미워하고 싫어하는 남북의 권력자들이 한
회담 기록이다. 그들은 거기에서 북과 노무현에 대해 자신들이 지
닌 부정적 감정과 공격적 충동을 정당화하는 것처럼 보이는 발언
들을 찾아냈다. 그들은 자신들의 부정적 감정과 충동을 애국심이
라 생각했고, 진실을 알리는 것이 국가를 위해 바람직하다고 판단

했기 때문에 대화록을 누설하고 공개했다. 물론 그들만이 그랬던 것은 아니다. 시민들도 크게 다르지 않았다. 그들과 비슷한 감정과 충동을 지닌 시민들은 대화록을 이성적으로 독해하려 하지 않았다. 이미 가지고 있는 감정에 부합하는 언론보도의 제목과 발췌된 문장, 정치인들의 발언을 선택적으로 받아들여 자신의 판단을 형성했다. 그래서 적지 않은 국민들이 여론조사 전화를 받으면 노무현 대통령이 NLL을 포기했다는 것이 진실이라는 쪽에 힘을 실어준 것이다."[p.20]

친북세력들은 자신들의 생각과 다르면 비상식적이고 비이성적이라 간주하는 경향이 강하다. 우선 유시민은 심각하게 오해를 하고 있다. 노무현이 NLL을 포기했다고 주장하는 사람들이 남북정상회담 대화록을 이성적으로 독해하지 않았다고 생각하는 것이다. 노무현이 NLL을 포기했다고 생각하는 국민들은 단지 언론보도의 내용만을 갖고 선택적으로 받아들였다고 생각하는 것 같다.

오히려 나는 이 지면을 빌어, 친북세력들이 얼마나 비이성적이며, 진실을 존중하지 않는지. 그들의 주장이 얼마나 황당한 주장인지, 노무현이 NLL을 포기한 것에서 더 나아가 대한민국의 안보에 어떠한 위협을 끼쳤는지 조명해보려 한다.

"박근혜 대통령은 피와 죽음으로 지킨 NLL 이라는 표현을 애용한다. 맞다. 그것은 부정할 수 없는 사실이다. NLL 자체가 분단과 전쟁의 산물이며, 지난 수십 년 동안 서해안에서 벌어진 군사충돌에 죽고 피 흘린 사람이 한둘이 아니다. 그걸 누가 모른다는 말인가. 문제는 대통령이 그런 말을 하는 것이 합당한 일인지 여부다. 대통령은 국민의 생명과 안전을 지키는 사람이다. NLL을 지키는 일에 국민 한 사람의 피와 죽음도 더는 바치지 않아도 되게 하는 것이 대통령의 책무다. '피와 죽음으로 지킨 NLL'이라는 말을 되풀이하는 것은 대통령답지 못하다. 노무현 대통령을 가리켜 '북에 NLL을 상납한 반역의 대통령'이라고 한 새누리당 최고의원들의 말은 해서는 안 될 '망발'이었다. 국정운영의 책임자들이 앞장서서 거짓을 퍼뜨리고 증오를 선동하는 것이 범죄(crime)는 아닐지 모른다. 하지만 그것은 형법상의 범죄보다 더 나쁜 죄악(sin)이다."[p.22]

참으로 터무니없는 주장이다. 국가원수이자 국군통수권자인 대통령이 '피와 죽음으로 지킨 NLL'이라는 말을 쓰는 것이 왜 대통령답지 못하다는 것인가? 순국선열이란 뜻이 무엇인가? 나라를 지키기 위해 목숨을 바쳐 죽은 열사를 의미하는 것 아닌가? 대한민국은 인류 최악 공산전체주의와의 참혹한 전쟁에서 승리하고 수많은 선배세대들이 목숨 바쳐 지킨 나라이다. 현재 대한민국의 휴전선은 국군과 UN군의 수많은 희생으로 만들어진 것이고, 실제로 피와 죽음으로 지켜낸 것이다. 서해의 휴전선인 NLL역시 그렇게 대한민국 국군과 UN군이 피와 죽음으로 지켜낸 것인데 뭐가 이상하단 것인가?

새누리당 최고의원이 노무현을 가르켜 '북에 NLL을 상납한 반역대통령'이라고 한 것에 대해 유시민은 '망발'이라고 말한다. 상납, 반역이란 단어에 거부감이 느껴지는 것은 이해하나, 유감스럽게도 2007

년 남북정상회담 대화록이 공개되어 그 말은 사실인 것으로 밝혀졌다. 굳이 김정일에게 "NLL을 상납했다"라고 얘기해야 상납한 것인가? 정상적인 지력이 있는 사람이라면, 북한 정권이 인류 최악의 전체주의 정권이라는 사실을 안다면, 서해평화협력지대라는 명목으로 한강하구까지 북한 공산당 소속의 무장어선과 북한의 경찰을 가장한 인민군이 출몰한다는 것이 어떤 의미를 갖는 것인지 굳이 설명해야 하는가?

대화록 자체에 NLL 포기, 상납이란 단어가 꼭 있어야 포기이고 상납인가? 노무현은 궁극적으로 인류 최악의 북한 전체주의 정권의 체제를 보장하고 대화와 교류라는 명목으로 전 세계에 북한을 변호하며, 북의 핵과 미사일을 개발할 시간적 여유를 벌어 주었다. 주한미군이 철수하고, 북한은 핵미사일을 완성시키고 잠수함과 SLBM까지 개발하게 된다면, 사실상 대한민국은 북한 정권의 노예국가가 되고, 낮은 단계의 연방제 통일에 의해 사실상 NLL뿐만 아니라 대한민국이란 자유민주공화국이 지구상에서 사라지게 되는 것을 굳이 설명해야만 한다는 현실이 참으로 안타까울 뿐이다.

유시민은 본인의 책에서 연합뉴스 발췌본을 인용하였다.

"2007년 10월 3일 오후 3시 백화원초대소에서 남북정상은 단독회담을 가졌다. 당시 회담내용은 녹음됐고 북한 통일전선부는 녹취된 대화록이 비밀 합의사항이라며 우리 측 비선라인과 공유했다. 그 대화록은 폐기 지시에도 통일부와 국가정보원에 보관돼 있다. 대화록에서 노무현 전 대통령은 김정일에게 'NLL 때문에 골치 아프다, 미국이 땅따먹기 하려고 제멋대로 그은 선이니까 남측은 앞으로 NLL을 주장하지 않을 것이며 공동어로 활동을 하면 NLL문제는 자연스럽게 사라질 것'이라며 구두 약속을 해줬다.

대화록에는 북핵문제와 관련해 노 전 대통령이 '내가 전 세계를 돌아다니면서 북한이 핵보유를 하려는 것은 정당한 조치라는 논리로 북한 대변인 노릇을 열심히 하고 있으니까 북한이 나 좀 도와 달라'고 말했다. 또 주한미군 철수 문제와 한반도 통일문제 등에 대한 김정일의 발언에 노무현 전 대통령이 동의를 표하는 내용뿐 아니라 대규모 경제지원을 약속하는 내용도 담고 있다." [p.24]

"이 폭로 내용이 사실인지 아닌지 이제는 우리도 알고 있다. 국정원이 대화록 전문을 공개한 '덕분'이다. 대부분 아무 근거 없는 허위였다. 극히 일부만 사실이었다."[p.24]

"노무현 대통령이 '남측은 앞으로 NLL을 주장하지 않을 것이며'라고 말했다는 대목이다. 대화록을 보면 이것은 명백한 거짓이다."[p.25]

"가장 중요한 의문부터 풀어보자. 노무현 대통령은 과연 NLL을 포기했는가? 결론부터 말한다. 아니다. 포기한 사실이 없다." [p.28]

그렇지 않다. 앞에서 증명했다시피, 노무현은 NLL을 사실상 포기했다. 더 나아가 서해평화협력지대를 만들어 서해상의 대한민국 국가안보를 포기하려고 했다. 김정일은 노무현에게 NLL 주위의 공동어로구역을 만들자고 얘기했지만, 노무현은 더 나아가서 NLL 문제를 건드리면 대한민국 정부와 여론이 매우 들끓게 되므로, 그건 차차 논의하고 한강과 인천을 남북이 공동개발하자고 한 것이다. 김정일은 이에 큰 관심을 가졌고, 궁극적으로 이를 위해서는 쌍방이 NLL과 관련된 법을 다 포기해야 한다고 선언했다.

그리고 노무현은 "예."라고 대답했다.

이것이야말로 NLL을 포기한 것이 아니면 뭐란 말인가? 대한민국의 주적이자 인류 최악의 전체주의 왕조 집단의 수괴가 기존의 NLL과 관련된 법을 포기하자고 제안하자, 이에 대한민국의 국가원수였던 노무현은 "예"라고 대답했다. 이것이 형법상 내란죄에 해당하는 국토의 참절행위가 아니면 뭐란 말인가?

유시민은 책에서 이렇게 말한다.

> "이런 경위를 고려하면 NLL은 영토선 성격을 가지고 있다고 보는 게 맞다. 그러나 '헌법의 영토선'은 아니다. 우리 헌법은 '한반도와 부속도서' 전체를 대한민국 영토로 규정하고 있기 때문이다.…(중략)…
>
> 이런 현실을 인정한다면, 해상 NLL과 육상 군사분계선은 모두 대한민국 헌법의 효력을 보장하는 '실제적 영토선'의 성격을 가지고 있다고 인정해야 한다. NLL은 실제적 영토선이지만 헌법의 영토선은 아닌 만큼, 그것이 영토선이라는 주장은 전적으로 옳은 말도 아니고 아주 틀린 말도 아닌 것이다. 남북은 '특수관계'여서 칼로 무 자르듯 옳고 그름을 나눌 수 없는 것들이 많다. [p.33~34]

헌법에서 대한민국 영토는 한반도와 부속도서라고 했다. 이는 북한정권이 헌법상으로는 불법 정권임을 의미하는 것이고, 북한은 단지 불법적으로 휴전선 이북 지역을 점령하고 있을 뿐이라는 것을 대한민국 헌법이 선언하고 있는 것이다. 이 헌법 조항으로 인해, 북한정권이 붕괴되어 자유민주적 기본질서에 의한 대한민국으로의 흡수통일이 이루어졌을 때, 중국이나 러시아와 같은 나라가 통일된 대한민국의 영토 문제에 개입할 수 없게 만든 것이다.

북한은 붕괴의 대상이자 흡수의 대상이며, 자유통일의 대상이다. 그러므로 인류 최악의 북한 전체주의 왕조 집단과는 그 어떠한 타협도 해서는 안 되며, 영토에 있어서만큼은 단 한 치의 양보도 있어서는 안 된다는 것이다. 노무현이 이미 김정일과 만나 굴욕적이고 치욕적인 남북정상회담을 하고, NLL을 무력화시키려고 했다는 것 자체만으로도 이미 헌법을 심각하게 위배했다는 것을 인정해야 한다.

유시민의 말대로, 대한민국과 북한과의 관계는 특수관계이다. 그러나 그 특수관계가 이른바 평화의 대상이라든지, 같은 민족이기 때문에 공존의 대상이라든지, 교류협력의 대상이라고 생각하는 것은 헌법적 차원뿐만 아니라 인류적 차원의 개념이 없는 생각인 것이다. 다시 말하지만, 북한은 붕괴의 대상이고, 흡수의 대상이며, 자유통일의 대상이다. 김정은 전체주의 독재 정권이 붕괴되면, 북한 주민들을 자유롭고 독립적이며 자립적인 개인 실존으로 재활되는 것이 자유통일의 가장 중요한 목표인 것이다.

유시민은 2개의 그림을 제시하며, 1973년에 북한이 주장한 해상 군
사경계선과 1999년에 북한이 주장하는 해상 군사경계선을 제시한다.
문제가 되는 것은, 유시민이 1973년에 북한이 주장한 해상 군사경계
선이라고 책에 첨부한 선이(그림 1)[p.33] 실제로는 1999년에 북한이

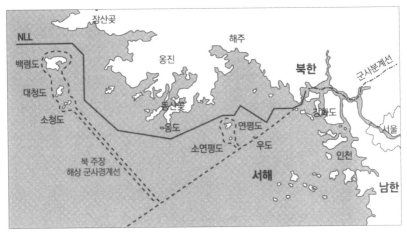

그림 1. NLL과 1973년 북이 주장한 해상 군사경계선

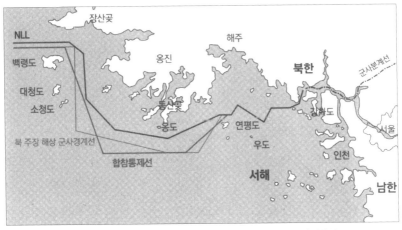

그림 2. NLL과 합참통제선, 1999년 북이 주장한 해상 군사경계선

주장한 해상 군사경계선이라고 알려져 있다. 유시민은 책에서 NLL과 합참 통제선 사이를 가로지르는 선이(그림 2)[p.35] 북한이 주장한 해상 군사경계선이라고 첨부했다. 그러나 그는 첨부한 그림의 출처를 정확하게 명시하지 않았다. 북한이 고작 〈그림 2〉의 해상 경계선을 얻기 위해 노무현을 만나, NLL과 관련된 법을 쌍방이 포기하자고 얘기한 것일까?

유시민은 화려한 언변과 글에 맞게, 체계적으로 자신의 주장이 참이라는 것을 논증했어야 했다. 그는 〈그림 2〉의 출처를 전혀 얘기하지도 않고, 그저 '1999년 9월 자기네들 나름의 서해 군사경계선을 선포했다' 라고 얘기했는데, 실제로 조사해 보면 1999년 9월에 북한이 주장한 군사경계선은, 〈그림 1〉에 나온 그림과 같다. 〈그림 1〉에서 북한의 영해는 대한민국의 서해5도 주위의 영해를 모두 포함하고 있고, 대한민국 영해에서 아주 조그마한 수로를 열어 서해5도와 연결될 수 있도록 만들었다.

다시 말해, 유시민이 책에서 얘기한 '1973년에 북한이 주장한 해상경계선'이란 말은 잘못되었을 가능성이 높고, 실제로 그 선은 1999년 9월에 북한이 주장한 해상경계선일 수 있다.

"새누리당과 국정원은 1973년 북이 주장했던 서해 군사경계선과 우리 NLL 사이의 엄청나게 넓은 해역을 노무현 대통령이 다 내준 것처럼 그림을 그려서 보여주었는데, 이는 대화록의 공동어로구역 합의 내용을 이중으로 왜곡한 거짓말이었다."[p.35]

우선 유시민이 첨부한 〈그림 2〉를 전혀 신뢰할 수 없다. 그림의 출처를 명시하지 않았기 때문에 이것이 사실인지 아닌지 확인할 수 없다. 여러 언론사를 찾아보아도 유시민이 첨부한 〈그림 2〉는 확인할 수 없었으며, 1999년 9월에 북한이 주장한 군사경계선은 〈그림 2〉가 아닌, 〈그림 1〉의 처참한 모습이라는 것을 확인할 수 있었다.

(21)번 대화에서 노무현은 김대중에게 청와대 비밀문건을 넘기는 장면이 나온다. 다시 한 번 살펴보자.

노무현 : "그리고 참. 내가 말씀드리려고 한 것 중에 구체적으로 세세하게 말씀을 못 드렸습니다. 내가 받은 보고서인데 위원장께서 심심할 때 보시도록 드리고 가면 안 되겠습니까?"
김양건 : "예, 저한테 주십시오."

적국의 수괴에 대한민국의 비밀문서를 넘겨준다는 것 자체도 충격적인데, 이를 변호하는 유시민의 아래 발언 역시 매우 충격적이다.

"이것을 두고 새누리당과 일부 언론은 '국가기밀'을 북에 넘겨주었다고 주장했다. 하지만 이것은 국가기밀일 수 없는 문건이다. 정상회담을 준비하면서 우리 정부는 전망이 밝은 남북경제협력사업의 항목과 실현 방법, 기대 효과를 담은 보고서를 만들었다. 내가 들은 바에 따르면, 김만복 원장은 김양건 통전부장에게 이 문건들을 미리 주었다. 정상회담에서 성과를 내려면 우리 정부가 어떤 사업에 관심을 가지고 있는지 북측에 미리 알려주는 게 좋다고 생각했기 때문이다. 공동어로구역 설정 방안도 여기에 포함되어 있었던 것으로 안다. 노무현 대통령은 북의 실무자들에게 건네졌다는 것을 알면서도 본인이 회담장에 가져간 남북경협사업 보고서 세 가지를 김정일 위원장에게 넘겨주었다고 했다. 그가 그 문건들을 정독하지 않고 요약 보고만 받았을 수도 있다고 생각했기 때문일 것이다. 대화록을 있는 그대로 읽으면 그렇게 해석할 수밖에 없다. '국가 기밀을 넘겨주었다'고 주장한 사람들 스스로도, 정말 그랬다고 믿으면서 주장하지는 않았으리라고 본다. 북과 협력해야만 돈벌이를 할 수 있는 경제협력사업에 대한 보고서를 북에 주는 것이 어떻게 국가 기밀 누설이 되겠는가."[p.37]

유시민의 말에 전혀 신뢰가 느껴지지 않는다. 우선 노무현 김정일 남북정상회담 대화록을 보면 자세히 알 수 있듯이, 노무현은 김정일 앞에서 매우 굴종적이고 치욕적인 회담을 했다. 구체적으로는 NLL을 포기하고 서해평화협력지대를 만들어 서해바다 전체를 무력화시키려고 했으며, 한미동맹을 해체하고, 전작권을 환수하며, 결과적으로 주한미군을 철수할 것임을 김정일에게 암시했다. 이 대화록의 핵심은 노무현은 김정일에게 인류 최악의 북한 전체주의 왕조 체제를 보존시키고 유지시켜 줄 거라는 확신을 준 것이다.

그런 상황에서 노무현이 김정일에게 건네준 서류가 고작 경제협력 사업에 관한 보고서라는 유시민의 말을 과연 믿을 수 있을까? 남북정상회담 대화록을 살펴보면, 김정일은 구체적인 경제 관련 얘기를 회피하고 별로 큰 관심을 갖지 않았다. 유시민은 책에서 설명하기를, 남북정상회담이 이루어지기 전에 실무자들을 통해 경제협력사업과 관련된 보고서를 북한정권에 전달했지만, 노무현은 김정일이 이를 제대로 읽어보지 않았다고 생각하여 정상회담 마지막에 똑같은 보고서를 김 정일에게 다시 건네준 것이라고 얘기한다. 그러나 이미 김정일에게 요 약보고가 된 것에 대해 노무현이 다시 보고서를 김정일에게 직접 전 달한다는 것 자체가 논리적으로 타당해 보이지가 않는다.

유시민의 말이 타당하려면, 그저 "내가 들은 바에 따르면"과 같은 말을 할 것이 아니라 구체적으로 누구한테 그런 말을 들었는지를 밝 혀야 할 것이다. "대화록을 있는 그대로 읽으면 그렇게 해석할 수밖에 없다."라는 유시민의 주장은 매우 당황스럽다. 대화록을 아무리 있는 그대로 읽어도, 노무현이 김정일에게 전달한 그 보고서가 남북경제협 력과 관련된 보고서이며 이와 관련된 동일한 보고서가 미리 실무진을 통해서 전달되었다는 유시민의 주장을 전혀 파악할 수 없다.

이미 남북정상회담 대화록이 국민들 앞에 공개된 상황에서 노무현 이 대한민국의 비밀문건을 김정일에게 넘겼는지 안 넘겼는지에 대해 국민들은 진실을 알아야 한다. 정황상 매우 의심스럽고 충분히 합리적 으로 의혹을 제기해야 함에도, 대한민국 정치권들은 제대로 의혹을 제 기하지 않았고, 노무현을 추종하는 정치권 역시 이에 대해 제대로 답 하지 않았다. 언론 역시 이 부분에 대해서 집중적으로 보도하지 않았 고, 검찰 역시 이 부분을 제대로 수사하지 않았다. 그렇게 노무현이 김 정일에게 넘긴 문건은 대한민국의 국가안보와 관련된 비밀문서였다 는 강력한 의혹만이 남게 되었다.

"김정일 위원장은 화해하고 협력하자는 취지에서 진심으로 제안했는지 모르겠으나, 이것은[대화록(4)에 나온 김정일의 발언] 노무현 대통령이 받아들일 수 없는 방안이었다. 이렇게 하면 우리가 그동안 실제적으로 관할했던 해역만 내놓고 그것을 북과 공동으로 관리하게 되는 결과가 된다. NLL을 포기했다는 비난을 받아도 항변할 수 없다."[p.39]

유시민은 김정일의 제안을 받아들였다면, 다시 말해 NLL 남쪽에 공동어로를 설치하여 북한과 공동으로 관리하는 것에 동의한다면, 이는 NLL을 포기했다는 비난을 받을 수밖에 없다고 자기 스스로 인정했다. 그러나 서해평화협력지대라는 이름으로 한강하구도 공동개발하고, 인천에 공동경제구역도 만들고, 통항도 마음대로 하게끔 만드는 것은 NLL을 지킨 것이고 서해 문제를 해결하는 최선의 길이라고 얘기하고 있다. 정상적인 상식을 가진 사람들이라면 전혀 이해가 가지 않는 대목일 것이다. 게다가 북한이 주장한 군사분계선과 NLL사이의 서해5도를 포함하는 넓은 해역을 공동어로구역으로 하자는 김정일의 주장에 노무현은 "네 저도 매우 관심이 많은…"이라고 화답했다. NLL이 국제법적 논리적 근거도 없으며, 괴물처럼 생겨 가지고 함부로 못 건드리게 되었다고 얘기하면서, NLL과 관련된 법을 다 포기하자는 김정일의 주장에 동의한 노무현이야말로, 유시민의 논리대로라면, 정말로 NLL을 포기한 것이 된다.

"여기까지 NLL에 대한 노무현 대통령의 발언은 다음과 같이 요약할 수 있다. "NLL문제와 관련해 북이 문제를 제기하는 데는 그럴 만한 국제법적 역사적 논리적 이유가 있다. 그러나 남북기본

합의서를 만들 때 NLL을 잠정 인정하기로 합의했다. 지금 NLL을 건드리는 것은 옳고 그름을 떠나 현명하지 않다. NLL 남쪽 해역을 공동어로구역으로 설정하기보다는 더 포괄적이고 강력한 대안을 만들어 그 문제를 극복해 나가자." 이성적이고 객관적으로 대화록을 독해하면 이렇게 된다. 노 대통령이 NLL을 포기했다는 주장은 의도적인 거짓말이거나 감정과 충동으로 인한 난독증의 표현일 뿐이다. 노무현 대통령은 NLL을 지켰다. 그러나 그냥 지키기만 한 것은 아니었다. NLL을 건드리지 않으면서도 서해상의 군사충돌을 예방하고 남북 모두 경제적 이익을 얻을 수 있는 포괄적이고 강력한 대안을 만들어 북의 동의를 받아냈다. 이것이 진실이다."[p.42]

노무현의 주장을 요약하면 다음과 같다. [NLL이라는 것이 헌법 문제도 아니고, 영토 문제도 아니며, 국제법적 논리적 근거도 없는데, 이상하게 생겨서 괴물처럼 함부로 못 건드리게 되어 있어서 건드리면 전부 다 벌떼처럼 일어나는 상황이다. NLL을 바꾸는 것은 차차 협의해 나가고, 지금 상황에서는 인천과 한강하구 공동개발을 하는 서해평화협력지대를 만들어 나가고, 이를 양측의 경찰들이 관리하도록 하자. 그러기 위해서는 NLL과 관련된 법을 쌍방이 모두 포기한다"[대화록 ⑺ ⒀ ⒅ 참조]로 요약될 수 있을 것이다.

문제는 유시민의 변론이 너무도 부실하다는 것이다. NLL을 공동어로구역으로 만드는 것은 NLL 포기일 수 있다고 자기 스스로 시인했음에도, 한강하구와 인천앞바다를 공동어로에서 더 나아가 공동개발사업을 해나가고 북한정권의 경찰이 관리하게끔 만든 것은 포기가 아니란 말인가? 유시민의 논리대로라면 노무현은 이 회담에서 인천과 한강하구를 포기한 것이 된다. 차라리 노무현이 더 정직하게 얘기한 것 같다. 노무현의 주장, [대한민국 국민들이 NLL 문제를 굉장히 중요하게 생각하기 때문에 이를 변경하면 여론이 벌떼처럼 일어나므로 NLL은 차차 논의하기로 하고, NLL과는 조금 떨어져 있는 대한민국 영토인 한강하구와 인천앞바다, 더 나아가 서해5도 해역을 서해평화협력지대로 만들어 북한과 교류협력 사업을 추진하고 이를 쌍방의 경찰이 관리하게 만들자] 참으로 황당하고 위험하기 짝이 없는 주장이지만, 정직성에 있어서만큼은 유시민의 주장보다 낫다.

> "발언을 분석해 보면, 김정일 위원장은 경제협력사업 자체에도 관심이 있었지만 평화협정으로 이행하여 체제의 안전을 보장받는 것을 그보다 더 중요하게 여긴 것 같다. NLL도 꼭 해결해야 할 문제지만 그가 최종적으로 원했던 것은 NLL문제 해결 그 자체라기보다는 그 과정에서 남북이 확고한 군사적 신뢰를 쌓는 것이었다. 남북 사이에 군사적 신뢰가 없으면 북미관계 정상화를 포함한 평화협정체제로 이행할 수 없기 때문이다. 이런 각도에서 보면, 회담 첫머리에 NLL문제를 들고 나온 것이 노무현 대통령의 진의를 알아보기 위한 방편이었을지도 모른다. 김정일 의원장은 NLL문제를 제기해 노무현 대통령이 믿을 수 있는 파트너인지 가늠해 보았다. 믿을 수 있다는 판단이 섰다. 그래서 일사천리로 모든 현안에 합의해 주었다."[p.48]

그렇다. 김정일은 북한 전체주의 왕조체제의 안정을 보장받는 것이 가장 큰 목적이다. 도대체 유시민이 말하는 '군사적 신뢰'라는 것이 무엇을 의미하는 것인가? 대한민국의 주적이자, 인류 최악의 전체주의 집단이며, 국제사회와의 신뢰를 철저히 파괴해버린 북한정권과 어떻게 군사적인 신뢰가 있을 수 있단 말인가? 친북세력들이 말하는 군사적 신뢰는 결국, 북한 전체주의 정권이 핵과 미사일을 완성시키고 고도화시키는 시간을 벌어주고, 주한미군을 철수시키고, 한미연합사를 해체하여 북한의 군사력이 대한민국의 군사력을 압도하는 그런 결과를 초래한다.

전체주의 집단은 원래 진실(Truth)과는 거리가 멀다. 전체주의 집단은 그들이 원하는 것을 이루기 위해서 그 어떠한 수단과 방법도 가리지 않는다. 전체주의 체제를 유지하기 위해서 자국민들을 세뇌시키고, 역사를 심각하게 왜곡한다. 외부세계와의 소통을 차단하기 위해서 그들은 자국민의 자유와 권리를 말살하고, 그들 체제의 우월함을 선전히는 깃에서 너 나아가 전체주의 체제의 1인 지배자를 신격화 한다. 이러한 것들에 반대하는 자국민들을 가차 없이 공개적으로 학살하고, 정치범 수용소에 보내 끔찍한 고통 속에서 평생을 노예의 삶을 살도록 만든다.

당연히 외교에 있어서도 전체주의 국가는 기존의 조약과 약속들을 제대로 이행하지 않는다. 북미관계 정상화니 평화체제협상이니 하는 이 모든 것들은 북한 전체주의 집단에게 있어서는 하나의 핑계일 뿐이다. 결국 전시작전권을 단독으로 행사하고, 한미연합사를 해체하고,

주한미군을 철수하게 만들려는 전략일 뿐이다. 미군이 대한민국에서 철수하면 북한은 대한민국을 향한 공갈과 협박을 더욱더 효율적으로 잘 수행할 수 있는 것이다. 그리고 핵과 미사일 개발이 완성되면 북한 정권은 말할 것이다. "조약은 더 이상 유효하지 않다"라고…

　도대체 유시민이 말한 "믿을 수 있는 파트너인지 가늠해 보았다"라는 것은 무슨 뜻이란 말인가. 세계 최악, 인류 최악의 북한전체주의 왕조와 파트너가 된다는 것은 곧 전 세계 국가들의 적이 되고자 하는 것일 뿐만 아니라 인류의 적이 되는 것과 다름이 없다. 도대체 유시민은 어떤 방법으로 김정일의 심리를 파악할 수 있다고 생각한 것일까? 정말 노무현이 북한 전체주의 정권의 파트너인지 가늠해 보기 위해 김정일이 NLL문제를 먼저 꺼냈다고 하더라도, 그것에 관심을 갖고 북한의 요구를 들어주는 것에서 더 나아가, 서해의 안보를 무력화시키는 행위를 한다는 것이 합리화될 수 있을까? 정직하게 말해서 파트너가 아니라 미국에 맞서 북한 정권을 옹호하고 보호하고 변호해 줄 북한의 변호인 혹은 대변인이 될 수 있는지 가늠해 보았다고 얘기하는 편이 맞을 것이다.

　　"세부합의가 없었다고 해도 큰 문제는 아니다. 만약 서해평화협력지대 관련 합의 사항이 모두 실현된다면 남북은 군사충돌이 빈번하게 일어나던 가상의 해상분계선 대신에 각자가 그 나름의 경제적 이익을 얻을 수 있는 비무장 평화수역을 공유하게 된다. 군사 해도에는 서해 NLL이 그대로 있다. 하지만 그 일대 해역에서 해군이 철수하고 경찰이 대신 관리하면 NLL은 '군사경계선'

성격을 상실한다. …(중략)…

합의를 이루고 난 뒤 김정일 의원장이 예상치 못한 질문을 했다. 이 질문을 보면 서해평화협력특별지대가 제대로 실현되기를 그가 진심으로 희망했다는 것을 알 수 있다. 그는 대한민국 국민이 그 합의를 환영할지에 대해서 걱정했다. 노무현 대통령은 자신이 해나갈 수 있다고 호언장담했다. 안타깝지만 실현하지 못한 호언장담이 되었다.”[p.50]

서해평화협력지대가 정말로 실현되었다면 정말로 어떤 결과가 일어났을까? 유시민의 주장대로 백 번 양보해서 NLL을 그대로 유지한 채 인천과 한강 하구에 서해 평화협력지대를 만들어 물고기도 공동으로 잡고, 자원도 공동으로 채취한다고 가정해보자. 그러면 정말 평화가 올까? 앞에서도 얘기했지만, 북한에는 개별 기업이란 것이 없다. 북한의 어민들과 북한의 기술자들은 모두 북한 노동당 소속으로 북한정권의 지시를 받아 움직이는 사람들이다. 북한정권과 합리적이고 평화적으로 자원을 분배할 수 있다고 생각하는가? 불법 중국어선들이 서해에서 저지르는 만행들과 폭력행위들과는 비교도 안될 정도의 심각한 상황들이 펼쳐질 것이다.

서해평화협력지대를 만들어도, NLL 북단에는 북한 해군들이 그대로 존재한다. 그들은 어떤 명목으로든 언제든지 도발할 수 있다. 한강 하구와 인천 앞바다에 있는 북한 노동당원들을 보호한다는 명목으로 도발할 수도 있다. 상대는 핵과 미사일을 만들어 미국을 몰아내고 대한민국을 힘으로 앞도하려는 인류 최악의 전체주의 집단이다. 그런 집단의 지휘를 받는 사람들이 대한민국의 영토에 존재하게끔 만든다는 것 자체가 이미 안보에 심각한 위협이 되는 것이다. 물론 북한은 그 평화를 돈과 교환할 것을 요구할 것이다. 돈을 주면 평화를 보장하고, 그 후 더 많은 돈을 요구하고, 마침내 돈을 지불하기 힘든 상황이 될 때에는 이렇게 얘기할 것이다.

"평화는 끝났다"라고.

유시민은 이렇게 말했다.

"뒤이어 11월 27일 평양에서 남북 국방장관회담을 열었다. 그런데 여기서 공동어로구역 설정 방식을 합의하지 못했다. 북은 우리의 북방한계선(NLL)과 자기네가 주장하는 해상 군사경계선 사이의 해역을 고집했다. 남은 NLL을 중심으로 등면적(等面積) 공동어로구역을 설정하자고 주장했다.

김장수 당시 국방부장관이 이 회담에 나갈 때 우리 정부 안에 이견이 있었다. 국방부는 NLL을 확고히 지키기 위해 NLL을 중심으로 하는 남북 '등거리 공동어로구역' 설정 방안을 내놓았다. 반면에 해수부는 어민들을 위해 황금어장이 있는 곳을 중심으로 남북이 같은 면적의 해역을 내놓는 등면적 공동어로구역을 제안했다.…(중략)…

대북업무를 직접 수행하는 통일부는 '등거리'든 '등면적'이든 수월하게 북과 합의할 수 있는 방안을 원했다. 북의 군부 입장에서 보면 공동어로구역이 황해도 해안에 더 접근하는 'NLL 중심 등거리 방식'보다는 'NLL 중심 등면적 방식'이 덜 부담스러운 대안이었다. 결국 김장수 국방부장관은 'NLL 중심 등면적 공동어로 구역' 해도를 가지고 남북 국방장관회담에 나갔지만, 합의를 하지 는 못했다. 군사적 신뢰가 걸린 문제이기 때문에 남북장성회담을 열어 더 논의했지만 거기에서도 합의하지 못했다. 내가 아는 바로 는 일이 그렇게 진행되었다.

이것은 노무현 대통령이 NLL을 포기한 적이 없다는 유력한 증 거다. 만약 우리가 일방적으로 NLL을 포기했다면 합의를 이루지 못했을 리가 없다. 이런 사실은 김장수 안보실장이 2013년 10월 4 일 국회 운영위원회에서 한 발언에서도 확인되었다. 그는 "노무 현 대통령이 '소신껏 하라'고 해서 남북국방장관회담에서 소신껏 NLL을 지킬 수 있었다"라고 말했다. 국방부도 뒤이어 이 사실을 인정했다."[p.52~54]

유시민은 본인의 글에서 논리적인 충돌을 보여주고 있다. 유시민 은 책에서 말하기를 노무현이 NLL을 포기하지 않았다는 증거를 김장 수 국방장관이 '등면적 공동어로구역'에 대해 합의를 하지 못했기 때 문에 NLL을 지킨 것이라 볼 수 있고, 노무현은 김장수 국방부 장관에 게 '소신껏 하라'고 얘기했기 때문에 김장수 국방장관이 NLL을 지켜 낸 것은 결국 노무현이 지켜낸 것이라는 논리를 펼치고 있다.

노무현은 남북정상회담에서 서해5도를 포함하는 NLL남단에 공동 어로수역을 설정하자는 김정일의 주장에 강력한 관심을 표했다. 이는 궁극적으로는 대한민국의 서해5도를 포함하는 넓은 영해를 북한에게 내주는 꼴이 된 것이다. 노무현은 NLL 북단의 해역 역시 공동어로구역으로 해야 한다는 말은 전혀 하지 않았다. 사실 물고기가 많이 잡히는 곳은 서해5도를 포함하는 NLL남단이다. 또한 노무현은 김정일에게 인천 앞바다와 한강하구를 북한과 공동개발하자고 제안하고, 쌍방의 경찰이 지켜주자고 얘기한 후, NLL과 관련된 법을 쌍방이 모두 포기하는 것에 동의했다. 노무현이 그렇게 했기 때문에 남북국방장관회담에서 북한은 공동어로구역을 NLL 남단으로 하는 것으로 계속해서 고집했던 것이다.

그러한 참담하고 끔찍한 짓을 한 정황이 남북징상회담 대화록에 모두 공개되어 있고, 그러한 노무현의 계획을 김장수 국방장관이 막아낸 것에 대해 유시민은 오히려 이것이 노무현이 지켜낸 것이라고 주장하고 있는 것이다.

그렇다면 정말로 김장수 장관은 NLL을 완벽하게 사수한 것인지에 대해서 한 번 살펴보자.

11월 29일에 작성된 「남북관계발전과 평화번영을 위한 선언」 이행을 위한 남북국방장관회담 합의서의 내용을 살펴보면,

5. 쌍방은 남북 교류협력사업을 군사적으로 보장하기 위한 조치들을 취하기로 하였다.
....
② 쌍방은 '서해평화협력특별지대'에 대한 군사적 보장 대책을 세워 나가기로 하였다.
쌍방은 서해공동어로, 한강하구 공동이용 등 교류협력 사업에 대한

군사적 보장 대책을 별도로 남북 군사실무회담에서 최우선적
으로 협의, 해결하기로 하였다.

라고 되어 있다. 즉, 노무현이 김정일과 얘기했던 서해평화협력지
대, 한강하구공동이용, 서해공동어로구역에 대해서도 최우선적으로
협의해 나가기로 하겠다고 얘기한 것이다. 김장수 전 장관은 사실상
노무현의 NLL포기와 서해바다 무력화를 막았다기보다는 연기시켰다
고 얘기하는 것이 정확할 것이다.

노무현이 주장한 서해평화협력지대라는 것은 기본적으로 김정일
이 주장한 공동어로수역을 인정한 채, NLL남단부터 한강하구와 인천
앞바다에 이르기까지 대한민국의 영토에 공동어로수역은 물론 북한
과의 공동개발을 진행하는 것을 뜻한다.

그렇게 되면 결국 대한민국 해군이 기존의 NLL에서 북한이 주장
하는 서해 해상군사분계선까지 후퇴하게 되고, 북한 경찰이 서해평화
협력지대를 관리하게 된다. 반면 북한 해군은 NLL 북단의 기존의 전
선을 유지하게 되는 것이다. 결과적으로 대한민국의 해군이 서해5도
를 포함한 영해 수호를 포기하게 되는 것이다.

더 나아가 노무현은 그 서해평화협력지대에 대한민국과 북한의 경
찰이 공동으로 관리하자고 먼저 제안했다. 안타깝게도 북한에는 정식
경찰이 없다. 노동당 소속의 군인만이 있을 뿐이므로, 해군의 이름만
바꿔서 경찰이라고 할 수 있는 것이다. 사실상 적국에 영토를 내준 참
절행위를 한 것으로, 형법상 내란죄에 해당한다고 생각한다.

유시민은 한걸음 더 나아가, 서해평화협력지대를 합리화하기 위해
서 박근혜 대통령이 비무장지대(DMZ)를 생태평화공원으로 만들겠다

고 한 공약한 것을 비판한다.

> "박근혜 대통령은 DMZ를 생태평화공원으로 만들겠다는 공
> 약을 했다. 첫 미국 방문 때 상하원 합동회의에서 그 말을 해서
> 큰 박수를 받았다. 노무현 대통령이 정상회담에서 김정일 국방
> 위원장에게 한 제안과 똑같다. 그런데 북과 합의하지 않고 무슨
> 재주로 중화기가 들어와 있는 DMZ에 평화생태공원을 만든다는
> 말인가. 북과 합의해서 그렇게 할 경우 그것이 서해에 평화수역
> 이나 공동어로구역을 만드는 것이 없어지는가. 똑같은 것을 바
> 다에서 하면 'NLL 포기'고 땅에서 하면 '남북 신뢰 프로세스'가
> 되는가?"[p.55]

안타깝게도, 노무현이 김정일에게 제안한 서해평화협력지대와 박
근혜 대통령이 공약한 DMZ 생태평화공원 간의 유사성은 전혀 존재하
지 않는다. DMZ 생태평화공원은 DMZ 남단의 남북 2km가량의 영역
에 생태평화공원을 만든다는 계획으로, 1단계 추진 지역으로 대한민
국부터 시작해서 2단계 추진 지역으로는 북한 지역까지 확장해 나간
다는 계획이었다. DMZ 생태평화공원을 설치한다고 해서 휴전선에 있
는 양 군대가 철수하고 이를 경찰이 관리하는 것도 전혀 아니다. 노무
현이 구상한 서해평화협력지대처럼 쌍방의 경찰들이 대한민국의 영
토를 관리하는 그런 처참한 상황과는 근본적으로 다른 것이다. 박근혜
대통령이 공약한 DMZ 생태평화공원은 단지, 대한민국의 DMZ 남단
에 있는 민간인 출입 지역에 만들어지는 것이다. 자유통일을 위한 상
징적인 의미와 관광자원을 위한 의도로 공약한 것이다.

　이러한 DMZ 생태평화공원은 단계적이고 점진적으로 이루어지는 계획이었으며, '한반도 신뢰 프로세스'를 축으로 펼쳐나갈 계획이었던 것이다. 박근혜 대통령이 제안한 '한반도 신뢰 프로세스'란, 북한이 핵을 포기하고 개혁개방의 자세를 취하여 신뢰를 구축했을 때, 북한과의 평화, 교류, 협력이 이루어질 수 있다는 것이다.

　그러나 북한은 전혀 변하지 않았다. 오히려 시간이 지나면 지날수록 그 상태가 더욱 악화되어 갔다. 북한은 박근혜 대통령의 대통령 취임식 2주 전에 3차 핵실험을 감행했다. 박근혜 대통령은 취임 이후 '한반도 신뢰 프로세스'를 통해 북한이 핵을 포기하고 개혁개방의 길로 나아갈 수 있도록 유도하려고 했지만 북한은 핵을 포기하지 않았다. 북한은 2016년 1월 6일에 4차 핵실험을 감행하고, 그 후 박근혜 대통령은 국제적인 대북제제와 함께 개성공단을 폐쇄하는 강력한 조치를 취했다. 그러나 북한정권은 변하지 않았다. 4차 핵실험을 한 뒤 5개월 후 2016년 9월 9일 북한은 5차 핵실험을 감행했다. 북한은 원래부터 핵을 포기할 생각을 전혀 하지 않았다. 핵을 포기하려는 척 하는 것은 그저 시간을 끌고 외교석인 실익을 챙기기 위한 술수였을 뿐이었다.

　DMZ 생태평화공원은 대한민국 영토의 손실도 없고, 대한민국의 안보에 그 어떠한 위협도 되지 않는다. 무엇보다도 DMZ 생태평화공원은 북한의 핵, 미사일 포기와 개혁개방 및 북한인권문제에 대한 해결을 전제로 실시한 것이기 때문에, 서해평화협력지대라는 사실상의 국토참절행위와는 본질적으로 다른 것이다.

　유시민의 책을 보다가 그의 생각을 알 수 있는 조금 충격적인 부분을 읽게 되었다. 전혀 논리성도 느껴지지 않을 뿐만 아니라 인류적인 차원의 문제의식이 결여된 그의 생각을 확인할 수 있었다.

"어느 사회든 가장 높이 내세우는 가치 또는 사회의 최고 목표가 있다. 나는 대한민국 사회의 가장 중요한 가치가 자유라고 생각한다. 우리는 각자의 주관에 따라 경제발전, 통일, 반공, 복지, 정의, 평등, 환경보호 등 다양한 주장을 할 수 있으며, 그런 다양한 견해에는 저마다의 근거와 타당성이 있다. 정답은 없다. 나는 자유를 가장 중시하지만 그것이 다른 모든 가치 위에 있다거나, 자유를 위해서는 다른 가치를 파괴해도 된다고 생각하지 않는다. 그런 태도는 민주주의와 어울리지 않는 독선 또는 가치의 독점이다. 대한민국은 사상과 표현의 자유를 보장하는 민주주의 국가다. 자기가 옳다고 믿는 것을 폭력으로 남에게 강제하지만 않는다면, 국민 대다수가 터무니없다고 판단하는 견해에 대해서도 표현의 자유를 보장해 주어야 한다.

그렇다면 조선민주주의인민공화국 인민들은 뭐라고 할까? 자주가 정답이다. 다른 것은 모두 '틀린' 대답이다. 북은 주체사상이 사회생활의 모든 영역을 지배하는 전체주의 국가이기 때문이다. 모든 인민은 주체사상으로 무장하고 지도자의 말을 확고한 진리로 받아들여야 한다. 사상과 표현의 자유 같은 것은 없다. 딴소리하면 부르주아 사상, 제국주의, 자유주의, 사대주의 같은 잡사상에 오염되어 있다는 증거가 될 뿐이다. 그런 사람은 자아비판과 노동을 통해 사상을 교정해야 한다. 남과 북은 거의 모든 면에서 서로 다른 사회지만, 가장 결정적인 차이는 바로 여기에 있다고

　나는 믿는다."[p.87~88]

　위 내용을 보면 유시민은 지극히 정상적인 사상을 가지고 있는 것처럼 보인다. 게다가 자유를 최우선의 가치로 둔다는 것이 얼마나 멋진 생각인가. 대한민국의 민주주의가 자유민주주의인 이유는 자유 없는 민주주의는 사실상 민주주의가 아닌 민중독재가 되기 때문이다. 그만큼 우리에게 자유는 정말 소중한 가치인 것이다. 나는 유시민이 대한민국에서 가장 중요한 가치를 자유라고 여기는 것을 높게 평가한다. 그러나 자유는 대한민국만의 가치가 아닌, 인류 보편의 가치다. 유시민의 말대로 북한은 주체사상에 지배당한 전체주의 국가이다. 자주는 북한 전체주의 지배집단의 이념이지 대다수 북한 주민들이 정말로 자주가 제일의 가치라고 생각하지 않는다. 대한민국으로 탈북한 3만 명의 탈북자들은 자주를 위해 탈북한 것이 아니라 배가 고파서 탈북했고, 자유를 위해 탈북했다. 그 누구도 자주를 위해 탈북한 사람은 없다. 유시민이 생각하는 인민이란 북한 주민들이 아니라 북한의 상류층 간부들이란 말인가! 북한의 인민들이 자주를 최우선의 가치로 둔다고 얘기한 것은 북한에서 김일성, 김정일, 김정은 정권의 악랄함에 증오하며 노예로 살아가고 있는 북한 주민들에 대한 심각한 모독인 것이다.

　유시민은 책에서 말하기를, 북한에서 사상의 자유를 외치면 자아비판과 노동을 통해 사상을 교정해야 한다고 얘기했다. 말은 정확하게 할 필요가 있다. 북한 주민들이 사상의 자유를 외치면, 단순히 자아비판과 노동을 하는 것이 아니라, 어린 아이들 앞에서 공개 총살을 당한다. 정말 운 좋게 공개 총살을 면한다고 해도, 정치범수용소로 끌려가 극심한 고문을 받고 인간 이하의 참혹한 노예의 삶을 살다가 죽음을 맞게 된다.

미국 버지니아 대학교에 재학 중이던 22살 미국 청년 오토 웜비어 씨는 2015년 12월 말에 중국여행사를 통하여 북한에 관광을 갔다. 그러나 웜비어씨는 2016년 1월 2일 미국으로 돌아오는 비행기를 탑승하던 중에, 양각도 국제호텔에서 체제 선전물을 훔쳤다는 죄목으로 억류되고 만다. 결국 오토 웜비어 씨는 2016년 3월 16일에 국가 전복 음모죄의 혐의로 15년의 노동 교화형을 선고 받았다. 결국 오토 웜비어는 온갖 잔혹한 고문과 인권유린으로 인해 식물인간 상태가 되어 미국으로 돌아왔고, 도착한지 6일만에 사망했다. 고작 외국인 관광객을 상대로한 정치 포스터에 손을 댔다는 이유만으로, 15년을 북한정권의 노예로 살아가게 만들고, 그마저도 1년이 채 되지 않아 식물인간으로 만들어 사망에 이르게 하는 정권이 바로 북한 전체주의 정권인 것이다.

무수히 많은 탈북자들이 증언하기를, 북한에서 한국 드라마나 영화를 보다 적발되거나, 김일성·김정일·김정은의 초상화나 체제 선전물을 조금이라도 훼손시키면 무조건 공개 총살을 당한다고 한다. 전체주의 1인 체제를 유지하기 위해 김정은은 자신의 고모부인 장성택을 기관총으로 무참히 살해했고, 무수히 많은 북한정권의 인사들을 살해했다. 김정은은 말레이시아 공항에서 암살요원을 통해 김정남에게 생화학테러를 자행하여 현장에서 사살했다. 애초부터 북한정권은 현대 문명의 기본 윤리에서 심각하게 벗어난 엽기적인 집단인 것이다.

그러나 친북세력들은 이처럼 인간성이 말살된, 극악한 악마성을 지닌, 인류최악의 전체주의정권인 북한의 실체에 대해서 제대로 비판하지 않는다. 단순히 조금 권위적이고 억압적인 독재국가 정도로만 설명하는 경향이 있다.

자유민주주의의 본질은 개인주의와 법치주의이며, 자유민주주의 국가에서 가장 중요한 가치는 개인의 자유와 권리이다. 집단이나 정부의 억압으로부터 소수의 자유와 권리를 보호해 주고 이를 위해 헌법과 법률로 보호하는 것이 바로 자유민주주의의 핵심 가치인 것이다. 그러나 자유민주주의는 자유를 파괴하려는 자유를 허용하지 않는다. 표현의 자유는 그 아래에 있는 것이다. 표현의 자유 역시 다른 사람의 자유와 생명, 진실을 파괴하는 자유라면 결코 용납될 수 없는 것이다. 유시민 역시 개개인의 다른 가치들을 파괴할 자유는 인정할 수 없다고 얘기했다. 그러나 바로 저 인류 최악, 인류 최후의 북한 전체주의는 바로 개인의 자유, 권리, 생명, 진실, 인권, 재산을 포함한 모든 것을 말살시키는 체세이다. 북한이야말로 유시민이 가장 중요시하는 '개인의 자유'를 가장 악랄하게 말살시키는 곳인데도 북한에 대한 맹렬한 비판을 하지 않는 것은 과연 올바른 일일까? 인류 보편의 권리이자 신으로부터 물려받은 양도할 수 없는 권리인 인권을 말살시키는 북한정권에 대해 친북좌파세력들은 왜 제대로 된 비판을 하지 않는가? 왜 북한 인권법 문제를 적극적으로 찬성하지 않는가?

그런 인류 최악의 북한 전체주의 왕조 집단과 대화, 교류, 협력을 통해 평화를 유지할 수 있다고 믿는 것 자체가 논리적으로 말이 안 되는 반인륜적인 생각인 것이다. 전체주의 집단은 언제든지 진실을 파괴한다. 전체주의 집단은 초반에는 신뢰를 쌓는 척해도, 힘의 우위를 선점하면 언제든지 신뢰를 파기한다. 국가 간의 조약이나 약속은 언제든지 폐기처분된다. 이것이 전체주의 국가의 본질적인 특징이다. 소련 공산전체주의가 그랬고, 히틀러의 나치전체주의가 그러했으며, 일제의 천황군국주의가 그러했다. 그리고 이러한 세 가지 전체주의 집단들의 악마성을 교잡종한 체제가 북한의 전체주의 체제이다. 미국을 비롯한 전 세계 국가들이 북한과 체결한 조약과 약속들은 사실상 북한에 의해서 거의 다 파기되었다. 핵을 만들지 않겠다는 약속 역시 거짓말이었다. 6자회담은 그저 시간끌기용이었다. 그렇게 시간을 끌면서 북한은 핵과 미사일을 완성시켰다. 유시민은 그런 인류 최악의 범죄 집단인 북한과 대화, 교류, 협력이 정말로 가능하다고 믿는 것일까?

> "그러나 어쨌든 자주는 좋은 가치다. 사람은 누구나 자주적으로 사는 게 좋다. 타인의 자비심에 의존해서 살면 존엄을 지킬 수 없다. 대한민국의 미래는 대한민국 국민들이 스스로 열어나가는 게 맞다. 민족의 운명도 남북 8천만 우리 민족이 스스로 결정하고 만들어나가야 한다. 반대할 이유가 없다."[p.89]

> "한반도의 평화는 우리에게 생존이 걸린 문제다. 평화로운 한반도를 만들려면 남북이 화해하고 공존하면서 교류하고 협력해야 한다. 우리 스스로 판단해서 그에 필요한 일을 해야 한다. 그럴 때 대한민국은 명실상부한 독립국가라고 할 수 있다. 그 문제를, 미국이든 중국이든, 다른 나라에 맡겨서는 안 된다."[p.104]

자주는 물론 좋은 가치일 수는 있다. 그러나 개인의 자유와 권리, 진실과 생명을 말살시키는 집단이 자주를 외치는 것이 어떻게 좋은 가치일 수 있단 말인가? 극악한 사이코 연쇄살인마가 외치는 자주가 무슨 소용이란 말인가? 인류 보편의 가치를 철저하게 파괴시키는 엽기적인 악마 집단은 전 세계가 나서서 규탄해야 한다. 대화와 교류와 협력의 대상이 아니라 국제적인 공조로 제재하고, 압박하며, 마침내는 붕괴시켜야 할 대상이 바로 저 인류 최악의 북한 전체주의 정권인 것이다. 왜 대한민국의 자유통일을 북한과 대한민국만이 결정해 나가야 하는가? 자유통일은 자유민주적 기본질서에 의하여 북한을 대한민국으로 흡수하는 것에서 더 나아가, 북한 전체주의 집단에 의해 철저하게 파괴된 북한 주민들이 세계 속에 당당히 살아갈 수 있는 개인 실존으로 재활해 내는 위대한 인류사적인 과정이다. 그러므로 전 세계 자유민주주의 국가들이 힘을 합쳐 자유통일을 향해 나아가야 한다.

> "우리 속담에 '보지 않는 데서는 나라님 욕도 한다'고 했다. 남북은 수백만 명이 죽고 다치는 참혹한 전쟁을 벌였다. 반세기가 넘도록 이념적 군사적으로 대립했다. 그런 두 국가의 정상이 역사상 두 번째로 마주 앉은 게 2007년 정상회담이었다. 그 자리에서 북을 설득하기 위해 미국 흉을 좀 본 게 무에 그리 잘못된 일인가."[p.105]

북한을 설득하기 위해서 대한민국의 가장 중요한 동맹국인 미국 흉을 본다는 것이 말이 되는 소리인가? 미국은 6·25전쟁 당시 한국을 도와주기 위해 거의 200만 명 가까운 군대를 파병하여 5만이 넘는 사망자를 내고, 10만 명이 넘는 부상자가 생겨났다. 6·25전쟁 이후 미국과 단단하게 연결된 한미동맹으로 대한민국의 안보를 확고히 확립할 수 있었고, 대한민국이 지금의 경제적인 번영을 이룩하게 만든 토대가 될 수 있었다. 세상에 남의 흉을 보면서 설득하는 그런 협상이 어디에 있단 말인가. 그것은 설득이 아니라 굴종적인 자세를 통해 부탁하고 애걸하는 것과 같은 것이다.

"대한민국 대통령이 비공개 정상회담에서 미국을 비판한 것을 두고 격분하는 분들에게 충고를 드린다. 살아가기 위해 친미를 하는 게 아니라 친미 그 자체를 훌륭한 도덕적 규범이라고 착각하고 있는 것이 아닌지 우리 스스로 돌아보자. 사대주의에 젖어 무조건 미국을 추종하고 있지 않은지 자성해 보자. 개인이든 국가든 정신이 남에게 종속되면 품격과 존엄을 잃게 된다는 것을 우리의 선조들이 무엇을 위해 일제 강점에 맞서 목숨을 걸고 싸웠는지를 생각하자. 대한민국은 친미국가지만, 친미와 자주가 반대말인 것은 아니다. 친미국가면서도 자주국가일 수 있다. 나는 그렇게 믿는다."[p.106]

정말로 큰 문제는 대한민국의 친북세력들은 살아가기 위해 친미라는 것을 하고 있지 않다는 것이다. 거꾸로 나는 대한민국의 친북세력들에게 이렇게 묻고 싶다. 반미 그 자체를 훌륭한 도덕적 규범이라고 착각하고 있는 것이 아닌지, 80년대 운동권이 갖고 있던 사상에 젖어 무조건 북한을 추종하고 변호하고 있는 것은 아닌지 묻고 싶다.

유시민은 대한민국에서 미국을 외교적으로 중요하게 생각하는 사람들이 마치 미국에 정신이 종속된 것처럼 책에서 얘기를 했다. 북한의 위협으로부터 대한민국을 지켜내고, 더 나아가 중국과 러시아(과거 소련)의 군사적 압박으로부터 자유로워지기 위해 한미동맹을 수호해 나가려는 것이 어떻게 미국에 정신이 종속된 것일 수 있겠는가? 북한이 무슨 짓을 해도, 인류 최악의 전체주의 집단이어도, 핵과 미사일을 개발하여 인류의 생명을 위협해도, 친북세력들이 북한을 변호해 주는 본질적인 이유가 무엇인지 궁금하다.

"하지만 핵무장에 반대하고 북의 핵개발을 비난한다고 해서 북핵을 폐기할 수 있는 것은 아니다. 조선민주주의인민공화국은 유엔에 가입한 주권국가다. 100만 명이 훨씬 넘는 상비군에다 각종 중화기와 생화학무기를 보유하고 있다. 북 스스로 핵을 폐기하지 않는다면 전쟁이 아니고는 남들이 그 핵무기를 없앨 방법이 없다. 하지만 그 문제가 아무리 심각하다고 해도 전쟁은 바람직한 해법이 아니다. 핵보유를 이유로 들어 북을 선제공격하는 것은 국제법상 심각한 문제가 있다. 핵무기를 개발한 나라가 북 하나만 있는 게 아니다. 아주 많이 가진 나라도 있다. 미국과 러시아, 중국 같은 강대국이다. 핵 확산방지협약에 아예 가입하지 않은 핵보유국도 있다. 국제법상 문제가 없다고 해도 전쟁을 해서는 안 된다. 한국전쟁 교전당사국들은 6·25 때와는 비교할 수 없을 만큼 크고 강한 화력을 보유하고 있다. 또다시 전면전을 벌였다가는 우리 민족 전체가 아주 망하고 말 것이다. 전쟁을 하지 않고 핵을 폐기하려면 협상을 해야 한다. 다른 방법은 없다. 만약 북

의 요구가 지나치거나 사리에 맞지 않는다면 끈질기게 협상해서
누그러뜨려야 한다."[p.109]

많은 다른 나라들이 핵을 갖고 있는데 북한이 핵을 갖고 있는 것이
뭐가 문제냐고 물어보는 사람들에게 말하고 싶다. 전 세계에서 2천 만
명의 자국민들을 노예로 만들어 인류 최악의 전체주의 왕조 체제를
만든 집단이 핵을 갖고 있는 나라는 북한이 유일하다. 이스라엘, 파키
스탄, 인도가 핵을 보유하는 것은 중국이나 러시아를 견제하기 위해
미국이 외교적으로 용인해 준 것이고, 중국과 러시아가 핵을 갖고 있
는 것은, 과거 냉전체제의 결과이지 중국과 러시아가 미국을 위협하는
상황은 전혀 아니다. 러시아는 이미 소련이 해체됨으로써 개혁개방이
이루어졌고, 중국은 정치적으로 공산당 1당 독재로 운영되지만 경제
적으로는 자유롭게 개방되어 중국 국민들은 모두 자본주의 시장경제
의 풍요로움을 누리고 있다.

그러나 북한은 자신들의 극악한 전체주의 체제를 유지하기 위해서
핵과 미사일을 만들어 국제사회를 위협하고 있다. 또한 북한은 바로
아래에 있는 대한민국에 공갈협박을 하여 적화통일을 이룩하기 위한
확고한 목적을 갖고 있기 때문에, 그들은 핵과 미사일을 결코 포기하
지 않는 것이다. 그들의 궁극적인 목표가 한미연합사를 해체하고 주한
미군을 철수시켜 핵무기를 통한 힘의 우위를 확보하는 것이고, 궁극적
으로는 연방제 통일을 거쳐 한반도를 적화통일하려는 것이다. 이런 상
황에서 어떻게 북한의 핵을 용인할 수 있단 말인가?

친북세력들은 전쟁이나 선제공격은 전혀 바람직하지 못하며, 오로
지 대화와 협상만이 유일한 해결책이라고 생각하기 때문에 지금까지

도 북한의 핵미사일 문제가 해결되지 않은 것이다. 전쟁과 선제공격을
치열하게 반대하고 오히려 북한에 막대한 돈을 퍼주는 친북세력들이
있기에, 북한은 마음껏 핵과 미사일을 개발하고 협상의 우위에 있을
수 있는 것이다. 전쟁과 선제공격을 감수하고서라도 북한의 핵을 폐기
시키고, 인류 최악의 북한 전체주의 정권을 붕괴시키겠다는 결기를 갖
고 북한을 다루어야 이 문제가 본질적으로 해결될 수 있다.

　"그 문제(북한이 핵을 개발하는 문제)가 아무리 심각하다고 해도 전
쟁은 바람직한 해법이 아니다"라고 생각하는 사람들이 대한민국의 외
교와 안보를 장악하고, 통일을 연구하는 학계에 거의 전부 포진해 있
다. 반면 북한 전체주의 정권과 타협하지 않고, 강력한 한미동맹을 바
탕으로 북한을 제재하고 힘의 우위를 선점해야 한다는 생각을 가진
사람들은 학계에 거의 없는 현실이다. 이러한 기울어진 상황들이 대한
민국의 교육과 정신문화가 친북적 사고방식으로 뒤덮이게 만드는 결
정적인 원인이 된 것이다.

　이스라엘이 이라크의 원자로를 폭격한 이유는 무엇인가? 당시 이
라크는 후세인이라는 압제적인 독재자가 다스리는 곳이었고, 이라크
가 핵을 개발한다면 이스라엘의 안보에 위협이 될 수 있기 때문에 이
스라엘은 자국의 안보를 위해 과감하게 결단한 것이다. 그러나 북한의
김일성, 김정일, 김정은 3대 세습 전체주의의 독재자들은 후세인보다
수백 배는 더 잔혹하다. 그런 상황에서 대한민국의 영토를 향하고 있
는 핵과 미사일을 두고도 전쟁은 안 된다느니 선제타격은 안 된다느
니 하는 이런 전제를 깔아버리는 순간, 북한은 핵을 개발할 요인이 더
욱 생기는 것이다. 북한이 핵과 미사일을 고도화시키면 시킬수록 대한

민국은 전쟁을 더욱 반대할 것이기 때문에, 북한은 더더욱 핵과 미사일을 완성시키는 데에 온 힘을 기울이고 있는 것이다.

> "조선민주주의인민공화국은 폐쇄적인 독재국가로 인식되어 있다. 맞다. 북한은 그런 나라다. 그런데 독재는 북 권력집단이 스스로 선택했지만 폐쇄는 좋아서 한 게 아니다. 북도 고립을 원하지 않는다. 고립과 폐쇄에서 벗어나려고 김일성 주석 때부터 지금까지 그들 나름대로 애를 썼다. 구소련과 동유럽 사회주의체제가 무너지고 중국이 본격적인 경제개혁에 나섰던 1990년대 초 김일성 주석은 달라진 국제정세에 유연하게 대응하려고 했다."[p.115]

북한이 고립을 원하지 않는다는 말은 정말로 잘못된 주장이다. 북한 정권의 인류 최악의 전체주의 체제는 북한 정권이 스스로 선택한 것이고, 이를 유지하기 위해서는 결국 개방이 아니라 극심한 폐쇄의 길로 갈 수밖에 없다. 다시 말해, 전체주의 독재와 악랄한 폐쇄정책 모두 북한 정권, 김일성·김정일·김정은이 원해서 한 것이다. 1990년대에 북한이 대화와 화해의 제스처를 보낸 이유는, 소련과 동구권의 공산주의가 붕괴되고, 북한만이 사실상 지구상에 마지막 남은 공산전체주의 정권이었기 때문에 어쩔 수 없이 요식행위였을 뿐이다. 소련을 중심으로 한 전 세계 공산주의 블록이 해체된 이후에도 북한은 다시 극심한 고립의 길로 나아갔다. 그 결과, 1990년대 중반에 북한은 '고난의 행군'이라는 것을 통해 300만 명의 대량 아사자를 발생시켰다. 먹을 것이 없어서 풀뿌리를 먹었다고 많은 탈북자들이 증언하고 있다. 심지어 인육까지 먹는 참담한 상황이었다고 증언하는 사람들도 있다.

북한 전체주의 정권의 고립은 북한 정권 스스로 선택했다는 것이 정확한 진실이다.

> "그러나 2008년 12월 수석대표들의 회담 이후 6자회담은 중단되고 말았다. 근본적인 이유는 남북관계 악화에서 찾아야 할 것이다. 이명박 대통령은 10·4공동선언을 포함해, 노무현 대통령 당시 대한민국 정부 당국자가 북과 직접 합의하거나 6자회담에서 주변 4개국들과 함께 합의한 모든 것을 부정해 버렸다. 그는 "북이 핵을 먼저 포기하고 개방, 개혁을 하면 경제지원을 해서 1인당 국민소득 3,000달러를 만들어주겠다"는 소위 '비핵개방 3000'을 내세웠다. 체제의 안전보장을 목표로 핵과 미사일을 가지고 세계 최강 미국과 '기 싸움'을 해왔던 북이 이 말을 듣고 스스로 무장을 해제할 리 없었다. 결국 남북관계는 최악으로 치달았다. 남북, 북미 대화가 모두 막혀버렸고 6자회담마저 더는 열리지 않았다. 북은 추가 핵실험을 했고, 위성발사 실험으로 위장한 장거리 탄도미사일 발사실험도 계속 했다."[p.126]

친북세력들은 결코 북한의 핵 미사일 도발의 원인을 북한 전체주의 정권 탓으로 돌리지 않는다. 오히려 북한정권의 변화를 이끌려 했던 대한민국 정부의 탓으로 돌린다. 이명박 정부가 "북이 핵을 포기하고 개방, 개혁을 하면 경제지원을 해서 1인당 국민소득 3,000달러를 만들어주겠다"라는 '비핵개방 3000'을 주장한 것이, 기존의 북한과의 합의와 6자회담과 주변 4개국들과의 합의를 부정한 것이 되는가? 1인당 국민소득이 1,200달러에도 못 미치는 북한정권에게 경제지원을 해서 3,000달러를 만들어주겠다는 것이 잘못된 말인가? 인류 최악의 전체주의 정권을 그대로 연명시킨 채, 북한 주민들을 김씨 왕조의 노예로 살게끔 체제를 유지시켜 주는 것이 옳다고 생각하는가?

　　"북이 원하는 평화보장을 제도적으로 완전하게 실현하려면 남과 북, 미국과 중국이 합의해서 정전협정을 폐기하고 평화협정을 체결해야 한다. 북에 대한 미국의 테러지원국 지정과 적성국 규제의 해제와 북미관셰 징상회도 당연히 함께 이루어져야 한다. 그런데 북이 진심으로 핵 포기 의사를 지니고 있다고 해도 평화협정 체결은 결코 쉬운 일이 아니다. 두 가지 중대한 장애물이 있다. 하나가 해상 군사경계선 문제다. 다른 하나는 정전협정에 명시된 '외국 군대의 철수' 문제다. 해상 군사경계선 문제는 평화수역이나 공동어로구역을 설치함으로써 우회할 수 있다고 해도, 주한미군 철수 문제는 대한민국 국민들이 동의하기가 쉽지 않을 것이다. 그러나 그럼에도 대화하고 협상해서 문제를 풀어야 한다."[p.127]

　대한민국의 친북세력들은 늘 주장한다. 정전협정이 평화협정으로 바뀌고, 그렇게 되어서 주한미군이 철수하고 한미연합사가 해체된다면 한반도에는 평화가 올 거라고 늘 얘기한다. 더 나아가 이를 위한 첫 단계로 NLL문제를 북한과 협의를 통해 해결해 나가야 된다고 한다. 놀랍게도 이 주장은 대한민국 친북세력들의 주장만이 아니다. 바로 북한의 김정일 역시 이 주장을 하고, 2007년 남북정상회담에서 김정일이 노무현에게 이러한 얘기를 한다.[대화록(4) 참조]

그러나 과연 정전협정을 평화협정으로 바꾸면 모든 문제가 해결될까? 모든 전체주의 국가들은 국가 간의 조약을 휴지조각으로 생각한다. 전체주의 국가는 상대 국가를 힘으로 압도할 수 있는 수준에 도달할 때까지만 그 평화협정을 지킨다. 그리고 전체주의 국가가 압도할 만한 힘을 갖게 되면 평화협정을 바로 폐기하고 힘으로 상대 국가에게 공갈과 협박을 시작한다. 그리고 상황이 무르익으면 전면전도 감행하는 것이 바로 전체주의 국가의 특징이다.

친북세력들은 북한과의 대화와 협상을 전제로 깔아놓는다. 그러므로 나머지 사항들은 부수적인 것이 된다. 주한미군 철수의 문제도 국민들이 동의만 하면 이루어질 수 있다고 믿는 것이다. 완전히 거꾸로 된 사고이다.

인류 최악의 전체주의 북한 정권이 핵과 미사일로 대한민국의 안보를 위협하는 상황에서 한미동맹은 그 자체로 필수적이다. 대한민국 군이 단독으로 북한을 상대하는 것과, 한미 연합군이 합동으로 북한을 상대하는 것은 그 힘의 균형에 있어서 너무나 확연한 차이가 난다. 특히 해군과 공군력에 있어서 세계 최강을 자랑하는 미국의 힘을 이용해야만 선제 정밀타격을 포함한 모든 수단을 생각할 수 있다. 확고한 한미동맹이 있어야만 북한이 핵과 미사일을 완성시켰다고 하더라도 대한민국은 이에 굴복하지 않고 과감하게 대처해 나갈 수 있는 것이다.

대한민국의 친북세력들은 북한과의 대화를 전제로 깔고 있고, 북한 전체주의 정권은 핵과 미사일을 완성시키는 것을 전제로 하고 있다. 친북좌익세력들이 정권을 잡게 되면 북한의 핵과 미사일이 날로 고도화되고 있어도 대한민국은 대화와 협력을 대전제로 한다. 북한의 핵과 미사일 개발을 제재할 수단이 없다. 친북좌익세력들은 국제적인 대북 경제제재에도 반대한다. 한미연합사가 공동으로 행사하는 전시 작전권을 단독으로 행사하고, 한미연합사를 무력화시키고 주한미군을 철수하는 것이 바로 친북좌익세력들의 우선적인 목표다. 그리고 친북 좌익세력들은 끊임없이 북한과의 대화와 교류 협력을 외친다. 그러는 동안에 북한의 핵과 미사일이 완성된다. 그 이후의 결과는 하나다. 북 한의 요구에 대한민국이 호응하지 않으면 핵과 미사일을 이용한 끔찍 한 공갈과 협박이 있을 뿐이다. 결국 대한민국은 북한의 속국이 되어 간다. 북한이 주도하여 연방제 통일을 이루고, 결과적으로 그 끝은 적 화통일이다.

　　"미국이 만든 '작계 5029'를 폐기한 노무현 대통령의 행위를 어 떻게 평가해야 할까? 그것이 어떤 내용을 가지고 있는 것인지 알 아야 판단할 수 있다. 한반도 평화와 민족의 공존공영, 평화적 통 일에 도움이 되는 계획인데도 폐기했다면 잘못한 것이다. 그러나 그 반대라면 잘한 것이다."[p.145]

　　"주한미군은 근본적으로 동북아시아에서 미국의 국익을 지키 기 위해 한국에 주둔하고 있다. 국군 통수권자인 대통령은 미국이 아니라 대한민국과 8천만 동포의 생명과 안전을 지켜야 한다. 상 황에 따라서는 미군 사령관과 대한민국 대통령이 추구하는 목표 와 그 목표를 이루기 위해 선택하는 수단에 심각한 차이가 있을 수 있다."[p.147]

친북세력들의 멘탈리티가 어떠한지 잘 파악할 수 있는 대목이다. 유시민은 '작계 5029'의 폐기 여부의 기준을 '한반도의 평화', '민족의 공존공영', '평화적 통일'이라고 얘기했다.

평화라는 것은 가만히 앉아서 평화를 외치고, 염원한다고 이루어지는 것이 아니다. 근대 군사 철학과 사상의 선구자인 클라우제비츠가 본인이 쓴 '전쟁론'이란 책에서 말했다. "유혈을 꺼리는 자는, 그렇지 않는 자들에 의해 반드시 정복당한다."

외부의 힘에 굴하지 않고 언제든지 전쟁을 할 준비가 되어 있고 피를 흘릴 각오가 되어 있을 때에만 결과로서 평화를 얻을 수 있는 것이다. 민족의 공존공영이라는 것은 도대체 무엇을 의미하는가? 북한 전체주의 정권 아래에 있는 2천만 북한 주민들은 그 어떠한 자유와 권리도 말살당한 채 노예보다도 못한 삶을 살고 있다. 그런데도 친북세력들은 북한 정권의 그 어떠한 변화도 요구하지 않고 민족의 번영이라는 말로 자신들의 가짜 평화주의를 정당화한다.

유시민은 책에서 "국군 통수권자인 대통령은 미국이 아니라 대한민국과 8천만 동포의 생명과 안전을 지켜야 한다"라고 말했다. 김정은 전체주의 정권의 노예로 살아가는 3천만 북한 주민들의 노예상태를 해방시키기 위해서, 미국과 한미동맹을 더욱 굳건히 하여야 하는 것이다. 대한민국의 주적은 북한정권이지, 북한 주민이 아닌 것이다. 과거 김대중 노무현으로 이어지는 햇볕정책이 북한 주민들의 삶을 개선시켰는가? 북한 전체주의 정권의 노예로 살고 있는 3천만 주민들에게 자유가 돌아왔는가? 수많은 탈북자들이 증언하고 있다. 햇볕정책은 북한정권이 전체주의 체제를 유지시키고, 핵과 미사일을 개발시키는데 도움을 줄 뿐, 북한 주민들의 삶에는 도움이 되기는커녕, 오히려 악화가 된다고 얘기한다.

동맹이라는 것은 원래 공통의 적을 갖고, 공통의 가치, 공통의 이익을 공유할 때 성립하는 것이다. 6·25전쟁 이후에 한·미간의 끈끈한 혈맹이 이어질 수 있었던 이유도, 북한을 공통의 주적으로 삼고 있으며, 자유민주주의와 자유시장경제체제를 공통의 가치와 이념으로 삼고 있었기 때문에 가능한 것이었다. 또한 대한민국과 미국은 한미일 동맹을 통하여 동북아의 안보를 수호해나가고 있으며, 경제적 협력을 통한 공통의 이익을 추구하고 있다.

그러나 친북세력들은 북한이 주적이 아니라고 생각한다. 대한민국과 미국이 북한을 주적이라 생각하고 있기 때문에 동맹이 유지되는 것이다. 북한을 주적으로 공유하고 있지 않는 친북세력들의 생각으로는, 한미동맹이 성립할 수 없는 것이다.

친북세력들은 북한정권의 붕괴에 반대하고, 자유민주적 기본질서에 의한 대한민국으로의 흡수통일에 반대한다. 목숨을 걸고 대한민국으로 탈북하고, 중국에서 떠돌아다니고 있는 탈북자들에게는 아무런 관심도 보이지 않고, 인류 최악의 북한 전체주의 정권 아래 살아가고 있는 북한 주민들의 끔찍한 인권 실태에 대해 친북세력들은 눈을 감는다.

친북세력들의 기본 멘탈리티는 "전체주의여도 괜찮아. 북한 주민들의 인권 실태가 처참해도 우리는 관심 가질 필요 없어. 그건 북한 스스로 알아서 하면 되는 거야! 북한이 핵과 미사일을 개발해도 괜찮아.

우릴 겨냥한 것이 아니기 때문에 대화로 잘 풀어나가면 돼! 우리는 북한 정권과 평화롭게 알콩달콩 잘 지내며, 연방제 통일을 향해 달려가면 되잖아?!"라는 말로 정리할 수 있는 것이다.

　　"이런 이유 때문에 노무현 대통령은 '작계 5029'를 강력하게 반대했다. 북에서 대량살상무기가 유출되었다는 것을 이유로 북한 지역에 한미연합군 병력을 투입한다고 하자. 그런데 그와 관련한 판단과 결정을 주한미군사령관이 지휘하는 한미연합사가 '독자적', '자의적'으로 한다면 어떻게 될까? 미국은 북한의 대량살상무기 유출을 미국에 대한 테러 위협을 증가시키는 행위로 간주하고, 미국의 안전을 지키기 위해 한반도에 주둔하고 있는 미군은 군사적 대응을 할 명분이 있다고 주장할 것이다. 이라크 전쟁도 그렇게 해서 일어났다. 여기에 북이 군사적으로 맞대응을 하면 전쟁이 일어난다. 대한민국 대통령의 판단과 관계없이 국군이 북을 상대로 한 전쟁에 끌려 들어가게 되는 것이다."[p.147]

　　노무현을 포함한 친북좌익세력들은 한미연합사로부터 전시작전권을 회수하려는 노력을 했을 뿐만 아니라 북한 급변 사태 때 한미연합군이 북한에 군사작전을 시행하는 것조차도 적극적으로 반대했다. 더 나아가, 북한 지역에 대한 미군의 '예방적 정밀 폭격(Preventive Surgical Strike)'역시 극렬하게 반대하고 있다. 심지어 어떤 정치인은 미군이 선제타격을 할 증후가 보일 때 이를 못하도록 만들고 북한에 이러한 정보를 알려줄 거라는 식으로 얘기하기도 했다.
　　이라크전과 한반도 문제를 동일시하여 설명하는 것은 적절하지 않다. 미국이 비록 이라크의 대량살상무기를 발견하지 못했다고 하더라도 이라크의 극악한 독재자인 후세인을 사살하여 이라크 국민들이 독재정권의 압재로부터 벗어날 수 있게 만들었다. 이라크전의 결과로 많은 미군이 희생되고 이라크 내에 여러 이슬람 종파들의 갈등이 심화되었지만, 이라크전이 미국에 의해 일방적으로 진행된 잘못된 전쟁이라고만 얘기하는 것은 당시 이라크 후세인 정권의 압제가 얼마나 심각했는지를 모르고 하는 소리다.

반면에 북한의 김일성, 김정일, 김정은으로 내려오는 3대 세습 왕조 체제는 이라크의 후세인 독재정권보다 훨씬 더 극악한 전체주의 체제이다. 이라크의 후세인이 대량살상무기를 만들었다는 명분으로 제거가 되었다면, 같은 논리로 대량살상무기보다 훨씬 더 살상력이 강한 핵과 미사일을 개발하는 북한 정권이야말로 지금 당장 미군에 의한 대량 선제정밀폭격을 당하는 것이 하나도 이상할 것이 없는 현실인 것이다.

유시민은 사실관계를 잘못 얘기하고 있다. 앞에서 설명했다시피, 한미연합군의 전시작전통제권은 대한민국과 미국이 공동으로 행사하는 것이지 주한미군 단독으로 행사하는 것이 아니다. 미국 행정부나 주한미군의 독자적인 판단에 의해서 군사작전이 이루어질 수 있는 시스템이 아닌 것이다.

한미동맹은 군사적인 동맹일 뿐만 아니라 외교적인 동맹이고, 경제적 동맹이며, 문화적 동맹이기까지 하다. 미국은 비록 한국을 자국만큼 생각하지는 않더라도 강력한 한미동맹으로 인해 미국은 한국의 이익에 반하는 행동을 함부로 할 수가 없는 것이다. 오히려 한미동맹이 와해되고 해체되면 그때야말로 미국은 자국의 이익을 위해 한국의 이익에 반하는 행동도 서슴없이 할 수도 있다.

친북세력들은 전시작전권을 미국이 행사하고 있기 때문에 한국의 이익은 고려하지 않고, 미국의 이익을 위해 얼마든지 전쟁을 할 수 있다고 잘못 말한다. 그러나 한미동맹을 바탕으로 전시작전권을 한미가 공동으로 행사하기 때문에 미국은 한국의 이익에 반하는 행동을 할 수가 없고, 언제나 한국과 협의하여 북한 문제를 다루고 군사작전을 해나가야 하는 것이다.

만약 한반도에 대한민국이란 나라가 존재하지 않는다면 지금 당장 미국은 대규모의 신속한 군사작전을 통해 북한 핵시설을 폭격하고 김정은을 제거하며 북한정권의 수뇌부를 괴멸시키는 작업을 시행했을 것이다. 그러나 휴전선 바로 아래에 대한민국이라는 미국의 혈맹이 있기 때문에 함부로 그런 군사작전을 할 수 없다. 미국의 이익이 한국의 이익과 공존할 수 있기 때문에 동맹이 이루어질 수 있는 것이다. 미국의 이익이 한국의 이익과 괴리된다고 생각하는 것 자체가 잘못된 생각이다. 대한민국의 이익에 언제나 반하는 행동을 하는 것은 미국이 아니라 대한민국의 주적인 북한이라는 것이 진실이다.

유시민은 말한다.

"나는 북이 체제를 안정적으로 유지하는 가운데 남북경제협력을 대폭 확대해 경제발전을 이루기를 원한다. 교전당사국인 남, 북, 미국, 중국이 정전협정을 폐기하고 평화협정을 체결하기를 기대한다. 북이 미국, 일본과 수교하고 국제사회에 들어와 아시아개발은행과 세계은행 등 국제금융기관의 자금지원을 받아 경제를 재건함으로써 인민의 삶을 개선하기를 원한다. 남과 북이 합의해 군비를 축소하고 한반도의 비핵화를 실현하기를 바란다. 남북의 주민들이 서로 교신하고 교류하고 소통해서 한 걸음 한 걸음 상호 이해를 넓혀 나가고 통일을 향한 비전과 소망을 나누기를 기대한다. 그렇게 하는 것이 가장 빠르고 바람직한 통일의 길이라고 믿는다."[p.156]

논리적으로 말이 안 되는 얘기다. 유시민은 북한이 지금의 체제 즉, 김정은 유일 전체주의 왕조체제를 안정적으로 유지하기를 바라는 동시에 남북경제협력을 통한 경제발전, 즉 개혁개방을 원한다. 논리적으로 성립할 수 없다. 북한정권이 개혁개방을 하지 않는 근본적인 이유는, 바로 인류최악의 전체주의 체제를 계속해서 유지하고 싶어하기 때문이다. 북한정권은 북한 주민들의 삶이 나아지기를 원하지 않는다. 북한 주민들의 경제적 상황이 나아지고, 자유로워지고 개인성이 확보될수록 인류 최악의 북한 전체주의 체제는 유지될 수가 없는 것이다.

북한정권은 스스로가 개혁개방을 원하지 않고, 노무현도 북한의 개혁개방을 원하지 않고, 개혁개방이란 단어 자체를 대한민국의 수행원들에게 사용하지 말라고 얘기했다고 김정일에게 보고했다.

김대중 정권에서 노무현 정권에 이르기까지 시행했던 햇볕정책이 무엇이었던가. 남북 이산가족 상봉은 대한민국 국민들이 북한이라는 거대 감옥에 살고 있는 북한 주민들을 단기간 면회하고 온 것 아니었나? 개성공단은 또 어떠한가? 대화록(20)에서도 확인할 수 있듯이, 개성공단은 외부와의 통신이 모두 차단되어 있고 통행의 자유도 보장되어 있지 않은 동물원 혹은 서커스장과 같은 시스템으로 되어 있다.

애초부터 북한 정권은 북한 주민들이 외부와 접촉하고, 경제협력해서 더 잘살고, 자유롭고 독립적이고 자립적인 개인을 만들어 나가는 것에는 전혀 관심이 없는 집단인 것이다.

북한이 중국이나 베트남과 다르게 개혁개방을 하지 못하는 가장 결정적인 이유는 북한의 체제가 인류 최악의 엽기적인 전체주의 3대 세습 김씨 왕조 체제이기 때문이다. 전 세계에서 유일한 엽기적인 전체주의 왕조 체제이기 때문에 북한이 개방되어 북한 주민들이 전 세계인들과 교류하게 되면 북한 김씨 왕조 정권은 존립할 수 없다. 그래서 북한정권은 북한 주민들이 외부와의 교류를 할 수 없도록 철저하게 차단시키고 있고, 북한 주민들이 대한민국의 드라마만 보더라도 바로 정치범수용소로 보내거나 공개 총살을 하는 극악한 만행을 저지르고 있는 것이다.

이러한 매우 극악하고 엽기적인 정치체제를 갖고 있는 집단과 대화와 교류 협력을 한다고 해서 북한 주민들이 대한민국의 드라마를 보는 것을 북한정권이 과연 허용해 주겠는가? 북한과 대한민국, 미국과의 정전협정을 평화협정으로 바꾼다고 해서, 북한 주민들이 인터넷을 사용하고, SNS를 즐기며, 전 세계의 유튜브 동영상을 보면서 스마트폰을 사용할 수 있을까? 단지 대한민국 드라마를 보는 것만으로도 공개 총살을 하는 극악하고 엽기적인 집단이 변화되길 바라는 것보다 이러한 인류 최악의 전체주의 체제를 언제 어떻게 붕괴시킬 것인지를 생각하는 것이 정상적인 사고방식이 아닐까? 나의 머리로는 대한민국의 친북좌익 세력들의 멘탈리티가 도저히 이해가 되지 않는다.

> "북의 체제붕괴와 신속한 통일을 원하는 분들은 독일을 보라고 말한다. 그런데 독일식 '흡수통일'은 바람직하지 않다고 주장하는 분들도 있다. 노무현 대통령도 정상회담에서 그렇게 들릴 수 있는 표현을 썼다. 나는 이것이 모두 독일 통일과정을 오해한 데서 나온 주장이라고 본다. 독일 통일은 흡수통일이 아니라 '합의통일'이었다. 그런데 북을 고립시키고 북과 대립하면 독일식 통일을 할 수 없다. 김대중 노무현 대통령이 걸었던 노선을 따라가야만 독일식 통일을 할 수 있다. 동독은 체제가 무너져 서독에 흡수된 것이 아니다. 그 역이 진실이다. 동독 국민이 서독 체제로 통합하기를 원했기 때문에 동독의 체제가 무너진 것이다."[p.157]

노무현은 김정일에게 독일 통일은 흡수통일이며, 대한민국은 흡수통일을 반대한다고 얘기했는데, 유시민은 이를 부정하고 있다. 전 세계에서 독일 통일을 흡수통일로 보지 않는 사람들의 대부분은 대한민국의 친북세력들뿐인 것 같다.

독일 통일은 정확히 동독이 서독의 자유민주적 기본질서로 흡수된 '흡수통일'이었다. 1989년 11월 8일 동독의 공산주의 체제가 붕괴된 후 1990년 3월 18일 동독의 주민들은 자유민주주의 선거를 통해 400명으로 이루어진 의회를 구성했다.

1990년 5월부터 서독과 동독은 통일을 구체적으로 논의했고, 1990

년 8월 23일 동독의회에서 400표 중 294표의 찬성으로 서독기본법 23조에 의한 통일, 즉 자유민주적 기본질서에 의한 서독으로의 흡수통일을 결정하여 자유흡수통일이 시작된 것이다. 독일의 총리와 의회가 서독으로의 흡수통일에 일괄적으로 동의했는데, 이를 두고 흡수통일이 아니라고 애기하는 유시민의 주장은 잘못되었다.

우선 독일 통일은 이념에 있어서 자유민주적 기본질서에 의한 통일이었다. 서독은 자유민주주의 국가이고 동독은 공산주의 국가였지만, 통일을 통해 공산주의 체제는 무너지고 동독은 서독의 자유민주주의 체제로 정확히 흡수되었다. 자유흡수통일의 확실한 증거는 동독과 서독이 각자의 헌법을 폐기하여 통일헌법을 만든 것이 아니라, 동독이 서독의 헌법으로 편입되었다는 것이다. 게다가 통일된 독일의 국기는 기존에 서독이 사용하고 있는 국기를 그대로 사용한 것만 보더라도 독일의 통일은 명백한 서독으로의 흡수통일이었다.

1990년 7월에는 동독화폐가 폐지되었고, 새로운 화폐로 통합되어 경제적인 통일이 이루어졌고, 8월 31일 양쪽 독일의 대표는 '통일 조약'에 조인했다. 9월 12일, 독일은 주변국가와 함께 독일 관련 최종 해결에 관한 조약을 조인하면서 공식적으로 통일된 독일의 주권을 인정받았다. 마지막으로 1990년 10월에는 동독의 5개 주가 서독에 편입되어 독일의 자유흡수통일이 이루어지게 된 것이다.

이러한 명백한 자유흡수통일에 대한민국의 친북세력들은 '합의통일'이란 말로 혼란을 준다. 독일통일은 누가 보더라도 매우 타율적이고 빠르게 진행된 서독으로의 흡수통일이었다.

본질은 흡수통일이냐 합의통일이냐라는 말의 차이가 아니다. 대한민국의 친북세력과 북한 전체주의 정권이 과연 독일과 같은 통일방식에 동의를 하는지가 중요하다. 그들은 대한민국의 통일이 독일과 같은 방식으로 이루어지는 것을 극렬하게 반대하고 매우 두려워하고 있다. 노무현이 그런 북한의 마음을 읽고 김정일에게 "우린 북측 체제를 존중하는 것이 약속일 뿐만 아니라, 도리일 뿐만 아니라, 우리에게 이익이 된다. 독일식의 급작스런 통일은 독일이 엄청난 비용을 부담했기 때문에 우리는 그런 능력도 없고 독일은 유럽을 주도하고 있는 국가이지만 우리는 그렇지도 않고…. 때문에 거기에 따른 비용과 혼란을 감당할 수 없고, 그럴 리도, 있을 리도 없겠지만."(대화록(17) 참조) 이라고 얘기한 것이다.

대한민국의 헌법 4조는 "대한민국은 통일을 지향하며, 자유민주적 기본질서에 입각한 평화적 통일 정책을 수립하고 이를 추진한다"라고 되어 있다. 독일식 통일이 바로 이러한 자유민주적 기본질서에 입각한 평화적 통일의 대표적인 예라고 볼 수 있다.

그러나 노무현은 이러한 헌법상의 원칙인 '자유민주적 기본질서에 입각한 통일'을 남북정상회담 이전부터 부정하는 발언들을 했었다.

"통일 이후의 체제를 자유민주주의로 해야 한다거나, 남북회담의 과정에서 '정체성'을 유지해야 한다거나 하는 소모적인 체제 논쟁은 그만두어야 한다. 상호간에 정권과 체제를 인정하고, 합의

통일로 가자는 데는 모두 동의하면서 이런 논쟁을 벌이는 것은 모순일 뿐 아니라 남북 간에 불필요한 긴장을 조성하고 국민을 혼란스럽게 만든다. 국가보안법이 안고 있는 모순도 해소되어야 한다."(2000년 8월 28일 '나의 통일론'에서)

 "진심으로 (남북한의) 통합을 성취하고자 한다면 주권의 일부를 양도할 수도 있고, 양보가 항복도 이적 행위도 아니라는 인식을 수용해야 한다…

 흡수통일은 평화통일인가? 결과적으로 그렇게 되는 것은 평화통일이 될 수도 있을 것이다. 그러나 흡수통일을 전략적으로 삼아서 상대 권력의 붕괴를 추진한다면 그것은 북한을 자극하여 평화통일을 깨는 일이 될 수 있다. 탈북자 문제, 북한의 인권 문제를 다룰 때 조심스럽게 접근해야 한다. 만일에 그런 일이 생긴다면 그 결과가 어떤 방향으로 가게 될지 예측하기 어려운 위기상황이 될 수 있고 통제하기 어려운 재앙이 될 수도 있다. 그럼에도 북한 붕괴를 획책하는 발언과 행동을 하는 사람들이 적지 않다. 생각이 짧은 사람들이다."[2008년 10월 1일 10·4남북정상선언 1주년 기념 학술회의 격려사 중]

 대한민국의 친북 좌익세력들은 독일의 자유민주적 기본질서에 의한 평화적 흡수통일에 대해서는 얘기하지 않고, 오로지 서독이 동독에 경제적 지원을 해주고 교류협력이 제대로 이루어지고 있었던 것만 얘기하며, 개성공단과 대북송금과 같은 것들을 통일을 위한 조치라며 정당화하곤 한다.

동독의 상황과 북한의 상황은 기본적으로 다르다. 서독과 동독의
경제적 차이는 크지 않았다. 2차 세계대전 전 당시 독일은 막강한 제
조업을 바탕으로 공산주의 국가 중에서 경제적으로 가장 풍족했던 나
라였고, 1세대 1승용차를 유지할 수준이었다.

게다가 동독과 서독은 통행과 서신이 비교적 자유로웠다. 서독 국
민들은 동독 정부의 허가를 받으면 동독을 방문할 수 있었고, 동독 주
민들 역시 동독 정부의 허가를 얻으면 서독을 방문할 수 있었다. 비록
동독이 공산주의 체제 아래 있었지만 통행의 자유가 어느 정도 허용
이 되었기 때문에 외부세계의 정보를 파악하기 쉬웠던 것이다. 반면에
북한 전체주의 왕조 체제에서 노예로 살아가는 2천만 북한 주민들은
그 어떠한 자유도 말살당한 채, 물질적인 자유를 박탈당한 것은 물론
이고 통행의 자유, 거주 이전의 자유, 직업선택의 자유, 신체의 자유까
지 말살당하고 있는 현실이다.

게다가 동독의 경우에는 1973년에 서독의 텔레비전을 볼 수 있도
록 허용했다. 동독 정부가 공식적으로 허용하기 전부터 이미 50% 이
상의 동독 주민들이 서독 텔레비전을 보고 있었던 것만 보더라도, 당
시 동독 사회가 지금의 북한 전체주의 체제와는 확연히 다르다는 것
을 알 수 있다. 북한의 경우에는 대한민국의 드라마나 영화를 비밀리
에 CD나 USB를 이용해서 시청하는데, 만약 적발될 경우에는 정치범
수용소에 끌려가거나 공개처형을 당하게 된다. 당시 동독의 경우는 경
제적인 여유도 있었지만 무엇보다 정치체제가 북한과 같이 전체주의
1인 절대자에 의해 지배되는 체제가 아니라 공산당에 의해서 운영되
는 체제였다. 실제로 동독이 수립된 1949년 10월부터 동독이 정식 해

체된 1990년 10월까지 약 41년 동안 수반이 총 7명 집권한 것만 봐도, 북한의 김일성이 1994년 사망할 때까지 북한을 50년 가까이 단독으로 통치한 것과 너무도 비교되는 것이다.

비유를 들어 설명하자면, 동독의 공산주의 체제가 강도범 수준이라면, 북한의 공산 왕조 전체주의 체제는 극악한 사이코패스, 연쇄 살인마라고 볼 수 있다. 힘의 우위를 선점하고 회유하고 설득하여 강도범의 마음을 돌려놓을 수는 있어도, 극악한 사이코패스 연쇄살인마와는 협상과 대화가 통하지 않는다. 독일의 통일은 대한민국이 추구해야 할 통일의 방향이 될 수는 있지만, 인류 최악 인류 최후의 전체주의 국가를 상대로 똑같이 적용되기에는 쉽지 않을 것이다. 결국 북한 정권의 타율적인 붕괴를 대한민국이 힘을 모아 현명하게 견뎌내야 할 것이다.

북한의
변호인
노무현

제 7 부
자유통일의 길

이 해 성

제1장 북한의 핵, 미사일 개발과
한국의 안보위기

상당수 대한민국 국민들은 평화를 위해서는 국방, 안보의 상당 부분을 양보해도 좋다고 생각한다. 그리고 친북세력들은 북한이 핵을 만들든 말든 이는 대한민국 정부가 크게 간섭해서는 안 된다고 외치며, 통일문제는 자주적으로 해결해야 하기 때문에 주한미군은 빨리 철수하고, 한미연합사는 해체하며, 국가보안법은 없애 버려야 하는 것처럼 주장한다. 더욱 참담한 점은, 이 주장의 위험성에 대해 대다수의 국민들이 잘 모르고 관심이 없다는 것이다. 친북세력들의 생각이 대한민국의 존립을 위태롭게 한다고 구체적으로 설명하고, 교육하고, 보도하는 집단이 거의 없기 때문이기도 할 것이다.

친북세력들이 주장이 왜 대한민국의 존립을 매우 위태롭게 만드는지에 대해 설명해 보겠다. 노무현 김정일의 남북정상회담 대화록을 보면 알 수 있듯이, 노무현은 북한과의 교류협력과 평화를 제1의 전제로 깔아버렸다. 다시 말해, 북한이 핵을 개발하든 말든, 처참한 인권유린을 하든 말든, 인류최악의 전체주의 왕조 집단이든 아니든 상관없이,

대한민국은 북한의 체제를 보장하고 교류협력을 하겠다는 것이다.

노무현은 재임 중에도 북한에게 "핵문제를 얘기하지 말아라.""북한이 개혁개방을 하게끔 압박하지 말아라.""북한과 대화하지 말자는 것이냐."라는 식으로 얘기한 적이 있다. 다시 말해, 북한이 핵을 만들든 말든 대한민국이 이를 직접적으로 간섭해서는 안 되며, 북한과의 대화와 협력을 파기시킬 수 있는 행동들을 하지 말라는 것이다.

친북세력들은 이를 두고 다음과 같이 변호한다. 북한과 대한민국이 교류협력을 계속해 나간다면 북한의 개혁개방은 자연스럽게 이루어질 것이고, 핵도 자연스럽게 포기하게 될 것이다. 무리하게 핵을 포기하라고 압박하고 개혁개방을 재촉하는 것은 오히려 부작용을 야기할 것이다. 북한의 체제를 보장해 주는 것이야말로 북한과 화해 교류협력, 더 나아가 평화통일을 향해 나아가는 길일 것이라고 한다.

그러나 북한정권은 그렇게 만만한 상대가 아니다. 김일성은 평생의 꿈이 핵을 완성시키는 것이었다. 아들 김정일이 김일성의 교시를 받아 끊임없이 비밀리에 핵개발을 해왔다. 90년대 중반 고난의 행군으로 300만 명의 북한 주민들이 아사했을 때, 북한 정권은 사실상 붕괴 직전에 있었다. 그러나 김대중 정권이 북한에 무수히 많은 현금을 송금했고, 교류협력이란 이름의 막대한 지원을 감행했다. 북한 정권에 인공호흡기를 달아줌으로써 북한 정권은 생명을 연장할 수 있었다. 그동안 북한은 비밀리에 핵개발을 착수해 나갔다.

노무현 정권에 들어서는 북한에 대한 대북송금과 지원이 더욱 늘어났다. 북한은 이제 대놓고 핵실험을 시작했다. 국제사회는 놀랐고, 북한과 대화를 하려고 6자회담을 시도했다. 그러나 북한 정권에게 6자회담은 그저 시간끌기용이었다. 원래 대화는 전체주의 집단이 늘 하는 전술이다. 힘의 균형이 전체주의 집단에 유리하게 작용할 때까지만 대화를 한다. 그 이후에는 대화고, 협상이고, 조약이고, 그들은 모두 무효화시킨다.

사실 노무현 정권이 저지른 가장 큰 죄악은 북한에게 핵을 개발할 시간을 벌어준 것을 넘어서, 국제사회에서 북한의 입장을 대변하고 변호했다는 것에 있다. 북한 정권이 핵을 개발하는 문제는 대한민국뿐만 아니라 인류의 생존 자체를 위협하는 문제임에도 불구하고 이에 대해 문제의식을 갖기는커녕 국제사회에 대하여 북한의 입장을 대변하고 변호했다.

북한의 핵위협에 가장 심각하게 노출되어 있는 당사국인 대한민국이 북한의 입장을 대변하고 변호한다는 것은 국제사회가 북한을 집중적으로 제재하고 압박할 수 있는 추진력을 상실할 수밖에 없게 만든다. 미국과 혈맹이며, 세계적인 경제대국이자, 북한의 핵문제에 직접적인 당사국인 대한민국이 위기의식을 느끼지 않는데 전 세계 어느 나라가 주도적으로 북한의 핵을 제재할 수 있단 말인가?

그렇게 김대중과 노무현 정권이 북한의 핵문제를 변호하고 있는 동안, 대한민국의 주류 제도권 정치권, 언론계, 교육계들은 김대중 노무현 정권의 대북정책을 옹호하고 있었다. 햇볕이라는 말은 그 자체로 따뜻한 어감이 느껴져 국민들에게 친북 평화주의자라는 강렬한 메시지를 남겼다. 사실 햇볕이라는 말은 성립할 수가 없다. 북한 정권을 대변하고 변호하는 것이 어떻게 햇볕이란 말인가? 전체주의 변호 정책이라고 정직하게 말하는 것이 맞다. 많은 친북주의자들은 말한다. 두꺼운 외투를 강제로 벗기려 하지 말고 강렬한 햇볕을 쬐어주면 알아서 두꺼운 외투를 벗을 것이라고. 이 얼마나 따뜻하고 이상적인 말인가.

안타까운 일이지만, 전체주의 국가 중에서 소위 말하는 햇볕정책과 같은 경제 협력 및 교류, 대화와 협상을 통해서 전체주의 국가를 해체하게끔 만든 역사적인 예는 존재하지 않았다. 오히려 전체주의 집단의 악마성이 낮아지기는커녕 그들은 오히려 이를 역이용해서 군사력을 기르고, 국민들을 더욱 노예로 착취하여, 자유와 생명과 진실을 파괴하고, 다른 나라를 강제적으로 기습 공격하여 대규모 전쟁을 일으켰다.

햇볕정책이라는 비유가 심각하게 잘못되었다. 북한 전체주의 집단은 비유하자면, 정신적으로 매우 잔인하고 파괴적인 극악한 살인 범죄자가 총기를 들고 있는 것과 같다. 대한민국 정부는 이러한 막대한 인질극이 벌어지고 있는데도 그 흉악범에게 햇볕을 쬐어주면 그 범죄자가 무기를 내려놓고 인질들을 풀어줄 거라고 믿고 있다.

북한 전체주의 정권의 속성을 이해하기 위해서, 아래와 같은 예를 들어 설명하겠다.

연쇄 살인을 자행하고 총기로 완전 무장된 5명으로 이루어진 사이코 패스 집단이 100명의 인질들을 납치해서 체육관에 감금하고 인질극을 벌이는 상황을 가정해 보자. 인질들을 무사히 구출하기 위해서는 어떻게 해야 할까? 크게 두 가지 방법이 있을 것이다. 첫째는 협상하는 것이고, 둘째는 특수부대를 투입하여 인질 구출작전을 하는 것이겠다.

솔직히 특수부대를 투입하는 것은 여러 가지 위험이 따른다고 생각할 수 있다. 인질 구출작전을 감행하면 아군이 총에 맞아 사망할 수도 있고, 인질들의 생명을 전혀 보장할 수 없기 때문이다. 그런데 조금만 생각해 보면, 사실 협상하는 것은 더욱 말이 안 된다는 걸 알 수 있다. 왜냐하면, 인질범들과 협상하여 설사 인질범 100명이 무사히 풀려난다고 해도, 인질범들의 입장에서는, 자신들은 결국 생포당하여 여태까지 저질렀던 살인범죄에 대한 법적 처벌을 받을 것임을 알기 때문이다.

이 극악한 인질범들이 스스로 회개하고, 여태까지 한 잘못을 깊게 뉘우쳐 자발적으로 자수를 하지 않는 한, 협상은 현실적인 해결책이 될 수 없을 것이다. 조금만 논리적으로 생각해봐도 답은 하나뿐이다. 대대적이고 치밀한 인질 구출작전을 하는 것 말고는 답이 없다.

자. 이 상황을 대한민국과 북한의 상황으로 다시 치환해 보자. 2천만 북한 주민들이 김씨 왕조의 노예로 전락하게끔 만든 북한정권이 바로 인질범이 될 것이고, 2천만 북한 주민들은 인질들이 될 것이다. 사실 평양의 김씨 왕조 집단들은 지금까지 해왔던 끔찍한 범죄 사실

만으로도 법의 심판대에서 극형에 처해질 것이다.

북한 정권의 입장에서 생각하면, 그들이 대화하고 협상하는 것은 자신들의 체제를 변화시키기 위한 목적이 결코 아니다. 자신들의 체제를 변화시키면 궁극적으로 평양의 김씨 전체주의 왕조가 저질렀던 극악한 만행들이 다 드러나게 되고 국제사회로부터 엄청난 처벌을 받을 수밖에 없다. 궁극적으로 그들이 대화하고 협상하는 목적은 시간을 끌기 위한 것이다.

그러나 시간만을 끌어서는 2천만 인질극을 이어갈 수 없을 것이다. 다국적 국제연합국의 군사작전을 받을 수도 있고, 여러 가지 경제봉쇄를 통해 북한 정권 내부에서 반란이나 혁명이 일어날 수도 있는 것이다. 그렇다면 김씨 전체주의 왕조 집단들의 입장에서의 해결책은 무엇일까?

아무리 생각해 봐도 해결책은 하나밖에 없는 것 같다. 핵과 미사일을 완성시켜서 어디든 원하는 지점에 핵미사일을 투하할 수 있는 기술을 완성시키는 것이다. 이렇게 되면 첫째, 다국적 국제연합군에 의한 군사작전으로부터 자유로울 수 있다. 동시다발적으로 다국적 국제연합국의 본토에 핵미사일을 날릴 수만 있다면, 다국적 국제연합군은 북한에 대한 군사작전 자체를 감히 시도하지 않을 것이기 때문이다.

둘째로, 핵과 미사일을 개발하면 북한 전체주의 집단은 경제문제를 해결할 수 있다. 애초부터 평양의 전체주의 집단이 경제를 개방하고 교류하게 될 가능성 자체는 존재하지 않는다. 북한 전체주의 체제는 자발적인 개인으로서의 시민이 나올 수 있는 단 한 순간의 틈도 주지 않는 체제이기 때문이다.

북한은 핵미사일로 바로 아래쪽 나라인 대한민국에 공갈 협박을 하여 돈을 뜯어내면 된다. 뭐, 연방제 통일까지 갈 필요도 없다. 한국의 친북주의자들은 평화를 위해서 뭘 못하겠느냐고, 지금 전쟁을 하자는 거냐며 사방에서 시종일관 얘기할 것이다. 언론에서도 온갖 불안 여론을 조장하고 대한민국 국회는 의무적으로 평양에 막대한 자금을 송금하는 법을 통과시키게 될 것이다.

결국 북한은 이 핵미사일로 한국을 압박하여 북한과의 교류협력을 한다는 명분으로 개성공단과 같은 인류 최악의 노예노동소를 여러 군데 세울 수 있고, 금강산 관광이라든지, 백두산 관광이라든지, 여러 각종 교류협력 사업이라는 이름의, 막대한 자금이 들어가는 각종 정부사업으로, 평양에 대규모 자금을 인공수혈 해주게 된다.

평양은 그렇게 갈취한 막대한 자금을 바탕으로 다시 정교화된 핵무기를 다량 개발하게 될 것이다. 이와 동시에 핵잠수함도 개발하고, 각종 생화학 무기도 개발하게 될 것이다. 군사적으로 감히 대한민국이 북한을 넘볼 수 없을 정도인 것을 넘어서, 북한이 대한민국을 압도하는 군사력을 갖게 될 때까지, 그렇게 북한은 계속 군사력을 키워 나갈 것이다.

19세기 말 조선이 일제에게 하나하나씩 주권을 빼앗기고, 마침내 군대까지 해산당해 을사조약과 한일합방을 강요당했던 것처럼, 북한의 군사력이 마침내 대한민국을 압도하게 될 때엔 차례대로 대한민국 해체 작업이 진행될 것이다. 뒤이어 엄청난 대학살극이 이루어지고 난

후, 한반도에서 대한민국은 지구상에서 사라지게 될 것이다.

　최근에는 북한의 핵미사일 공격을 방어하기 위해 사드(THADD)를 배치하는 것에 있어서도, 친북좌익 정치권들과 시민단체들이 극렬히 반대하고 있다. 사드배치는 이미 한미 간에 협의가 끝난 사항이고, 한미동맹의 일환으로 사드배치에 대한 모든 비용을 미국이 부담하고 있음에도, 친북좌익세력들은 국회에서 협의가 되지 않았기 때문에 사드배치는 무효라고 주장한다. 대한민국의 생존과 안보를 위한 조치에도, 친북좌익세력들은 북한의 입장에 서서 대한민국의 안보를 위한 조치를 무력화시키려 한다.

　사드 미사일의 탄두 안에는 폭약이 들어있지 않기 때문에, 공격용 무기로는 사용할 수 없고 오로지 적 미사일을 요격하기 위한 용도로만 사용된다. 북한의 핵실험이 5차에 걸쳐 진행되었고 북한의 미사일 기술이 날로 향상되어, 대한민국에 언제든지 북한의 핵미사일이 떨어질 수 있는 상황에 이르렀다. 따라서 북한의 핵미사일 위협을 막아내기 위해, 대한민국의 생존을 위해 사드배치는 반드시 필요한 것이다.

　그러나 친북좌익 세력들은 오로지 방어용으로만 존재하는 사드에 대해서, 사드배치는 한반도의 평화를 위협한다고 주장한다. 그렇게 사드에 대해 극렬하게 문제제기를 하는 친북좌익 세력들은 북한의 핵과 미사일에 대해서는 그 어떠한 비판의 목소리도 내지 않고 있다. 이를테면, 총기를 든 범죄자들로부터 생명을 지켜내기 위해 방탄복을 착용하는 것에 대해서, 방탄복의 착용이 평화를 위협하고 총기범죄를 증가시킨다고 주장하고 있는 것이다.

친북좌익 정치권들은 중국 정부가 대한민국의 사드배치를 반대하고 있으므로, 사드배치를 재검토해야 한다고 주장한다. 심지어, 사드배치를 하는데 있어서, '환경평가'가 제대로 이루어지지 않았기 때문에 환경평가를 완벽하게 거친 다음에 사드 배치를 결정하겠다고 얘기하고 있다. 참으로 어처구니없는 주장이다. 마치 임진왜란이 발발하기 전의 조선시대에서 일어나고 있는 상황을 보고 있는 것 같다. 당시 일본은 조선을 침략할 준비를 철저하게 해나가고 있었는데, 조선의 위정자들은 일본이 조선을 침략하는 일은 없을 거라 얘기하며, 온갖 탁상공론을 펼치고 당파싸움에 혈안이 되어 있었다.

지금 당장이라도 북한의 핵미사일이 대한민국 영토에 떨어질 수 있는 상황인데, 환경평가를 거친 후 사드배치를 결정하겠다는 것이 말이 되는 소리란 말인가? 북한의 핵미사일로 인해 사드만이 대한민국의 안보와 생존을 지킬 수 있는 유일한 상황에서, 중국이 반대한다는 구실로 사드배치에 반대하며 대한민국의 군사적 주권과 안보를 포기한다는 것이 밀이 되는 것인가? 그러나 대다수 국민들은 이에 큰 관심이 없고, 사드배치에 반대하는 정치인들을 열렬히 지지하고 있는 현실이다. 너무도 참담한 상황이 대한민국에서 일어나고 있다.

이러한 참혹한 현실을 제대로 얘기하지 않고, 핵을 막기 위해서라도, 혹은 한반도의 평화를 위해서라도, 주한미군을 철수하고, 국가보안법을 폐지하며, 사드배치에 반대하고, 개성공단을 수천만 평으로 확대하고 북한과의 교류협력을 해나가야 한다고 주장하는 사람들은 사고능력이 부족하거나 북한 정권의 붕괴를 굉장히 불편해 하거나 둘

중의 하나일 것이다.

대한민국의 비극은, 그렇게 사고능력이 부족하거나 북한정권의 붕괴를 굉장히 불편해하는 그 사람들이 대한민국의 정치권과 언론계, 법조계를 점령했다는 것이다. 그 결과가 지금의 심각하게 기울어진 정신의 운동장이라 생각한다.

제2장 현실주의 국제정치학

현실주의 국제정치학이 무엇인지 한마디로 설명하면 "국가들은 힘을 추구하고, 국가 이익에 의거해서 행동하며, 도덕적 원칙에 의해 행동하지 않는다."라는 것이다. 현실주의는 국제정치를 '권력 정치' 또는 '힘의 정치'로 간주한다. 현실주의는 국가 간의 힘의 균형이 이루어 질 때 전쟁이 일어나지 않고 평화가 달성된다고 주장한다.

현실주의 국제정치학에 상반되는 이론이 '이상주의 국제정치학'이다. 이상주의 국제정치학의 핵심 주장은 모든 국가들이 민주주의 국가가 되어 자유무역을 하고 국제법을 준수하게 된다면 국제평화를 달성할 수 있다는 생각이다. 이상주의는 훌륭한 국제기구야말로 평화의 핵심 조건이라 보았고, 전쟁 자체가 잘못된 것이며, 군비축소, 외교협상을 통해 평화를 달성할 수 있다고 주장한다.

'현실주의 국제정치학'이 무엇인지 제대로 알고 있는 한국인들은 많지 않을 것이다. 중고등학교에서 국어, 영어, 수학 과목만을 중시하고, 문과 계열을 선택하는 고등학생들조차 사회과목으로 '국제정치학'을 배우지 않는다. 그나마 대학교에 진학하여 정치외교학과에서 개설

되는 강좌를 통해 '현실주의 국제정치학'을 공부해 볼 수는 있지만, 이를 대북정책에 적극 반영하는 분위기가 아니다. 대한민국에서 북한과 통일문제를 전공한다는 사람들 대부분이 이런 현실주의 국제정치학적인 사고방식이 아닌 이상주의 국제정치학적 사고방식을 갖고 있다.

"날 때리지 말고, 내 물건을 빼앗지 마라."와 같은 도덕적 원칙이 국제정치에서 잘 적용될 수 있을까? 19세기 근대 민족국가 체제가 이루어진 후 지금까지 207개 국 중에 66개 국이 소멸되었고, 50개 국가가 폭력에 의해 멸망했다. 한국의 경우, 1592년 임진왜란, 1636년 병자호란, 1905년 을사조약 모두 국가가 힘이 약했기 때문에 일어난 일들이었다. 6·25전쟁 역시 주한미군이 철수한 안보 공백의 틈을 타서 북한이 소련, 중국의 지원을 받아 기습 남침하여 일어난 것이었다. 전 세계에서 일어난 전쟁들 대부분이 힘의 균형이 깨질 때 발생하였다. 중·일 전쟁을 일으킨 일본도 중국의 힘이 약한 것을 간파하여 전쟁을 일으켰다. 2차 세계대전을 일으킨 독일 역시 유럽 국가들의 힘이 약하다는 것을 간파하고 전쟁을 일으킨 것이다.

대한민국은 인류 최악의 전체주의 집단인 북한 정권을 마주하고 있고, 전 세계 강대국들인 미국·일본·중국·러시아에 둘러싸여 있다. 북한은 정규군 120만 명, 예비군 770만 명으로 전 세계 3위의 병력 규모를 보유하고 있다. 북한 전방에는 5천여 문의 장사정포들이 대한민국 수도권을 언제든 타격할 수 있는 상태이며, 잠수함, 미사일, 생화학 무기와 같은 비대칭 전력의 규모가 세계적인 수준이다. 무엇보다도 북한은 핵을 개발하여 대한민국뿐만 아니라 인류의 생존을 심각하게 위협하고 있다. 이런 상황 때문에 대한민국 남성들이 2년 가까운 시간 동안 군복무를 하고 있지만, 대다수의 한국인들은 일상생활에 쫓기느라 이러한 문제에 관심을 가질 여유도 없고, 전쟁은 마치 먼 과거의 얘기인 것처럼 생각한다.

김대중, 노무현 정부는 북한 문제에 대해 지극히 이상주의적인 관점을 갖고 접근했다. 북한에 막대한 금전적인 지원을 통해 교류협력을 하고, 주한미군을 철수하며, 군비를 축소하고, 대화를 지속해 나간다면 북한과의 여러 문제들이 해결될 수 있을 것이라고 믿었다. 그러나 문제는 전혀 해결되지 않았고 더욱 악화되었다. 북한은 핵개발을 진행하였고, 3대 세습을 통한 전체주의 체제는 더욱 강화되었다. 연평해전, 천안함 폭침, 연평도 포격, 목함 지뢰 사건 등을 통해 대한민국 국군과 국민들에게 수많은 피해를 끼쳤고, 현재도 대한민국의 안보를 끊임없이 위협하고 있다.

통일 문제에 있어서도 대다수의 국민들은 제대로 알지 못하고 있다. '흡수통일'은 잘못된 것처럼 인식하고, 전쟁 없이 평화적으로만 통일되어야 한다고 생각한다. 또한 통일을 하게 되면 남한과 북한이 합쳐서 새로운 나라, 혹은 연방제 국가가 만들어져야 한다고 주장하는 사람들도 있다. 전 세계의 역사를 살펴보아도, 모든 통일은 한 쪽이 다른 한 쪽을 흡수하는 흡수통일이었으며, 대부분 전쟁과 같이 무력이 동원될 수밖에 없었던 진실을 국민들은 잘 알지 못한다. 통일이 되면 분단으로 인한 비용이 없어짐과 동시에 북한 지역의 대규모 경제개발이 이루어지고, 유라시아 대륙으로 교통이 열려, 통일 대한민국은 영국과 프랑스를 능가하는 초강대국이 될 수 있다는 사실을 잘 알지 못한다. 그러나 대다수의 국민들은 통일의 필요성을 느끼고 있지 않으며, 북한을 이미 대한민국과 관련이 없는 외국으로 인식하고 있다.

대한민국 국민들은 모두 자유로운 개인들로서 세계시장 속에서 활발하게 경쟁하고 있다. 그러나 이런 자유로운 개인으로 살아가는 것을 방해하는 국가 세력들이 존재한다. 특히 인류 최악의 전체주의 집단인 북한 정권이 대한민국의 안보를 위협하고, 북한 주민들의 자유와 생명, 진실을 말살시키고 있다. 북한과의 무력충돌을 두려워하고, 평화를 위해 교류 협력을 주장하는 것은 마치 강력범죄가 두려워서 극악한 범죄자들과 교류 협력을 하자는 것과 다를 바 없다. 안보 문제에 있어서는 정치적 입장과 당파성을 초월해야 한다.

제3장 자유통일을 해야 하는 이유

북한은 인류 최악의 전체주의 집단이다. 소련 공산 전체주의, 독일 나치 전체주의, 일본의 천황 전체주의(Mikadoism)를 교잡종한 것이 바로 북한의 김가 신정(金家-神政) 전체주의이다.

그러나 북한의 특이한 점은 역대 전체주의 국가와는 달리 북한 주민들이 북한 정권을 매우 혐오하고 있다는 사실이다. 국내 탈북자 수가 3만을 넘었고, 중국에만 대략 20만 명의 탈북자들이 존재한다. 탈북자들의 대다수가 생존의 위협을 느껴 목숨을 걸고 북한을 탈출했다. 앞으로 김정은 정권의 붕괴가 가속화될 것이고, 한국에는 더 많은 탈북자들이 유입될 것이다.

나치즘과 천황 전체주의 아래 있던 독일과 일본 국민들이 이 정도 규모로 자국을 이탈한 적이 없다. 나치와 천황의 국민들은 국가에 대한 충성심이 매우 강했으며, 전쟁 기계(War Machine)가 되는 것을 마다하지 않았다. 소련이 해체되기 직전에도 지금의 북한 주민들이 대한민국으로 탈북하는 정도로 자국을 이탈하지는 않았다.

김정은 정권은 붕괴할 것이다. 미국에 의한 정밀폭격으로 붕괴하든, 스스로 붕괴하든, 어떻게든 붕괴할 것이다. 그러나 북한에는 그 붕괴한 정권을 대체할 새로운 대안적 정치세력이나 지식집단이 존재하지 않는다. UN과 같은 국제기구에 의하여 북한에 과도정부를 세우지 않는다면, 북한에서는 군부의 무력충돌이 매우 빈번하게 발생할 것이다. 시리아의 100만 난민을 훨씬 능가하는 수많은 난민들이 생겨날 것이다.

결국 한국과 미국을 중심으로 한 다국적 UN군이 북한에 투입되어 과도정부를 세우고, 북한 자체를 재건해야 한다. 북한은 평양을 제외한 다른 곳은 사막과 같은 곳이다. 기반시설을 건설하고, 김가 신정 전체주의로 병든 육신과 영혼을 재활시켜 내는 것에만 수천 조의 돈이 투입될 것이다. 결국 세금이 많이 증가할 것이고, 정부 계획가들의 수많은 예산지출로 경제에 큰 부담을 지게 될 것이다. 결국 국민들이 감당해야 할 몫이다.

그러나 한편, 북한은 그 자체로 기회의 땅이다. 우라늄 매장량이 전 세계 1위이며, 금·은·철·마그네사이트 등의 광물은 전 세계적인 수준의 매장량을 갖고 있다. 한국의 기업들을 포함한 전 세계의 수많은 기업들이 북한에 대규모 자본을 투자할 것이다. 자유통일 이후의 평양은 전 세계적인 관광지가 될 것이다. 평양 전체주의를 상징하는 '금수산 태양궁전'에 수많은 외국인 관광객들을 유치할 수 있다. 무엇보다도 고속철도를 통해 만주, 연해주, 시베리아를 거쳐 유럽대륙으로 교통이 연결된다. 사실상 섬나라에서 해방되어 대륙과 해양을 잇는 전 세계 교통의 중심지가 될 것이다.

　과도정부가 끝나면 북한은 스스로 독립적인 국가로 나갈 수 있을까? 과도정부 단계에서 수많은 자본을 투자해야 하는 대상이 바로 대한민국이다. 통일을 해야 결국 그 투자의 가치를 얻을 수 있는 것이다. 만약 대한민국이 통일하지 않으면 중국이 합병할 것이다. 아니면 일본이 합병할 가능성도 있다. 중국이나 일본에게 북한 지역을 넘기는 것은 러시아 왕조가 미국에게 알레스카를 판 것보다도 더욱 한심한 것으로 역사적 평가를 받을 것이다.

　북한이 붕괴되면 동북아시아의 가장 큰 위협은 중국이고, 그 다음은 일본이 될 것이다. 통일이 되면 통일 대한민국은 세계적인 군사 강국이 된다. 통일 대한민국은 러시아, 몽골, 베트남, 인도와 협력하여 중국을 효과적으로 압박할 수 있다. 동북아의 힘의 균형이 이루어질 것이다. 힘의 균형이 이루어지면 평화가 찾아오고, 경제교류와 문화교류가 매우 활발해질 것이다. 일본은 대륙으로 나아가기 위한 열망으로 한국과 해저터널로 연결하고자 할 것이다. 한국은 강력한 국력을 바탕으로 이러한 지리적 이점을 효율적으로 이용할 수 있다. 통일 대한민국의 인구는 8천만, 노인 비율이 높은 일본의 1억 2천만의 인구에 결코 뒤지지 않는다.

　무엇보다도 대한민국이 건국되었을 때부터 북한 지역은 대한민국의 영토였고, 북한 정권은 불법정부였으며 전범집단이었다. 통일을 위해 수많은 선배 세대들이 피와 땀을 흘려 노력했던 것을 절대로 잊어서는 안 된다. 우리는 국가로부터 자유로운 독립적 개인이지만, 처음부터 그런 것은 아니었다. 그러한 자유로운 독립적 개인이 될 수 있도록 고생하셨던 선배 세대들을 기억해야 한다. 자유통일이 된 후 북한 주민들이 자유로운 독립적 개인이 될 수 있다면, 그렇게 자유통일 된 대한민국이 강대국이 되어 자유와 번영을 누리게 된다면, 이를 역사가 평가해준다면, 그것으로 충분한 것이다.

우리는 비행기를 탈 때, 이코노미석에 앉은 사람과 1등석에 앉은 사람의 대우 자체가 많이 다르다는 것을 안다. 한 국가의 수준도 그것과 같다. 내가 속한 대한민국이란 국가의 수준이 높으면 자유로운 독립적 개인이 되는 것에 큰 도움이 된다.

통일은 단기적으로는 고통스러울 수도 있지만, 장기적으로는 대박이 맞다.

제4장 대한민국이 처한 현실과
자유통일의 길

대한민국은 법조, 정치, 언론, 문화, 교육계 등 모든 부문들이 친북 세력들에 의해 장악되었으나, 이 사실에 대해 많은 사람들은 생각조차 하지 않는다. 관심이 없다는 것이 오히려 맞는 얘기겠다. 평화, 교류 협력이란 단어가 갖는 긍정적인 이미지들이 많은 한국인들에게 각인 된 것 같다. 평화를 위해서는 교류 협력을 해야 하며, 교류 협력을 하 면 평화가 보장된다는 따뜻해 보이는 이상적인 논리가 한국인들의 정 신문화를 지배하고 있다. 반면에, 북한은 우리와 다른 나라이므로 북 한 정권에 대한 그 어떠한 가치 판단을 할 필요가 없다는 사고방식 또 한 한국인들의 정신문화를 지배하고 있다.

김대중과 노무현이 자행했던 햇볕정책에 대해 대다수 한국인들이 비판적으로 평가하지는 않는다. 햇볕정책…, 그 이름만 들어도 너무나 도 따뜻해 보이고 평화지향적인 말인 것처럼 들린다. 그러나 햇볕정책 이 사실상 인류 최악의 북한 전체주의 정권의 생명을 연장시켜 주고, 핵개발을 완성시키게 만들었으며, 핵미사일을 고도화할 수 있는 시간적 여유를 줌으로써 대한민국의 국가 안보에 아주 큰 해악을 끼쳤다는 점을 많은 한국인들은 생각하지 않는다.

김대중 정권 당시 4억 5천만 달러를 북한에 불법 송금하였을 때에도 관련자들을 제대로 처벌하지 않았다. 당시 김대중의 측근들이 감옥에 갔다 온 것 말고는 특별할 것이 없었다. 김대중과 노무현 정권을 통해 4조 원 가량의 합법적인 대북 송금을 허락한 것은 결국 정치권이었다. 언론은 이에 대한 문제의식을 제대로 표출하지 않았다. 개성공단, 금강산 관광과 같은 북한과의 교류 협력이 남북관계를 개선할 수 있을 것처럼 언론들은 애기했다.

개성공단에서 대한민국 기업이 북한 근로자에게 임금으로 80달러를 제공해 주기로 되어 있다. 그러나 북한 정권은 대한민국 정부로부터 지급된 80달러를 모두 회수하고, 북한 돈으로 6천 원을 개성공단 노동자들에게 지불한다. 북한의 장마당 환율이 1달러당 8천 원인 것을 고려하면, 개성공단 노동자들의 임금은 0.8달러 수준에도 못 미치는 수준이다. 노동자 임금의 99% 이상을 착취해 가는 인류 최악의 노예노동 시스템인 개성공단에 대해 수많은 정치인과 언론인들은 이를 남북관계의 개선과 평화의 상징인 것처럼 애기했다.

문화예술계 역시 마찬가지다. 북한 전체주의의 악마성을 고발하고 위대한 대한민국을 제대로 알린 예술작품은 전무하다. 북한을 오로지 같은 민족이고 6·25전쟁은 동족상잔의 비극이라고만 해석한다. 대한민국이 한반도에서 펼쳐진 6·25전쟁에서 국제 자유민주주의 연합국들과 함께 소련, 중공, 북한의 공산전체주의를 온몸으로 막아내어 자유를 지켜냈다는 사실에 대해 얘기하는 예술작품은 거의 없다. 미국은 5만여 명의 사망자를 통해 대한민국을 지켜줬지만 한국의 수많은 예술작품들은 미국을 부정적으로만 묘사하고, 분단과 6·25전쟁의 책임을 미국 탓인 것처럼 묘사한다. 영화 〈웰컴투 동막골〉에 그 정신이 매우 잘 나와 있다.

사실 가장 큰 문제는 교육에 있다고 볼 수 있다. 초중고 12년 동안의 교육을 통해, 자유 대한민국의 정체성을 제대로 배우지 않는다. 대한민국이 자유민주공화국으로 건국되어, 6·25전쟁을 통해 공산전체주의 세력의 침략을 막아내고, 한미동맹을 바탕으로 안보를 튼튼히 하여 교육혁명과 산업화, 중화학공업화 혁명을 통해 지금의 대한민국의 번영이 있을 수 있었다는 사실을 학생들은 제대로 배우지 않는다.

오히려 노무현이 대통령 취임사에서 대한민국은 정의가 패배하고 기회주의가 득세했다고 얘기했던 것처럼, 학생들은 대한민국을 매우 부정적으로 인식하게끔 교육받고 있다. 이승만 대통령과 박정희 대통령이 반공을 구실로 독재를 자행했다고 가르친다. 그렇게 한국사 교과서에서 이승만 건국대통령과 박정희 부국대통령을 끊임없이 난도질한 다음, 북한 전체주의 정권의 신으로 군림한 김일성과 김정일에 대해서는 제대로 비판하지 않는다. 한국도 독재자들이 지배했는데, 북한의 독재가 뭐 그렇게 큰 문제냐는 식으로 학생들에게 주입하는 것이다.

중고등학교 한국사 교과서의 현대사 부분을 보면 정말 이루 말할 수 없는 참담함을 느낀다. 그들이 말하고자 하는 주장의 핵심은 아래와 같이 요약될 수 있다.

[고귀한 전통과 문화를 자랑하는 조선민족이 제국주의 세력과 일제에 의해 수탈당했지만, 사회주의 세력의 끊임없는 항일 무장투쟁을 거쳐 민족적 자긍심을 고취시켰다.

1945년 일제에 의해 해방이 되었을 때, 남한은 이승만이 미국의 힘에 기대어 친일파 세력과 합세하여 사회주의 독립군 세력을 탄압하는 등의 만행을 저질렀으며, 분단의 책임은 오로지 남한의 이승만 정권에 있다. 반면에 북한은 사회주의 독립군 세력이 북조선인민공화국을 만들었으며, 한국전쟁 등의 책임은 결국 미국을 비롯한 대한민국에 있다.

대한민국은 건국 이후 이승만 정권의 무자비한 독재로 수많은 민중들이 억압받았으며, 이승만 정권이 저지른 부정선거로 민중들이 4·19혁명으로 들고 일어났으나, 후에 친일세력인 박정희가 군부 쿠데타로 정권을 잡아 수십 년 동안 독재를 했다. 그 과정에서 비록 경제성장은 있었지만 대기업과의 정경유착과 노동자들의 인권문제 등 많은 부작용을 초래했고, 민주화 운동을 억압했다. 이어서 전두환이 광주 5·18을 통해 수많은 광주 시민들을 학살했고, 또다시 민중들이 전두환 군사정권에 맞서 싸워 결국은 '민주화'를 이루어 냈고, 그 이후에 김대중과 노무현을 거쳐서 민주정권을 실현시켰다.

반면에 북한은 비록 김일성, 김정일, 김정은의 삼대세습 지배

체제를 유지했으나, 나름대로의 사회주의국가 건설을 위해 노력했지만, 소련의 붕괴와 중공의 개혁개방으로 인해 경제적인 침체를 겪고 있다. 그러나 북한은 우리와 같은 민족이므로 교류 협력을 통해 평화통일의 파트너로서 앞으로도 계속 대화해 나가야 할 대상이다.]

이러한 역사관 위에 아래와 같은 친북좌익들의 6가지 절대 공리(Axiom)가 만들어진다.

1. 북한은 같은 민족이고 대화와 교류의 파트너.
2. 어떠한 경우에 있어서도 전쟁은 안 된다. 평화가 최고!
3. 북한 전체주의 체제는 잘못된 것이 아니라 그저 우리와 다를 뿐.
4. 그러므로 다름을 인정하고 (연방제)통일의 파트너로 함께 가야함.
5. 물론 통일은 자주적으로! 외세의 도움 없이 우리민족끼리!!
6. 북한 전체주의의 악마성, 잔혹성, 인권문제 이런 건 얘기하지 마! 그런 건 관심 없다! 한국 문제나 신경 써!

이러한 사고방식이 대한민국 전체에 만연하게 된 가장 큰 이유는 결국 교육의 문제 때문이라고 얘기할 수 있다. 결국 90년대부터 이런 식의 교육을 학생들은 학교에서 12년 동안 받아왔고, 결과적으로 위의 여섯 가지 공리에 준하는 사고들을 학생들이 갖게 되어 사회에 진출하게 되고, 투표권을 행사하게 되는 것이다. 이미 초중고 12년 동안 대한민국에 대한 부정적인 시각과 북한 전체주의 정권에 대한 도덕적 판단의 마비 상태를 계속 유지한 채 사회인으로서 친북세력들의 행태들을 바라보게 되어도 아무런 비판의식이 생겨나지 않는 것이다. 북한 정권과의 교류 협력이라는 것에 아무런 문제의식을 갖지 못하고 오히려 친화성을 갖게 되는 것은 당연하다고 할 수밖에 없다.

대한민국은 인류 최악, 인류 최후의 전체주의 김씨 왕조 집단인 북한 정권과 군사적으로 대치하고 있다. 한반도는 휴전선을 기점으로 전 세계 최대 규모의 육군 병력이 밀집되어 있으며, 지구상에서 대규모 전면전이 일어날 확률이 가장 높은 지역이라는 사실을 전 세계인들이 다 알고 있다. 그러나 유독 대한민국 국민들은 이러한 사실에 대해 크게 인식하고 있지 않다. 바로 이 사실 때문에 대한민국의 성인 남성들은 의무적으로 2년가량을 군복무를 해야 하는데도 이를 크게 인식하는 한국인들은 많지 않은 것 같다.

궁극적으로는 교육이 문제다. 초중고 12년 동안 학생들은 이러한 사실에 대해 크게 인식하지 못하고, 공부하느라 바쁘다. 결국 잘 먹고 잘 살고자 공부하는 것이다. 그러나 대한민국의 안보와 관련된 사항들은 대한민국 5천만 국민들의 생존과 관련된 일이다. 잘 먹고 잘 살고자 하는 것이 생존하는 것보다 우위에 있을 수는 없지 않은가. 대부분의 성인 남성들은 군대에 입대해서 이러한 안보상황을 직시하기 시작한다. 그러나 그마저도 군대라는 곳을 그저 억압받고 통제된 무의미한 곳이라고 인식하는 사람들이 대부분이다. 12년 동안 세뇌당한 반대한민국적 사고와 평화 교류 협력에 대한 미신들이 2년의 군복무 동안에 크게 변화되기란 쉽지 않을 것이다. 군을 제대하면 다시 고단한 사회생활 속에서 거짓 선동, 왜곡 언론들이 쏟아내는 잘못된 보도를 통해 안보, 대한민국의 역사, 북한의 참담한 현실 등과 같은 부분에 대해서 무감각해지는 것이다.

명백한 사실로서, 대한민국의 상류 지도층, 정치, 언론, 법, 교육, 문화계는 친북세력들이 상당수 많이 침투해 있다는 사실을 부정할 수 없다. 그들은 민주화세력이라는 말로 스스로를 포장하고 정당화한다. 친북이 아니라 북한과 교류 협력을 통하여 화해와 평화를 논하고, 한반도의 평화통일을 한민족이 자주적으로 해결하자고 얘기한다. 사실상 북한의 대남적화 노선과 일치하는 주장이며, 결과적으로 대한민국의 안보에 큰 위협으로 작용하게 될 것이다. 이러한 엄청난 위협을 위협이라 인식하지 못하는 대다수의 국민들이 존재한다. 또한 앞으로도 무수히 많은 학생들이 초중고 12년 교육을 통해 친북주의자들의 주장에 동조하거나 무관심하게 되는 교육을 받는다는 것이, 대한민국의 암담한 현실이다.

북한의 경우를 보자. 북한의 어린아이들은 단백질을 제대로 섭취하지 못하여 뇌 발달이 덜 되어있고, 구구단도 제대로 못 외우고 있는 실정이다. 대한민국에 탈북해 온 3만 명의 탈북자들만이 북한 주민들이 아니다. 대한민국으로 탈북해 오지 못한, 정말 하루하루 살아가기 힘든, 정말 생명이 위태로운 북한 주민들이 넘쳐나고 있다. 지금 이 순간에도 공개 총살을 당하고 있는 수많은 북한 주민들과, 20만에 달하는 북한 주민들이 정치범 수용소에서 노예와 같은 끔찍한 삶을 살아가고 있다. 북한 주민들은 대한민국의 초코파이와 라면을 너무도 먹고 싫어 하지만, 돈을 벌기 위해 장마당에 초코파이와 라면을 내다팔고 있다. 그렇게 얻은 수입이 북한 주민들의 임금보다 훨씬 더 많은 것만 봐도 북한의 경제 상황은 매우 기형적임을 알 수 있다. 이밥에 고깃국을 먹는 것이 평생 소원인 그런 북한 주민들을 당당한, 자유롭고 독립적이며 자립적인 개인 실존으로 재활해 나가는 것이 인류사적인 위대한 과정이 아니면 도대체 뭐란 말인가?

북한 정권의 붕괴는 반드시 다가온다. 한미연합군의 예방적 정밀폭격(Preventive Surgical Strike)과 김정은 참수작전에 의해 붕괴되든, 전 세계 국가들의 단합된 경제적 제재로 인해 붕괴되든, 북한의 급변사태로 인해 붕괴되든, 북한 주민들의 대규모 봉기에 의해 붕괴되든, 반드시 붕괴될 운명이다. 그러나 자유통일이 시작되고 완성되기 위해서는 국제 사회의 협조가 반드시 필요하다. 특히 국제적인 연대와 협력으로 중국이 자유통일을 방해하지 않게 만들어야 한다. 대한민국 국민들의 통일에 대한 의지와 결기도 중요하지만 독일통일에서도 보다시피, 결국 국제사회와의 외교가 결정적으로 중요하다.

북한 정권이 붕괴되고 자유민주적 기본질서에 입각하여 북한이 대한민국에 흡수될 때, 전 세계의 시민들이 나서서 이 척박하고 황폐화된 북한 지역을 재건하고, 개인성이 마비된 북한 주민들을 재활시켜 나가야 한다. 이 위대한 자유통일이 어떻게 대한민국과 북한만의 문제일 수 있겠는가? 이는 전 세계 자유 시민들이 나서서 재건해야 할 일이다. 인류에 마지막 남은 악마적 종양을 도려내고, 그 안에 자유와 진실과 정의의 씨앗을 심어야 한다. 이러한 인류사적으로 위대한 과업인 '자유통일'을 바로 대한민국 국민들이 주도적으로 해나가야 한다.

　지금의 자유대한민국은 이승만 대통령의 건국 혁명과 박정희 대통령의 산업화 혁명을 통해 존재할 수 있었다. 이제 대한민국이 마주해야 하는 과업은 자유통일 혁명이다. 이승만, 박정희 대통령이 만들어 낸 자유대한민국을 우리가 제대로 평가하고, 더 나아가 자유통일을 위한 도덕철학, 정치철학, 미학을 구축해 나가야 한다.

　친북좌파세력들과의 이 싸움은 궁극적으로 정신의 전쟁이다. 결국 이를 위한 대한민국 국민들의 정신의 각성이 필수적일 것이다. 교육계, 언론계, 문화계, 예술계, 법조계, 정치권, 시민단체 전 부분에서 대대적인 자각 운동이 일어나야 한다. 노무현으로 대표되는 친북좌파세력들의 멘탈리티를 분석하여 이렇게 공개적으로 책을 집필한 것도 바로 그러한 움직임의 출발선이다. 자유통일 세력들이 각성해서 정신의 전쟁을 준비해야 한다. 지금 당장 시작해야 한다.

결 론

우리는 이 책을 통해 대한민국의 친북좌파로 대표되는 노무현이 어떻게 북한을 변호하고 대변했는지 구체적으로 분석해보았다. 우리들의 소명은, 청년들의 입장에서 진실에 바탕하여 대한민국에 만연해 있는 친북적 사고방식을 밝혀내고 그 원인을 분석하는 것이라고 생각한다.

우리는 한 인간으로서의 노무현을 비난하려는 것이 아님을 밝힌다. 노무현은 대한민국의 16대 대통령으로 재직하면서 자유민주적 기본질서를 바탕으로 한 대한민국의 헌법을 굳건히 수호하지 않았고, 국군통수권자로서 대한민국의 안보와 국민들의 생명을 지켜내야 할 의무를 수행하지 않았다. 국민으로부터 권력을 위임받은 대표자로서 국민 앞에 진실되게 행동했어야 함에도 불구하고, 그렇게 하지 않았음을 매우 심각하게 생각한다. 우리는 대통령 노무현의 생각과 말과 행동을 진실에 근거하여 비판하였다.

노무현은 대통령 재임 중에도 수많은 문제를 일으키며 인류 최악의 북한전체주의 정권을 변호하는 말을 서슴지 않고 해나갔다. 북한이 핵과 미사일을 만들어 인류의 생명과 안전을 위협하는데도, 북한에 대한 제대로 된 비판도 하지 않았고 실효적인 제재도 취하지 않았다. 김대중의 햇볕정책을 계승하고 더욱 발전시켜 햇볕이라는 미신으로 가짜 평화를 외쳤으며, 북한 전체주의 정권의 생명줄을 연장시켰다. 인류 최악의 노예노동소인 개성공단을 활성화하여 북한 주민들이 반인륜적인 노예노동을 하게끔 방치하였고 개성공단에 입주한 기업을 북한정권의 인질로 만들어 국민들의 생명과 안전을 위협했다. 결국 노무현은 대한민국 국민들의 세금을 이용하여 북한정권에 막대한 대북지원금을 송금하였고, 반인륜적인 노예노동소인 개성공단을 통해 북한정권에 막대한 자금을 전달하였다. 그 결과 대한민국의 안보를 심각하게 위협하는 북한의 핵과 미사일로 돌아오게 만들었다.

김대중으로부터 이어져오는 햇볕정책이 북한을 전혀 변화시키지 못하고 오히려 북한전체주의 정권을 유지해나가고 핵과 미사일을 개발하게끔 만드는 자금줄 역할을 했음에도, 노무현은 이에 대한 아무런 반성도 하지 않았다. 그렇게 노무현은 대한민국의 정신문화를 친북적 사고로 뒤덮이게 만들었을 뿐만 아니라, 대한민국의 자유민주적 기본질서를 심각하게 훼손했음에도 그 어떠한 반성도 하지 않았다. 결국 대통령 퇴임 후 노무현은 막대한 뇌물을 수수한 혐의로 수사를 받던 중, 자살로 불명예스럽게 생을 마감했다.

우리의 문제의식은, "노무현이 저렇게 북한 전체주의 정권을 대변하고 변호하여 대한민국의 안보에 심각한 위협을 초래하게 만들었음에도, 왜 대다수의 국민들은 이에 대한 강한 문제의식을 갖고 있지 않을까?"에 대한 의문점으로부터 시작되었다.

실제로 상당수의 한국인들은 노무현에 대한 합리적인 비판이나 문제제기를 하지 않는 것에서 더 나아가, 노무현을 존경한다며 얘기하고 매우 막연한 그리움을 표하고 있다. 노무현에 대해 합리적인 비판과 문제제기를 할 때면 상당수 한국인들은 이를 이상한 눈으로 바라본다. 노무현의 잘못을 합리적으로 비판하는 사람을 마치 편향된 시각을 갖는 사람으로 낙인찍는다.

국립중앙도서관에 노무현과 관련된 책을 검색해보면 노무현을 미화하는 책이 대부분이다. 노무현에 대한 합리적인 비판이나 문제제기를 하는 책은 찾아보기 힘들다. 노무현이 사망한지 7년이 지난 지금도, 노무현을 미화하는 책이 계속 출판되고 있으며 상당수 국민들은 그렇게 사망 후 더욱 더 미화된 노무현을 열렬히 지지하고 있는 현실이다.

노무현을 추종하는 사람들뿐만 아니라 대다수의 한국인들은 대한민국이 인류 최악의 북한 전체주의 3대 세습 왕조 체제와 국경을 마주하고 있는 이 처참한 현실에 별다른 관심이 없어 보인다. 그러한 끔찍한 김씨 왕조 체제 아래에서 북한 주민들이 노예의 삶을 살아가며 극심한 인권유린을 당하고 있는 현실에 대해서도 그들은 아무런 관심이 없다. 일제로부터 해방된 후 70년이 넘는 세월동안 북한은 대한민국에 온갖 테러와 군사도발을 자행하여 대한민국 국민들의 생명과 안전을 위협해왔음에도 그들은 이를 현실적인 위협으로 받아들이지 않는다. 북한은 그저 그들에게는 지구 반대편에 있는 먼 나라, 미지의 국가인 것처럼 생각한다. 그런 북한이 국제사회와의 신뢰와 약속을 모두 파기하고 핵과 미사일을 만들어 인류의 생명과 안전을 위협하고 있음에도 그들은 아무런 문제제기도 하지 않는다. 그런 북한 전체주의 정권의 수괴와의 회담에서 노무현은 미국과 맞서 싸우며 북한의 변호인 대변인 역할을 해왔다고 당당하게 시인했던 정황들이 대화록을 통해 공개되었음에도 그들은 아무런 비판적 인식조차 갖고 있지 않다.

노무현을 추종하는 사람들 중에서 북한의 대남적화노선에 따라 북한 전체주의 체제로의 적화통일을 추구하려는 사람들도 있을 것이다. 그러나 노무현에 대해 긍정적으로 평가하는 대다수의 사고방식은 "인류 최악의 전체주의여도 괜찮아, 우리민족끼리 알콩달콩 평화롭게 잘 지내면 돼."라고 요약될 수 있을 것이다.

우리는 이 책에서 자세히 설명했다시피, 북한을 변호하고 대변하는 그 행동은 결코 대한민국의 평화를 유지시킬 수 없으며, 궁극적으로는 자유대한민국의 파멸과 5천만 대한민국 국민들이 북한 전체주의 정권의 노예로 전락하게 됨을 여러 차례에 걸쳐 논증했다. 그러나 노무현을 긍정적으로 평가하는 사람들은 이러한 자명한 진실을 전혀 파악하지 못하고 있는 실정이다.

대다수의 한국인들이 이러한 처참한 멘탈리티를 갖게 된 궁극적인 원인은 무엇일까? 우리가 생각하는 궁극적인 원인은, 한국의 정치권,

언론계, 교육계, 문화예술계, 법조계에 있는 보수우파라고 불리는 사람들이 노무현으로 대표되는 친북좌파세력들의 참담한 실상들을 국민들에게 제대로 홍보하지 않았기 때문이라고 확신한다.

과거 한나라당, 새누리당, 지금의 자유한국당으로 이어지는 자칭 보수우파 정치인들은 노무현으로 대표되는 친북좌파세력들의 실상을 제대로 비판하지 않았다. 자칭 보수우파 정치인들은 사상과 이념의 공동체로서 자유 대한민국을 수호하는 것이 아니라, 이익에 함몰되어 기회주의적이고 웰빙적인 모습만을 보여줬을 뿐이다. 그들은 제대로 사상적, 이념적, 정신적 투쟁을 전개해나간 적이 없었다.

반면 노무현을 추종하고 계승하는 정치세력들은 노무현이 재임했을 당시에도 맹렬하게 투쟁해나갔으며, 노무현이 사망한 이후에는 노무현을 하나의 상징물로 만들어 정치적 입지를 확고히 키워나갔다. 노무현을 추종하는 정치세력들이 무슨 확고한 정치적 이념과 사상이 있었던 것이 아니다. 인류 최악의 전체주의 정권을 변호하는데 무슨 이념과 사상이 존재할리 만무하다. 그들은 과거 80년대 운동권 시절부터 치열하게 투쟁하는 관성을 이어나간 것뿐이었다. 정치패거리로서 적과 아군을 확실하게 구분했고, 국민들에게 끊임없이 죽은 노무현을 홍보했다. 결국 노무현에 대한 소위 보수우파 정치인들의 정확한 비판과 문제제기가 전혀 이루어지지 않은 상황에서, 친북좌파세력들은 노무현에 대한 긍정적 인식을 끊임없이 선전해나갔다. 그 결과 대다수 국민들은 노무현에 대해 아무런 비판적 인식을 갖지 않는 걸 넘어서, 노무현을 막연하게 그리워하게 된 것이다. 한국인들의 정신문화가 너무도 심각하게 왜곡되었음을 절감한다.

이런 참담한 현실을 만드는 데 언론들의 악랄한 선동이 결정적인 역할을 하였다. 친북좌파 언론들만의 문제가 아니다. 소위 보수우파 언론들이 극악한 선동을 자행했고 대한민국을 수호하기 위한 이념과 사상을 수호하지 않았다. 그들은 진실에 대한 존중심을 철저하게 파괴했다. 그렇기 때문에 2016년 10월 말부터 소위 보수 언론들이 일제히 최일선에서 거짓을 양산하며 박근혜 대통령에 대한 극악한 마녀사냥을 자행해나간 것이다. 촛불민중재판을 통한 박근혜 대통령의 탄핵에 가장 결정적인 역할을 해왔던 것이 바로 대한민국의 보수 언론들이었다. 진실에 대한 존중심을 파괴한 그런 언론들이기에 노무현으로 대표되는 친북좌파세력의 실상을 알리고 정확히 비판하는 것 역시 제대로 이루어질 리가 없었다.

자라나는 학생들에게 가장 큰 악영향을 끼치는 영역은 교육이다. 초중고 12년 동안 북한 전체주의 정권에 대한 가치판단을 마비시키고, 우리민족, 평화라는 이름으로 북한정권과의 교류협력을 정당화하는 교육이 끊임없이 이루어지고 있다. 역사교육 문제는 교육 문제에서 가장 심각한 부분이라고 할 수 있다. 이미 역사교육에서부터 대한민국의 건국과 산업화의 과정을 극악하게 폄훼하고 있다. 대한민국의 건국과 산업화의 주역을 친일독재세력이라 규정하고, 이에 저항하고 폭력적인 투쟁을 벌였던 것을 민주화 운동이라 미화한다. 학생운동만을 편파적으로 왜곡하여 조명한다. 민주화 운동의 탈을 쓰며 공산주의 운동을 하고, 북한을 맹목적으로 추종하고 대한민국을 전복하려는 세력들의 실체에 대해서는 철저하게 은폐한다. 북한 전체주의 정권의 극악한 실상에 대한 교육 역시 제대로 이루어지고 있지 않다. 결과적으로 대한민국이 북한, 중공, 소련으로 이루어지는 공산전체주의 체제를 온몸으로 막아내고 경제적인 번영을 이루어 냈으며, 전 세계의 공산주의 체제를 붕괴시키는 데 대한민국이 결정적인 역할을 해왔다는 이 위대한 진실에 대한 교육은 전혀 이루어지고 있지 않다.

문화예술 분야는 이런 극악한 친북적 멘탈리티가 일반 대중들에게 확실하게 전파되는 데 결정적인 역할을 한다. 예를 들면, 노무현의 실상을 제대로 알지 못하는 사람들이 영화 '변호인', '노무현입니다'와 같은 영화를 보면 노무현에 대한 막연하게 왜곡된 긍정적인 이미지를 갖게 만든다. 그렇게 노무현에 대한 긍정적인 이미지를 갖게 된 사람들은 객관적이고 현실적인 비판에 대한 강한 거부감을 갖게 된다. 이미 문화예술계에서, 반공·반전체주의를 주장하고 자유민주주의, 자유시장경제, 자유통일의 가치를 얘기하는 집단이나 개인들이 거의 없는 현실이며, 이를 얘기하면 매우 촌스럽고 편향된 사람이라고 낙인찍히는 것이 지금의 대한민국 현실이다.

마지막으로 이런 기울어진 현실을 만들고 정당화하는 데 가장 강력한 힘을 발휘하는 곳은 법조계이다. 친북 좌편향적인 성향을 가진 법조인들이 이미 대한민국에 상당수 포진해 있다. 엄연히 북한 전체주의 정권을 추종하는 세력들에 대해 '종북'이라고 얘기하는 것을 '명예훼손'으로 판결한다. 종북이라고 얘기했다는 이유만으로 민사소송으로 인한 막대한 손해배상 판결을 내리는 현실이다. 국가보안법은 사실상 유명무실해졌으며, 실제로 북한의 지령을 받고 간첩 활동을 한 자들이 제대로 처벌받고 있지 않다. 간첩들이 형을 집행받더라도 그 효력이 매우 약하며, 출소하면 다시 간첩 활동을 해나갈 수 있다. 김대중 노무현 정권을 거치면서 국정원의 대공수사능력 또한 사실상 무력화된 상황에서 간첩들과 이적단체들의 활동을 철저하게 막을 수 있는 법적 장치는 사실상 존재하지 않는다.

2017년 3월 10일 헌법재판소가 박근혜 대통령의 탄핵을 만장일치로 인용한 사건은 한국 법조 역사상 가장 참담한 사건으로 기록될 것이다. 언론들이 공산당 나치 스타일의 극악한 선동을 벌였고 친북좌파 정치권들이 이에 가세하였다. 검찰이 적법절차를 무시하고 사실관계를 왜곡하여 현직 대통령을 피의자, 공범이라고 공소장에 명시하였다. 결국 극악한 기회주의적인 배신을 한 당시 여권 정치인들이 언론과 검찰의 거짓 선동에 동조하여 국회에서 탄핵을 가결하는데 결정적인 역할을 하였다.

비록 국회에서 어처구니없이 탄핵이 가결되었어도 헌법을 수호하는 진실과 정의의 법정 앞에서는 공정하고 정확한 판결이 이루어졌어야 했다. 수많은 사람들이 태극기를 들고 거리에 나와 적법절차를 무시하고, 극악한 선동으로 박근혜 대통령을 탄핵한 세력들을 규탄하며 열렬히 탄핵반대를 외쳤음에도, 9명의 헌법재판관들은 이를 철저히 외면했다.

헌법재판소는 기본적인 사실관계도 정확하게 파악하지 않았고 적법절차를 지키지도 않았으며, 헌법과 형법의 조항들을 심각하게 위배했다. 그런 위법을 자행한 헌법재판소가 오히려 박근혜 대통령이 국민의 신임을 배신하며 헌법수호 의지가 없었다는 말도 안 되는 구실로 탄핵을 인용했다. 국회는 탄핵소추과정에서의 적법절차를 심각하게 위배했고, 헌법재판소는 '자율권'이라는 명목으로 그러한 국회의 위법한 탄핵소추에 정당성을 부여했다. 국회는 행정부와 청와대, 헌법재판소 위에서 무소불위의 권력을 휘두르고 있었지만, 헌법재판소는 그런 국회에 대한 그 어떠한 비판도 하지 않았다. 헌법재판관들은 역대 그 어떤 대통령보다도 국회에 권력을 대폭 위임하고, 국민들과의 신뢰를 중요하게 생각한 박근혜 대통령을 향해 제왕적 대통령'이라고 낙인찍었다.

헌법재판소 결정문에서 박근혜 대통령이 "기업의 재산권과 개인의 직업선택의 자유를 침해하고, 시장경제질서를 훼손하였다"고 서술한 부분은 가장 황당하게 느껴지는 부분이다. 박근혜 대통령은 그 어떤 대통령보다도 노동개혁에 적극적이었으며, 기업에 대한 정부의 규제를 혁파하기 위해 노력했다. 그런데 역대정부에서 지극히 정상적으로 해왔던, 대기업으로부터 자발적으로 모금을 받아 공익재단을 만들었던 것에 대해서 기업의 재산권을 침해했다고 선언했다. "네 죄를 네가 알렸다"로 대표되는 21세기 원님재판이 대한민국의 헌법재판소에서 자행되었다.

언론과 검찰, 국회, 특검, 헌법재판소가 합작하여 기획한 박근혜 대통령 탄핵의 그 다음 단계는 박근혜 대통령을 구속하는 것이었다. 탄핵이 인용된 3주 후에 박근혜 대통령은 구속되었다. 검찰은 대한민국 건국 이래 최초로 '추징금 0원인 뇌물죄'를 만든 것이다. 뇌물 받은 돈도 없고 증거도 없는 상황에서, 검찰은 제3자 뇌물죄라는 법조 역사에 남을 황당한 죄목을 만들어 박근혜 대통령을 기소하고 구속했다.

더욱 황당한 것은, 강요죄와 뇌물죄라는 서로 상반되는 죄목을 박근혜 대통령에게 동시에 부과하였다는 것이다. 증거가 차고 넘친다고 단언하던 검찰이, 증거 인멸을 우려한다는 명목으로 박근혜 대통령에게 구속영장을 신청하였고 법원이 이를 승인했다. 거기에 더 나아가 법원은 주 4회 재판을 강행하여 반인권적 재판을 진행하고 있으며 박근혜 대통령과 변호인들이 제대로 변론조차 준비하지 못하게 만들고 있다.

판사, 검사, 변호사뿐만 아니라 대학에서 헌법과 법률은 연구하는 사람들까지도 헌법재판소의 황당한 8:0 탄핵인용 판결과, 검찰의 극악한 마녀사냥에 대해서 제대로 비판하는 사람들이 거의 없다. 대다수의 법조계에 종사하는 전문가들은 박근혜 대통령의 탄핵을 정당화하고, 제3자 뇌물죄에 대해 법적 정당성을 부여하며 이를 기정사실화 한다. 언론은 이러한 극악한 거짓 정보를 국민들에게 끊임없이 전파해나가고 결국 국민들은 박근혜 대통령이 뇌물을 수수한 무능한 대통령이라는 잘못된 인식을 갖게 된 것이다.

주위 사람들에게 사실과 진실을 얘기하려해도 제대로 들으려 하지 않는다. 그들은 언론에 대한 신뢰를 강하게 갖고, "설마 언론이 그런 거짓말을 하겠어"라고 얘기한다. 대한민국의 헌법기관인 헌법재판소가 박근혜 대통령의 탄핵을 정당화하고 사법기관인 검찰이 뇌물수수 혐의를 정당화시켰기 때문에, 국민들은 아무런 비판도 없이 박근혜 대통령에 대한 언론들의 선동이 기정사실인 것처럼 받아들이게 된다. 그렇게 대다수 국민들이 박근혜 대통령에 대한 지지를 철회하는 틈을 타, 노무현의 추종자들이 다시 국민들에게 어필해나가기 시작했다. 친북세력들과 친노세력들이 정말 대한민국을 위한 훌륭한 정책들을 펼쳐나갔기 때문이 전혀 아니다. 그들은 박근혜 대통령 임기 시작부터, 반대를 위한 반대만을 해나가며, 국회가 아닌 광장에서 투쟁해나갔던 자들이었다. 박근혜 대통령을 적폐라고 얘기하며 그들만이 적폐를 청산할 수 있을 거라고 국민들에게 호소한 것이다.

그 결과, 19대 대통령 보궐선거에서 문재인이 압도적인 표차로 대통령에 당선되었다. 죽은 노무현이 다시 돌아온 것이다. 노무현은 임기 말 5%대 지지율을 보이며, 그 다음 대선에서도 노무현 세력은 매우 큰 격차로 패배하였다. 그렇게 이미 국민들은 노무현에 대한 부정적인 평가를 확정지었음에도, 노무현 세력들은 10년 동안 끊임없이 반정부 투쟁을 해나갔고, 철저하게 계획된 불법 선동 졸속 탄핵을 이용하여 자신들의 정치적 정당성을 강화했다. 그렇게 결국 노무현의 정신을 철저히 계승한 문재인이 대한민국의 대통령으로 당선된 것이다.

참담한 현실을 금할 수 없다. 인류 최악의 북한 전체주의 정권의 변호인 대변인 역할을 열심히 수행한 죽은 노무현이 지금도 대한민국의 정신문화에 막대한 영향을 끼치고 있다. 사실 대한민국 국민들에

게는 노무현이 북한의 변호인, 대변인이었다는 사실은 중요하지 않았
다. 북한이 인류 최악의 전체주의 정권이라는 사실이 중요한 것이 아
니었다.

　국민들은 이런 참담한 상황에 대해서 비판적인 사고를 하고 싶지
않았던 것이다. 그들은 생각하기를 거부했다. 그리고 마녀가 필요했
다. 박근혜 대통을 마녀로 만들어, 대중들의 정신문화의 흐름에 동조
하고 싶었던 것이었다. 그렇게 개인성(individuality)이 말살된 한국에서
개개인들이 진실에 대한 존중심(intellectual integrity)을 갖는 것은 불가
능했다. 독일 유대계 정치철학자 한나 아렌트가 말한 악의 평범성
(Benality of evil)이 대한민국에서 실현되고 있었다. 지금 문재인 정권에
서 이루어지고 있는 상황들이 궁극적으로는 대다수의 개인성을 상실
한 국민들에 의해 자행되고 있었던 것이다.

　　　"전체주의 체제에 대한 가장 강력한 위협은 진실의 힘인 것입
　　　니다. 앞으로 정부는 우리 국민들의 안위를 철저히 지키면서 북한
　　　주민들에게 진실을 알리기 위한 노력을 지속해 나갈 것입니다."

　2016년 1월 13일 박근혜 대통령의 대국민 담화에 나오는 구절이
다. 박근혜 대통령은 임기 중에 '자유통일'을 위한 일관적인 노선을 굳
건히 추진해나갔다. 박근혜 대통령은 임기 초에 국정원장으로 남재준
전 국정원장을 임명하여 지금의 처참한 노무현 김정일의 2007 남북정
상회담 대화록이 공개될 수 있었다. 박근혜 대통령은 교육을 정상화하
기 위하여, 전교조를 법외노조로 만들어 무력화시켰다. 현행 검정 교

과서의 심각한 편향성을 지적하고, 국정 한국사 교과서를 추진하여 한국사 교육을 정상화시키려 하였다. 내란을 모의한 이석기와 RO 조직원들을 체포하였고, 자유민주적 기본 질서를 중대하게 훼손한 통합진보당을 해산했다. 한미동맹을 굳건히 하였고, 전시작전통제권을 한미연합사가 무기한으로 공동으로 행사할 수 있게끔 만들었으며, 주한미군을 통해 THADD를 배치하여 북핵을 상당 부분 무력화시키려 하였다. 무엇보다도 북한 정권의 전체주의적 만행과 인권실태를 전 세계에 알려나갔으며, 전 세계 자유민주주의 우방들과의 국제적인 공조로 북한정권을 압박하며, 북한의 핵, 미사일 도발에 대한 강력한 제재를 펼쳐나갔다. 개성공단을 전편 폐쇄한 조치 또한 이러한 국제적인 대북 제재의 일환이었다.

박근혜 대통령은 2016년 8월 15일 제71주년 광복절 경축사에서, 북한정권의 참담한 인권유린을 규탄하고, 북한 정권의 간부들과 주민들에게 자유통일 대한민국을 만들어 나가는 데 동참해 줄 것을 호소했다.

"존경하는 국민 여러분! 저는 진정한 광복은 8천만 민족 모두가 자유와 인권을 누리며, 더 이상 이산의 아픔과 고통이 없는 통일 대한민국을 만드는 것이고, 그것이 우리에게 주어진 역사적 과업이라고 믿습니다…
북한 당국은 더 이상 주민들의 기본적 인권과 최소한의 인간적 삶을 영위할 권리를 외면하지 않아야 할 것입니다. 우리는 북한 당국의 잘못된 선택으로 고통 속에 있는 북한 주민들의 참상을 외면하지 않을 것입니다…

북한 당국의 간부들과 모든 북한 주민 여러분! 통일은 여러분 모두가 어떠한 차별과 불이익 없이 동등하게 대우받고 각자의 역량을 마음껏 펼치며 행복을 추구할 있는 새로운 기회를 제공할 것입니다. 핵과 전쟁의 공포가 사라지고 인간의 존엄이 존중되는 새로운 한반도 통일시대를 열어가는 데 동참해 주시기 바랍니다."

그런 자유통일의 아이콘 '박근혜 대통령은' 임기를 1년여 앞두고 극악한 세력들의 기획으로 탄핵을 당해, 지금은 감옥에서 순교의 길을 걷고 있다. 그리고 북한의 변호인 노무현을 계승한 문재인이 대통령으로 당선되었다. 궁극적으로 평범한 국민들이 이러한 모든 것에 무비판적으로, 때로는 열렬히 동의한 결과였다. 너무나도 기울어진 현실을 절감한다.

"제게 주어진 대통령으로서의 소명을 끝까지 마무리하지 못해 죄송하다. 저를 믿고 성원해 주신 국민 여러분들께 감사드린다. 모든 결과에 대해서는 제가 안고 가겠다. 시간이 걸리겠지만 진실은 반드시 밝혀진다고 믿고 있다."

탄핵이 인용된 후 박근혜 대통령이 국민들에게 한 말이다. '제게 주어진 대통령으로서의 소명'이란 무슨 말일까? 바로 북한 전체주의의 붕괴와 대한민국으로 자유민주적 기본질서에 입각한 흡수통일, 자유통일을 의미했던 것이다. 비록 북한 전체주의 정권의 붕괴를 극도로 불편해 하는 자들과 자유통일을 반대하는 세력들의 철저한 기획에 의해 박근혜 대통령은 순교의 길을 걷게 되었다. 그러나 순교의 끝자락에는 부활의 영광이 돌아올 것이다. 진실은 반드시 밝혀질 것이다. 시간은 진실의 어머니이고, 신은 진실을 보고 있기 때문이다.

지금까지 북한의 변호인 노무현에 대해서 사실과 논리에 바탕하여 다방면으로 비판해 보았다. 이 책의 마지막에 2016년 10월 1일, 박근혜 대통령의 국군의 날 연설문을 수록한다. 박근혜 대통령은 이 연설을 하고 1달 후에 사실상 대통령직을 수행할 수 없게 되었다. 북한의 변호인, 대변인들이 왜 그렇게 박근혜 대통령을 비난했는지에 대한 이유가 이 연설문 안에 녹아들어있다. 이 연설문은 우리들의 주장을 강력하게 대변한다. 우리의 책이 북한전체주의 정권의 붕괴와 자유통일의 길로 나아가는 진실의 빛이 되길 간절히 소망한다.

박근혜 대통령,
2016년 10월 1일 국군의 날 연설

국민 여러분! 현재 한반도를 둘러싼 안보환경은 그 어느 때보다 엄중합니다. 북한 김정은 정권은 금년 초 4차 핵실험에 이어 장거리미사일, 무수단, 노동, 스커드, 잠수함발사탄도미사일(SLBM)을 연이어 발사했고, 사이버 공격을 비롯한 다양한 도발을 멈추지 않고 있습니다. 급기야 지난 9월 9일에는 국제사회의 강력한 경고를 무시하고 또 5차 핵실험을 감행하여 한반도와 세계의 평화를 위협하는 무모함을 다시 한 번 드러냈습니다. 북한 정권은 우리 국민에게 핵을 사용하겠다고까지 공언하고 있고, 앞으로도 핵무기의 고도화와 소형화를 추진해 나가면서 추가 핵실험과 미사일 도발을 결코 포기하지 않을 것입니다. 이것은 현실이고, 우리에게는 큰 위협이자 국민들의 생명과 우리 자손들의 삶이 달려 있는 위중한 상황인 것입니다.

국군 장병 여러분! 위기의 대한민국을 지키고 북한이 감히 도발할 엄두도 내지 못하도록, 우리 군은 나라를 지키는 애국심으로 뭉쳐야 합니다. 힘들고 고된 병영생활이지만, 우리 가족과 우리나라를 지킨다는 사명감으로 여러 장병들이 앞장서주어야 합니다.

저는 우리 장병들과 군을 믿고 신뢰합니다. 북한의 도발로 다리를 절단하는 삶의 최고의 기로에 섰을 때도 동료와 나라를 먼저 걱정하고, 군으로 복귀하고, 제대를 연기한 그 정신을 믿습니다. 천안함 폭침과 연평도 포격, 비무장지대(DMZ) 지뢰도발 등에서 보여준 장병들의 그 위대한 애국심 앞에 그들의 희생이 헛되지 않도록 힘을 내야 합니다.

국군장병 여러분! 저는 해마다 10월 1일 국군의 날에 여러분을 만날 수 있어 가슴 뭉클하며 여러분이 자랑스럽습니다. 여러분, 사랑합니다! 신뢰합니다! 자랑스럽습니다!

여러분이 굳건히 있는 한 북한은 우리 대한민국을 침략할 엄두도 내지 못할 것입니다. 그럼에도 북한이 도발할 경우에는, 신속하고 강력하게 응징하여 도발의 대가가 무엇인지 분명하게 깨닫도록 해야 할 것입니다. 한·미동맹의 확장억제능력을 토대로 실효적 조치를 더욱 강화하고, 킬체인과 한국형 미사일방어(KAMD), 대량응징보복능력 등 우리 군의 독자적인 대응 능력도 강화해야 합니다. 또한, 북한 지역에서 발생할 수 있는 우발상황에 대해서도 체계적으로 대응할 수 있는 만반의 준비를 갖추어야 합니다. 육군 동원전력사령부 창설과 병력 및 물자 동원제도 개선 등 예비전력을 정예화하고 유사시 효율적으로 운용할 수 있는 핵심과업도 차질 없이 추진해야 할 것입니다. 또한 테러, 사이버, 생물공격과 같은 새로운 안보 위협에 대응하여 민·관·군·경통합방위 체계도 지속적으로 발전시켜 나가야 합니다.

지금 북한 김정은 정권은 끊임없는 공포정치와 인권 유린으로 북한 주민들의 삶을 절망으로 몰아넣고 있습니다. 굶주림과 폭압을 견디다 못한 북한 주민들의 탈북이 급증하고 있고 북한체제를 뒷받침하던 엘리트층마저 연이어 탈북을 하고 있으며, 북한 군인들의 탈영과 약탈도 빈번하게 발생하고 있습니다. 이러한 내부 동요를 막고 우리 사회의 혼란을 조장하기 위해, 사이버 공격과 납치, 북방한계선(NLL)과 비무장지대(DMZ) 등에서의 무력시위와 같은 다양한 테러와 도발을 저지를 가능성도 있습니다.

정부는 북한의 핵과 미사일로부터 국가와 국민을 지키기 위해 국제사회와 더욱 긴밀하게 협력하면서 대북 제재와 압박을 계속 강화해 나갈 것입니다. 단 한 사람의 우리 국민도 위험에 처하는 일이 없도록, 빈틈없는 대응태세를 구축해 나갈 것입니다.

사드 배치는 우리 국민을 지키기 위한 최소한의 자위권적 방어조치입니다. 북한의 공격에 대비하여 우리가 해야만 하는 조치를 하는 것입니다. 북한이 각종 미사일을 연속적으로 발사하고 있는 지금 이 상황에 우리 국민과 장병들을 그대로 위험에 노출시킬 수는 없습니다.

앞으로도 정부는 국민과 국가와 장병들을 지킬 수 있는 필요한 모든 실질적 대책을 강구해 나갈 것입니다. 하지만 이러한 정부의 노력만으로는 모든 것을 지킬 수 없으며, 북한의 위협에 굴하지 않겠다는 견고한 국민적 의지가 반드시 필요합니다. 지금 북한 정권은 우리의 의지를 시험하고 있고, 내부분열을 통해 우리 사회를 와해시키려고 하고 있습니다. 지금 우리 내부의 분열과 혼란을 가중시키는 것은 북한이 원하는 핵 도발보다 더 무서운 것입니다. 저는 저에게 어떤 비난이 따르더라도 반드시 대한민국과 우리 국민들을 목숨같이 지켜낼 것입니다.

북한의 핵 도발 야욕을 끝내게 하려면 무엇보다 우리 국민들이 하나 되고 장병 여러분들이 단합된 각오를 보여줄 때, 북한 정권의 헛된 망상을 무너뜨릴 수 있고 국제사회도 우리에게 더욱 강력한 힘을 모아줄 것입니다. 이념과 정파의 차이를 넘어, 우리 국민 모두가 대한민국을 지키는 길에 하나가 되어주실 것을 당부 드립니다.

여러분, 저는 오늘 북한 당국과 군, 그리고 북한 주민들에게 북한 정권이 처한 현실을 명확히 알리려고 합니다. 김정은 정권은 핵과 미사일 능력을 과시하고 군사적 긴장을 높여서 정권 안정과 내부결속을 이루려 하고 있지만, 이것은 착각이고 오산입니다. 북한 정권에 대한 국제사회의 대응은 과거와 완전히 달라지고 있으며, 우려와 협상의 단계를 넘어 한층 강화된 제재와 압박에 나서고 있습니다. 북한이 소위 핵·경제 병진 노선을 포기하지 않는다면, 국제적 고립과 경제난은 날이 갈수록 심화될 것이며 체제 균열과 내부 동요는 더욱 확대될 것입니다. '늦게 오는 자는 역사가 처벌할 것'이라는 말이 있습니다. 이제라도 북한 당국은 시대의 흐름과 스스로 처한 현실을 직시하여, 핵무기 개발을 포기하고 정상국가의 길로 돌아오기 바랍니다.

북한 군인과 주민 여러분! 우리는 여러분이 처한 참혹한 실상을 잘 알고 있습니다. 국제사회 역시 북한 정권의 인권 탄압을 심각하게 우려하고 있습니다. 인류 보편의 가치인 자유와 민주, 인권과 복지는 여러분도 누릴 수 있는 소중한 권리입니다. 우리 대한민국은 북한 정권의 도발과 반인륜적 통치가 종식될 수 있도록 북한 주민 여러분들에게 진실을 알리고, 여러분 모두 인간의 존엄을 존중받고 행복을 추구하며 살아갈 수 있도록 최선의 노력을 다할 것입니다. 북한 주민 여러분들이 희망과 삶을 찾도록 길을 열어 놓을 것입니다. 언제든 대한민국의 자유로운 터전으로 오시기를 바랍니다.

북한의
변호인
노무현

초판 인쇄 _ 2017년 8월 10일
초판 발행 _ 2017년 8월 15일

지 음 _ 이준구·이해성
펴낸이 _ 박기봉
펴낸곳 _ 비봉출판사
주 소 _ 서울 금천구 가산디지털2로 98.
            2동 808호(롯데IT캐슬)
전 화 _ (02)2082-7444
팩 스 _ (02)2082-7449
E-mail _ bbongbooks@hanmail.net
등록번호 _ 2007-43 (1980년 5월 23일)
ISBN _ 978-89-376-0456-0 03340

값 15,000원

• 이 책 내용의 전부 또는 일부를 재사용하려면 반드시
  저작권자와 비봉출판사 양측의 서면 동의를 받아야 합니다.
• 잘못 만들어진 책은 구입하신 곳에서 바꿔드립니다.